図解

実践 オープン・イノベーション入門

新事業・新商品を生み出すための
経営と技術の革新マネジメント

出川 通＋中村善貞
degawa toru + nakamura yoshisada

言視舎

はじめに：なぜ、いま実践的オープン・イノベーション（O. I.）なのか？

本書では「実践オープン・イノベーション（O.I.）入門」として、日本の企業、特に製造業を主対象としたイノベーションによる新規事業創出を取り扱います。

企業収益の源泉が、顧客価値を商品・サービスとして提供するという「プロダクト・イノベーション」の時代になり、その実現には自社や自部門だけの取り組みだけではない革新的な手法＝「オープン・イノベーション（O.I.）」が求められています。O.I. には、対象顧客と価値を見出す「共創」（本書では O.I.（1）とも表記）、単に一緒に行なうではなく、アライアンス相手と価値を実現する「協創」（同 O.I.（2））が必要になってきます。

本書ではまず「基本編」として 1、2 章で O.I. の位置づけとその意義を明確にします。次に「実践編」として 3、4、5 章でその具体的な方法を示します。さらに「応用編」として 6、7、8、9 章で知財マネジメント、産学連携、中小・ベンチャー企業連携、イノベーションの仲介活用などを挙げて役割分担を超えた新しい価値を生む方法を提示します。最後の 10 章では、人材と実践マネジメントについて述べます。

本書はどこからでも読んでいただけるようになっています。実際の疑問や課題のところからご覧ください。また各章には事例をつけ、あまり実践の経験のない方々にも内容を理解しやすくしました。

日本の製造業にとって「オープン・イノベーション」は、経営課題として待ったなしの状態です。これに日本の製造業が自社内に持つ強い研究開発機能と製造機能の蓄積という強みを組み合わせることが、本書で目指す O.I. の姿です。日本企業にとっては O.I. こそが、最もリスクの少ない新規事業開発手法になるといえます。

図 0「本書で扱うオープン・イノベーションの位置づけ」

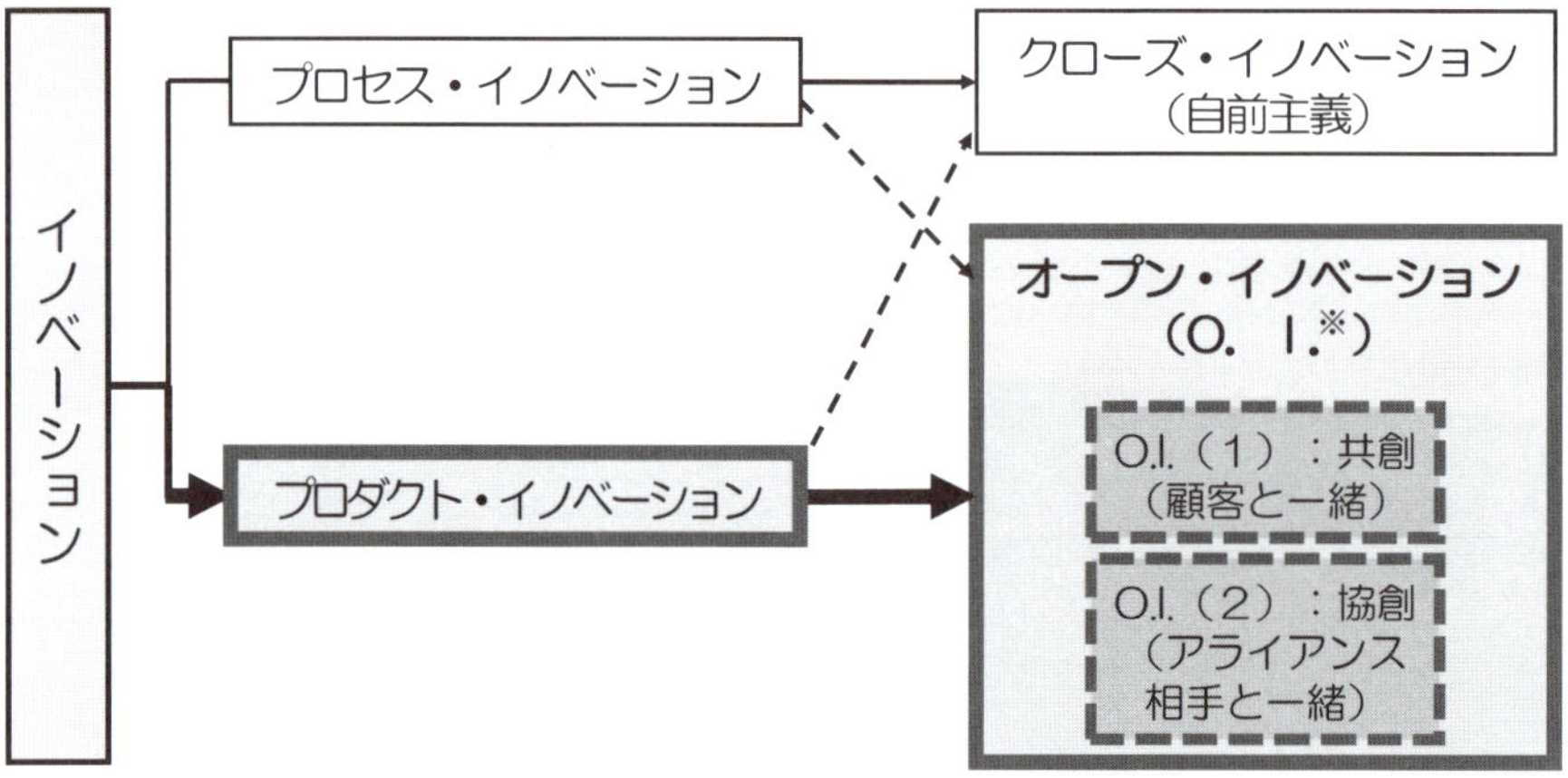

（※単なる役割分担：委託・下請けなどは含まない）

目次

CHAPTER 8

中小・ベンチャー企業におけるアライアンス・マネジメント

CHAPTER 9

共創と協創の実現をサポートする仲介機能

人材編

CHAPTER 10

O.I.におけるマネジメントと人材

全体の内容とチェックシート

□基本編

□1 オープン・イノベーション（O.I.）における日本企業の位置

- □1－1　日本企業の置かれた環境とイノベーションの必要性
- □1－2　プロダクト・イノベーションのための O.I. とは何か
- □1－3　O.I. による価値の創出と共創、協創
- □1－4　O.I. 実践における技術者、経営者への期待

□2 オープン・イノベーション（O.I.）における市場と技術

- □2－1　顧客との共創：市場視点での O.I.
- □2－2　アライアンス相手との協創：技術視点での O.I.
- □2－3　協創におけるアライアンス相手の探し方と接し方
- □2－4　O.I. 実践におけるＭＯＴ概念の活用

□実践編

□3 オープン・イノベーション（O.I.）の始め方

- □3－1　日本企業の強みを新規事業創出に活かす
- □3－2　O.I. による「新規事業」の始め方
- □3－3　O.I. できる社内体制のつくり方
- □3－4　O.I. には経営上どんな意味があるか

□4 顧客との O.I.（共創）により「商品仮説」を創る

- □4－1　「共創」により顧客からニーズを引き出す
- □4－2　顧客の「真のニーズ」を見つける
- □4－3　ニーズから「商品仮説」を創り検証する
- □4－4　商品の意識をコトづくりに変える

□5 アライアンス相手との O.I.（協創）による商品化・事業化

- □5－1　「協創」により商品・事業を迅速につくる
- □5－2　商品仮説から事業構想を創り社内合意を得る
- □5－3　ステージ・ゲート方式により商品を確実に上市する
- □5－4　事業展開シナリオの実現により事業を大きくする

□応用編

□6 O.I. 時代の知的財産（知財）マネジメントのあり方

- □6－1　イノベーション時代の知財マネジメントの変化
- □6－2　共創、協創における知的財産の必要性
- □6－3　知的財産の事業上の価値と進捗評価、棚卸
- □6－4　知財部門の戦略・実践プレーヤーへの期待

□7 産学官連携における O.I. のマネジメント

- □7－1　産学官連携の変化とマネジメント上の課題
- □7－2　産学官の異なる発想と O.I. への対応
- □7－3　産学連携の歴史と未来への期待
- □7－4　大学ＴＬＯの役割と産官学への期待

□8 中小・ベンチャー企業におけるアライアンス・マネジメント

- □8－1　日本の中小企業の現状・課題と O.I.
- □8－2　中小企業の強みと協創によるニッチマーケット展開
- □8－3　アライアンス相手との連携の各種パターン
- □8－4　役割分担から O.I. の開発パートナーへ

□9 共創と協創の実現をサポートする仲介機能

- □9－1　顧客との共創の仲介機能
- □9－2　アライアンス相手との協創の仲介機能
- □9－3　ビジネス主体の共協創の仲介機能
- □9－4　日本的イノベーション仲介としての商社機能

□人材編

□10 O.I. におけるマネジメントと人材

- □10－1　プロジェクトのマネジメントと O.I.
- □10－2　O.I. におけるマネージャー（リーダー）の資質と役割
- □10－3　O.I. 時代の人材育成への環境設定
- □10－4　O.I. の人材に求められる思考と意識

基本編

第1章

オープン・イノベーション（O.I.）における日本企業の位置

本書では「イノベーション」を現在の企業でもとめられている「プロダクト・イノベーション」としてとらえ、企業で新事業・新商品を実現することとします。

日本ではこのイノベーションの実行が喫緊の経営課題となっていますが、既存事業で成功してきた企業ほど実行が難しいのが現状です。そのような中で経営者と技術者が最低限知っておくべき実践的な方法論としてオープン・イノベーション（O.I.）を整理し使えるように示していきます。

第１章：いまなぜ、オープン・イノベーションなのか、知りたい

↓

１－１：プロダクト・イノベーション（P.I.）が求められる理由を知りたい

↓

１－２：P.I. とオープン・イノベーション（O.I.）の関係を知りたい

↓

１－３：O.I. における「共創」と「協創」について知りたい

↓

１－４：O.I. 時代の研究・開発技術者への役割期待の変化を知りたい

第1章オープン・イノベーション（O.I.）における日本企業の位置

日本企業の置かれた環境とイノベーションの必要性

イノベーションの定義と企業における必要性

「イノベーション」という言葉は、オーストリアの経済学者シュンペーターによって「既存の価値を破壊して新しい価値を創造していくこと（創造的破壊）」と定義されました。

今まで日本企業は、世界でも有数の成長を遂げてきました。これは日本企業による高品質・高性能の製品を生み出してきたプロセス・イノベーションの成果と言ってよいでしょう。

しかし日本においても高度経済成長期から、顧客に顧客が求める価値のある商品を提供しなければならないプロダクト・イノベーションの時代に入っています。

本書ではイノベーションを「企業が事業や商品において、技術をもとに新しい顧客価値を提供すること」と定義します。それはプロダクト・イノベーションそのものであり、その具体的な方法論が、本書で述べるオープン・イノベーション（O.I.）です。

プロダクト・イノベーションによる「ものづくり」の変化

企業のイノベーションとして広い意味での「ものづくり」を考えます。日本でも製造業のパラダイムシフトが起こりました。すなわち「モノ造り」から「モノ創り」です。これはどのように（安く品質のよい）製品を作るかという付加価値を造るプロセス・イノベーションから、誰に何（どのような製品）をいつまでに作るのかという顧客価値を創るプロダクト・イノベーションの時代に変化していることを示しています。

そこでは、顧客と一緒に価値を見つける「共創」と、さらに顧客の求めるスピードに合わせて顧客価値を実現するためのアライアンス相手との「協創」をうまく実現しなければなりません。

このようなパラダイムシフトに対応するのは発想を変えることが必須です。自前だけからオープン・イノベーションの手法を用いれば、日本の製造業の強みを生かしながら、リスクをカバーしつつ、パラダイムを切り替えることが可能となります。

企業の二極化の流れは止められない

多くの企業では主力の既存事業がすでに成熟期を迎えてきています。企業では利益が得られる「新商品・新事業」を生み出すために、技術者自身も顧客のニーズを考える必要がでてきました。また経営者も技術とマーケットの両方が分からなくては、事業全体をマネージできない時代です。

これを実行するのはそう簡単ではありません。現実には日本の企業でもすでに勝ち組と負け組という二極化が起こっていますが、その原因がオープン・イノベーションに対する経営・技術の取り組みの差です。これは大企業、中小企業や零細企業においても同様です。

今後はさらに二極化が進んでくると予想されます。この中で勝ち組になるためには、経営者、技術者ともにオープン・イノベーションの発想が必須です。

図1－1　イノベーションの定義と本書での扱い

（定義）

　イノベーションという言葉は、オーストリアの経済学者シュンペーター（Schumpeter）によって、初めて定義された。
　イノベーションの例として、創造的活動による新製品開発、新生産方法の導入、新マーケットの開拓、新たな資源（の供給源）の獲得、組織の改革などを挙げている（文科省HPより）

（本書での扱い）

イノベーションは、企業が新しい事業や商品を、技術をもとに展開する（技術が顧客価値を提供する）事とする

図1－2　ものづくり企業における環境条件としてのイノベーションの変化

（ものづくり）	（内容）	（オープン・イノベーション（O.I.）の視点）
モノ造り（プロセスイノベーションの時代）	造るものは決まっていた 対象は皆で共有化ずみ： 戦略は不要、戦術の世界 （経営・管理はミクロなスケジュール指示が主流）	・共同作業は役割分担 （生産技術などは自社の中で囲い込みが主流なのでクローズの世界）

2000～2010が過渡期！！

もの創り、コト創り（プロダクトイノベーションの時代）	**創るものが決まっていない 不確定な対象とそこにいたる道を明確化する必要： 戦略とビジョンが必要 （経営はマクロなロードマップ共有が主流）**	**・O.I.が必須 ・共創（顧客と一緒）または ・協創（アライアンス） （既存事業の範囲を飛び出すにはオープンの世界が必要）**

図1－3　企業規模別の２極化と、対応すべきオープン・イノベーションの視点

（規模）	（二極化の状況）＜勝ち組＞	（二極化の状況）＜負け組＞	（勝つためのO.I.）
①大企業	①－１ 業界Ｎｏ.１企業	①－２ コストだけで勝負となる生産会社	**・メジャーな顧客との共創 ・中小・ベンチャー企業とのアライアンス（協創）**
②中小企業	②－１ 高収益ニッチでのグローバルＮｏ.１企業	②－２ 下請けによる生産会社： コスト（低賃金、管理費小の中規模を活かすコストダウン）	**・ニッチな顧客との共創 ・大企業・ベンチャー企業との連携（協創）**
③ベンチャー企業	③－１ ユニークな技術、モデルによる開発主体の企業	③－２ まだ立ち上がっていない死の谷の中にいる企業	**・各種顧客との共創 ・大企業・中小企業との連携（協創）**

第1章　オープン・イノベーション（O．I．）における日本企業の位置

2　プロダクト・イノベーションのためのO．I．とは何か

プロダクトライフサイクル(PLC)でイノベーションを俯瞰

新しい商品を上市するとき、その商品やそれによる事業の位置をライフサイクル（LC）全体のなかで見ていきます。これにより新規事業のポジションを俯瞰的に見ることが可能です。

研究開発を市場に商品が出てくる前の「準備期間」として考えると、ビジネスは新事業のイノベーションの時期③から始まり最盛期①、さらに終焉・下降期②と進みます。これは企業などの組織体の一生（ライフサイクル）でも同じです（図1―4）。

商品を、人間のLCと比較してみると、赤ん坊の誕生時がまさに新しい商品が市場に出現したとき③で、リスクも伴いますが多くの人々に祝福されます。そのあと、赤ん坊を可愛がってくれる人々が保育をしていきます。この時期に大切なのは育成や教育を経て鍛えることです。新商品の場合にもまったく一緒で、生まれたばかりの新商品をいきなり、育てることなくメジャーともいえる市場に展開しないことが大切です。

プロダクト・イノベーションに役立つMOTの4つのステージ

新商品で不確実・不連続の時代を乗り超える手法は、イノベーションのマネジメント領域といわれ、ドラッカー、そしてクリステンセン、バーゲルマンなどがMOT（Manegementv of technology）として体系化してきました。

「技術から商品、事業化まで」の流れを実践MOT体系では、ステージ分けして時系列的に扱います。技術シーズを創りだす研究ステージ、製品を創りだす開発ステージ、製品を価値のある商品にする事業化ステージ、さらに量産・拡大させる産業化ステージという4つのステージで商品を生み出していきます。

イノベーションでは、「開発と事業化ステージ」を加速することが、最大のポイントとなります。したがってこの2つのステージがO．I．（オープン・イノベーション）の対象ステージとなります。

経営学におけるイノベーションの位置づけと本書での位置づけ

オープン・イノベーションの位置づけをもう少し、従来の考え方と比較してみます。これまでの経営理論やビジネススクール（MBA課程）で扱うのは、すでに商品が存在していて、それをどのように市場に浸透させるか、さらに展開、拡大させるかが主流でした。

これはプロダクト・ライフサイクルで俯瞰してみると整理されます。例えば経営理論の「S字カーブ」は、すでに顧客価値が判明したところから事業が立ち上がったところの範囲になります。

新しいものを生むプロダクト・イノベーションの占めるところは、その前段階で「顧客との共創」による顧客価値の創出、「アライアンス相手との協創」による顧客価値の早期実現というO．I．の範囲になります。

図１－４　事業のライフサイクル（PLC）とイノベーションの位置づけ

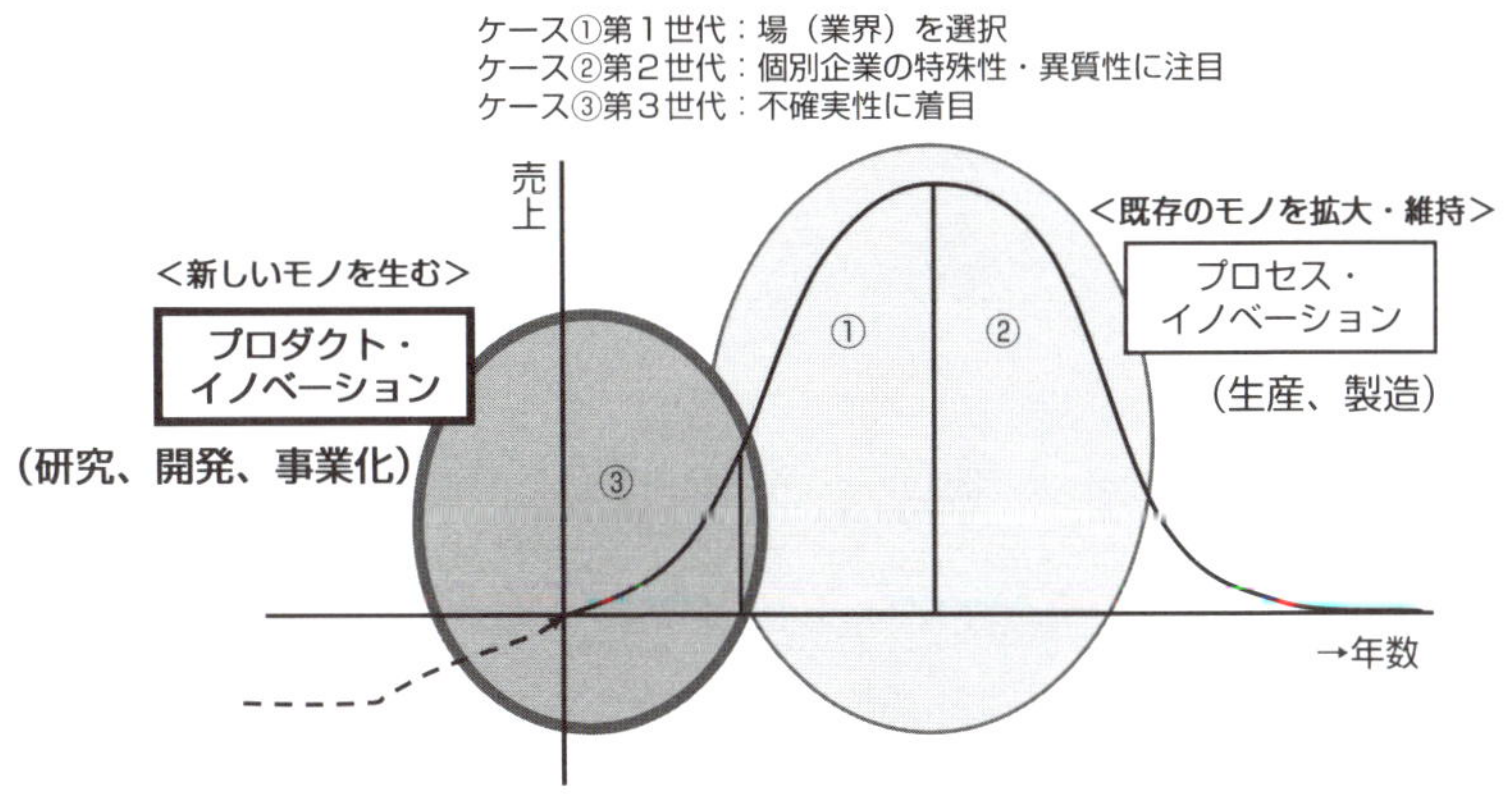

図１－５　研究・開発・事業化・産業化ステージと O.I. 対象範囲イメージ

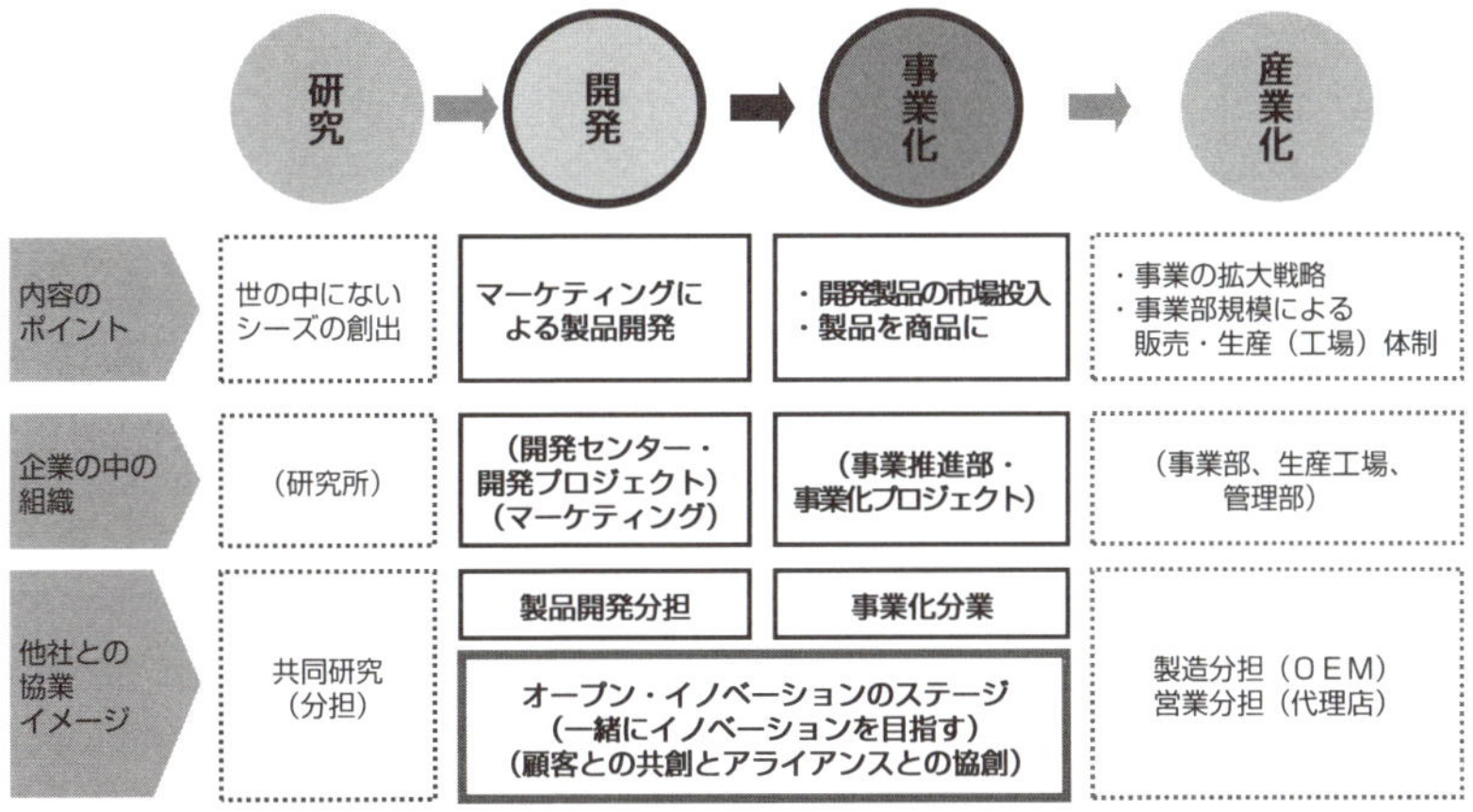

図１－６　プロダクト・ライフサイクルによる、オープン・イノベーションの範囲

	分類	MOT
①	研究期	研究ステージ
②	開発期	開発ステージ
③	事業初期	事業化ステージ
④	成長期	産業化ステージ
⑤	成熟期	―
⑥	衰退期	―

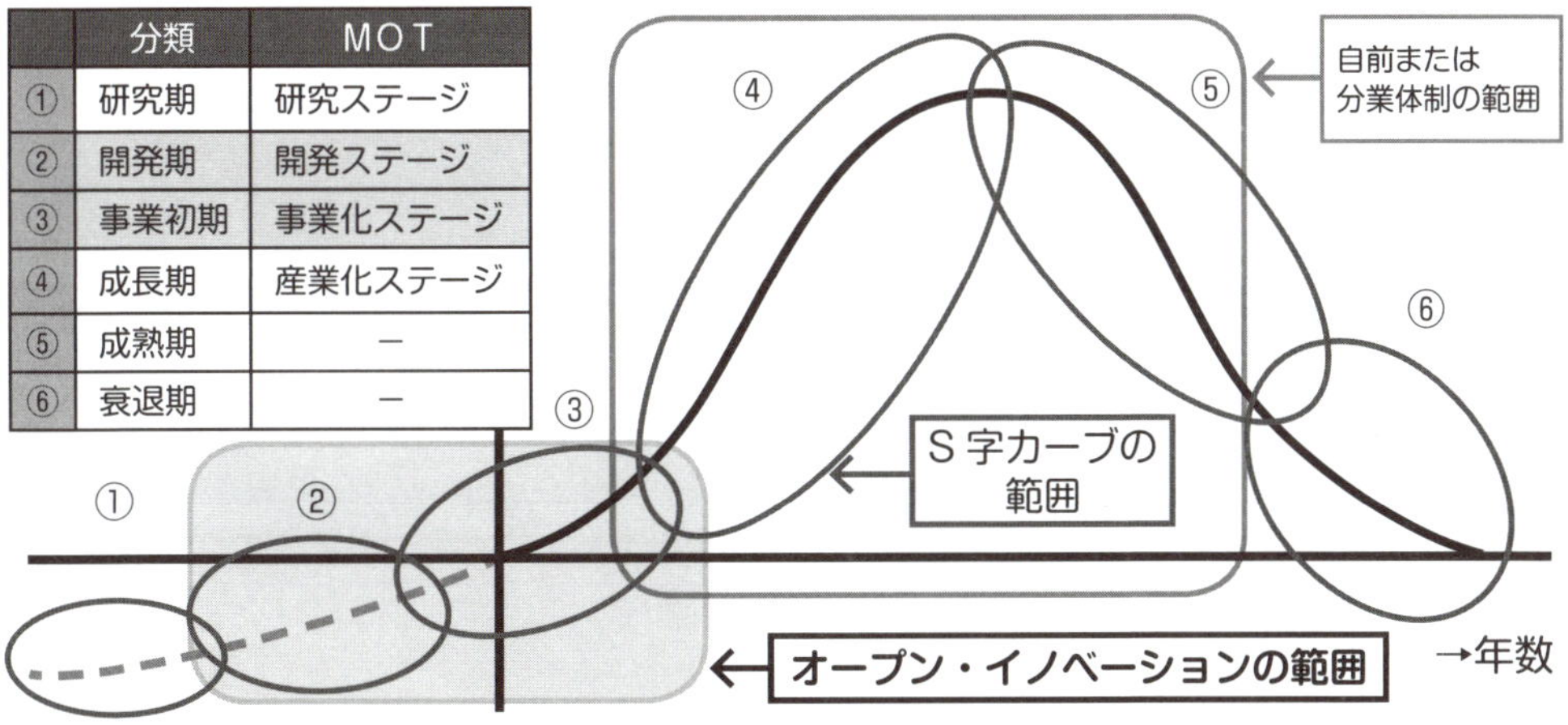

プロセス・イノベーションの段階「プレO．I．段階」からO．I．へ

プロダクト・イノベーションになる前のプロセス・イノベーションの時代においても、自社内にないリソースを外部に求める取り組みはなされてきました。明確な目標を独立して実行する「分担・協業」でした。

分担・協業とは、例えば商品実現に必要な原材料や部材を外部から調達したり、社内リソースが不足している場合、試作を外部企業に委託するものです。

また製造や販売、アフターサービスを外部に委託することにより、事業の立ち上げを早めることも行なわれています。顧客のニーズが明確であり、それに応える商品をその要求仕様通り、間違いなく迅速に作ればよかったから分担は成り立っていたのです。

しかし、顧客自身何がほしいか分からないイノベーションのときは、顧客と何を商品として提供するのか考える必要があります。

これは顧客価値の「顧客との共創（O．I．（1））」になります。提供側にとって、不確定なターゲット下の研究開発という無駄を避けることです。

また自社外と一緒に知恵を出して自社にない技術を用いて早期に商品をつくれれば、スピードアップによる顧客への提供価値最大化が期待できます。これを「アライアンス相手との協創（O．I．（2））」とここでは呼びます。

3 O．I．による価値の創出と共創、協創

顧客との価値「共創」の段階「O．I．段階（1）」

プロセス・イノベーションの段階では「何を創るのか」が明確でした。しかし、徐々に「顧客の求めるところ」が明確でなくなり、「何を創るのか」を探ることが価値となり、明確にする必要が出てきました。

この段階では、商品として何を作るのか、顧客に受け入れられる「顧客ベネフィット」を明確にする必要があります。しかし、顧客ベネフィットは、個別の顧客毎に異なるので、まずは個別の顧客の顧客価値を共創することが必須となります。そのためには、顧客自身が気づいていないニーズの掘り起こしが必要です。

アライアンスに基づく価値「協創」の段階：「O．I．段階（2）」

顧客との価値共創を行なうことは、シーズ発想ではなく、ニーズ発想で商品・サービスを企画することです。この時、顧客の求めるところを、自社だけで完結して実現することが困難になります。

この段階では、自社内にないリソースを単純に外部に求めるだけではなく、より積極的に外部アライアンス相手（大学や公的研究機関、ベンチャー・中小企業から大企業まで）と価値（それを具現化した商品・サービス）を「協創」します。いわゆる技術を持ち寄っての開発・試作品製造や、機器とそこに用いる消耗品との共同展開、ハードとソフトなど異なる領域のアライアンス相手との連携による価値協創です。

図１－７　オープン・イノベーション（O.I.）への進化（単独→分担→O.I. へ）

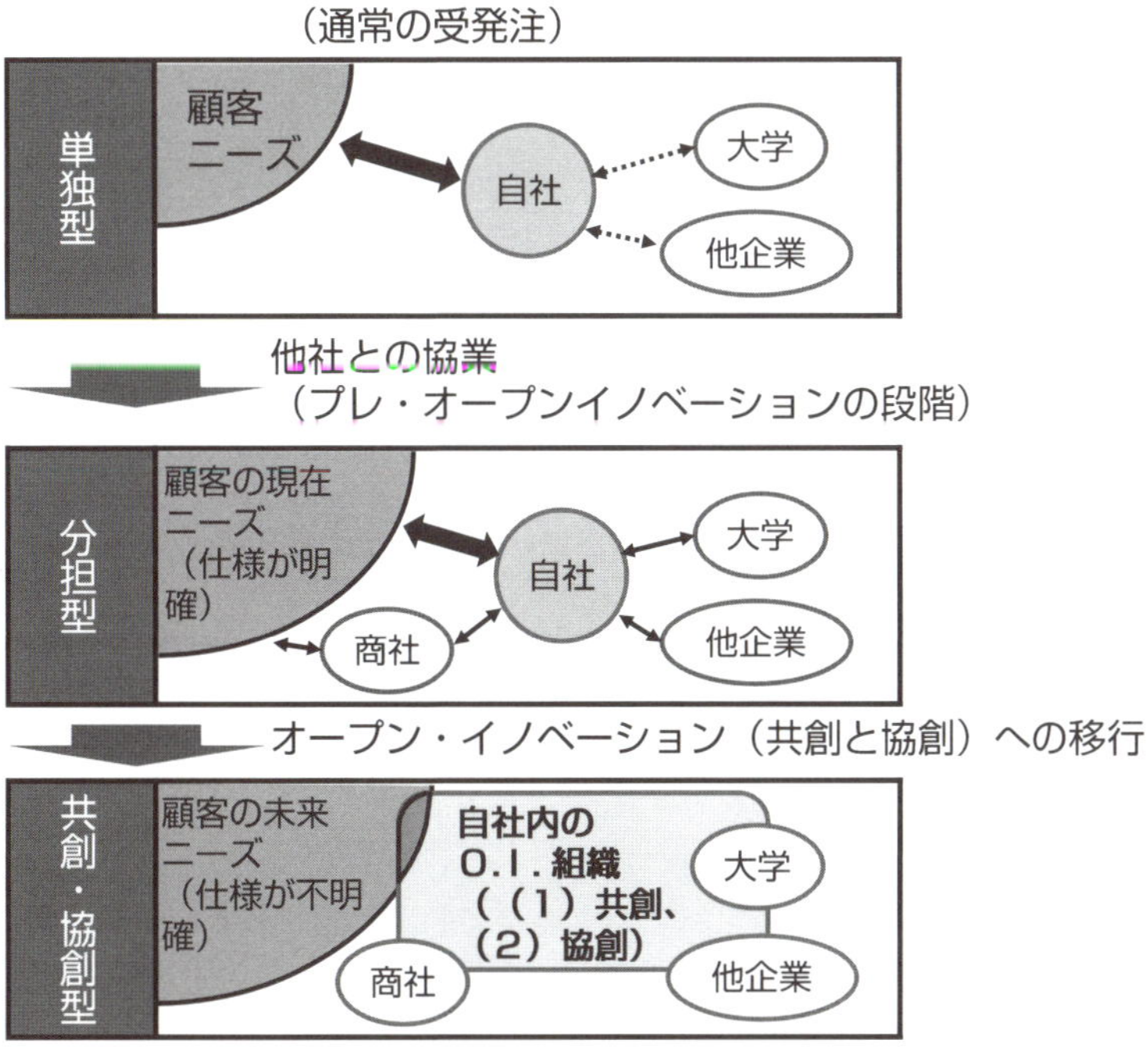

図１－８　共創（O.I.(1)）と協創（O.I.(2)）により、O.I となる

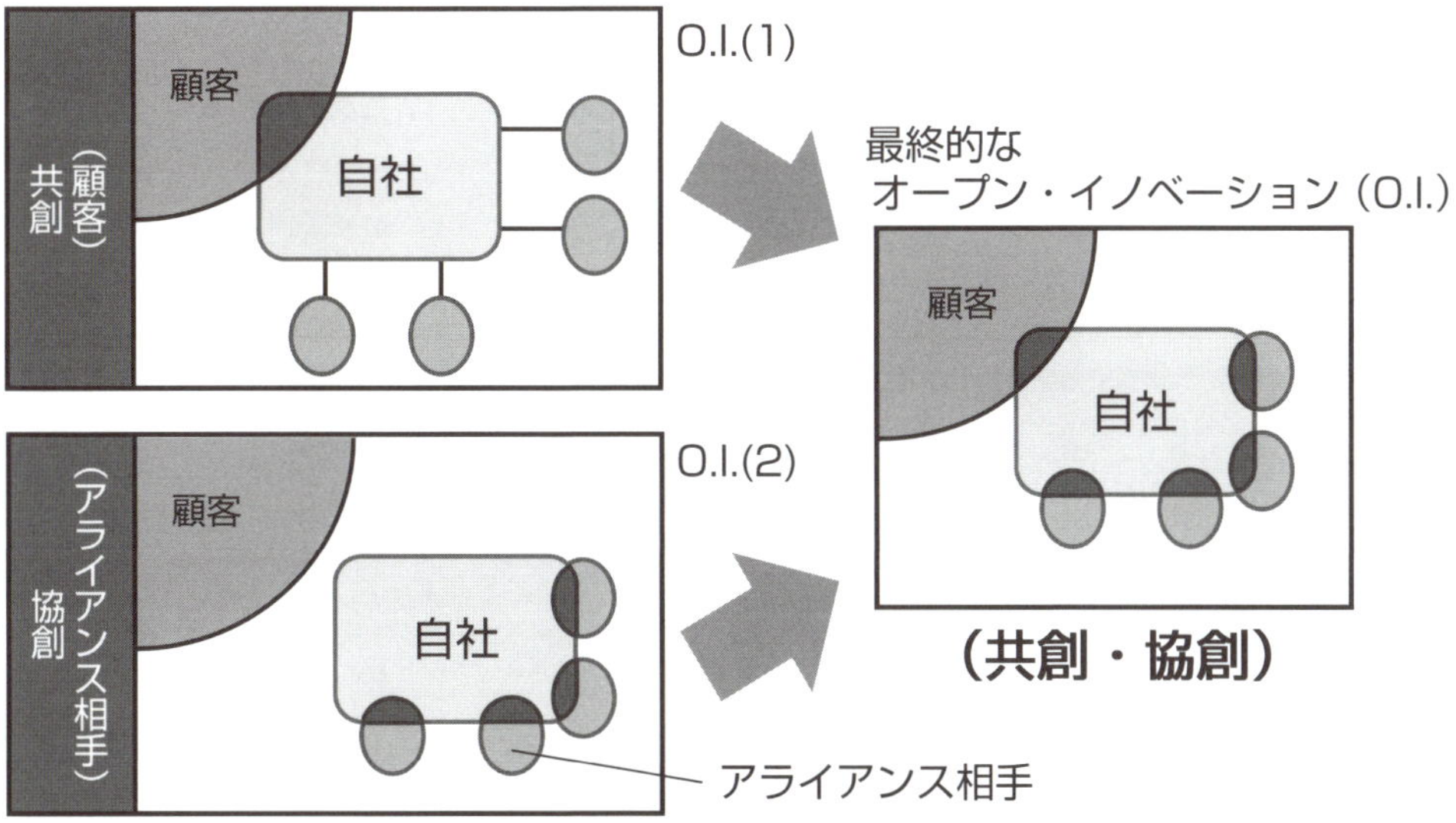

第1章 オープン・イノベーション（O．I．）における日本企業の位置

4 O・I・実践における技術者、経営者への期待

インベンションから、イノベーションへ

近年は「技術の進歩が極めて速く、ビジネス全体を変えてしまう」時代です。そのためスピーディな「新製品・新商品の開発が重要」で「技術者」に対する期待が改めて認識されたといえます。

「研究開発部門」への期待は、従来の「インベンション」（発明、独創）の期待から、本書で扱う範囲である「プロダクト・イノベーション」（事業創出、共創）へと変化しています。

このイノベーションにはさまざまの人が関わってくるため、一人だけでは達成できないのがポイントとなります。このため、いろいろな人の協力とコミュニケーションが必要となります。ここに技術者にとってオープン・イノベーション（共創、協創）の手法が手段として重要になってきている理由があります。

技術者と経営者へのオープン化への意識改革

技術者や経営者にとって、もう一つ大切なのが、不確定な未来への実施リスクをいかに下げていくかです。多くの経営者も技術者も、過去において、大なり小なりのイノベーションを行なった実績と自負があります。たとえば高品質、高性能、低コストの実現のための「プロセス・イノベーション」です。これは自社内で完結・展開するクローズ・イノベーションの成果でもあります。

近年のイノベーションで必要なのは顧客側の価値を探る「共創の能力」と、すみやかに価値あるものを提供する「協創の能力」を持つことです。すなわち何（どのような商品）をいつまでに開発・事業化するかということです。

そこで大切なのは自分たち（自社）でできる範囲を超えた発想とそれを実現する手段です。自前（クローズ・イノベーション）から顧客やアライアンス相手との連携（オープン・イノベーション）への発想の転換です。

技術者への事業創造への期待と日本企業のチャンス

これまでの日本のメーカーには、大企業ほど「物造り」成功経験に基づく既存主力製品が存在し、守りの体質が強いと指摘されています。そのために新商品創出への対応には脆弱な傾向があります。

欧米ではイノベーションはベンチャー企業に多く依存していますが、技術力や総合力では不足な点があります。しかし日本企業にはもともと、強い研究開発力や生産技術力が蓄積されています。

技術者や経営者がO．I．の意識と方法論を取り入れることにより一気に強みに転化します。特に共創や協創の発想をうまく行なうことで、自社の強みを活かしながら大企業の欠点の部分をうまくカバーすることが可能となります。

技術をはじめ資金、人材のリソースがそろっているのが日本の企業です。そこでは、自らの意思で未来に向かって新たな試行錯誤していくことが重要になります。

図1－9　期待されるイノベーションの役割、その PLC 上の位置づけ

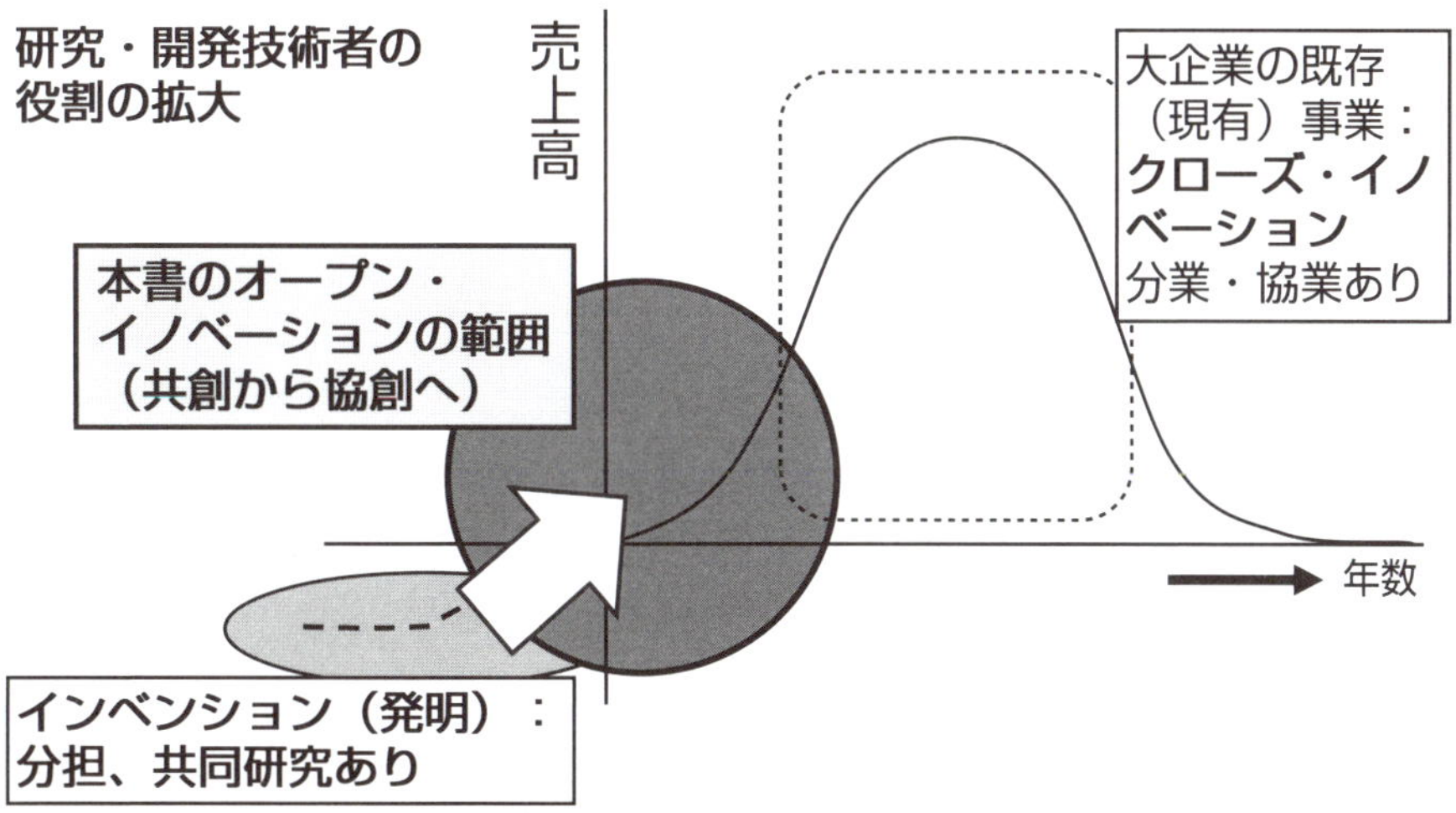

図1－10　クローズド・イノベーションからオープン・イノベーションへ

	概要	イノベーションの展開イメージ	つくる意味	何をつくる（製品は誰が決める）	実際の技術者の仕事	製品ビジネスの形
クローズイノベーション（プロセス・イノベーション主体）	どうつくる？（付加価値創出）	自社内でのすべての処理を前提にしたクローズ・イノベーション主体（他社との分担、委託、下請けなどもある）	作る、造る（製造主導）	あらかじめ決められている（たとえば経営者によって）作れば売れる時代の産物	量産技術、コストダウン技術などの自社技術の蓄積	自社の製造に特化した専門工場やＯＥＭで品質と量と価格で造る（クローズ）
オープンイノベーション（プロダクト・イノベーション主体）	何をつくる？（顧客価値創出）	顧客の喜ぶ商品開発を第一にしたオープン・イノベーション主体（まずは顧客との共創、そのあとでアライアンス相手との協創）	創る（開発主導）	何をつくればよいか不透明の時代にマーケティングにより顧客に必要なものを探す 単に作っても売れない時代	顧客視点での製品用の技術を開発するとともに世界中から調達	他社や顧客の力を借りながらユニークなまねのできない顧客価値の高いものを創る（オープン）

図1－11　イノベーションの時代に必要な未来への視点と実行

＜過去＞

〈組織体の持つ成功体験〉
・蓄積されたプロセスデータ
・既存事業の効率向上分業体制（サプライ・チェーン）

＜現在：必要な発想＞
（オープン・イノベーションの発想）

〈新しい未来シナリオ創り〉
・不連続な仮説（シナリオ）設定
・未来から現在を見る視点（ロードマップの発想と検証）
・試行錯誤の覚悟
・共創、協創相手の発掘

＜未来：必要な作業＞
（オープン・イノベーションの実行）

〈不確定な中での実践〉
・顧客価値と技術能力の明確化
・オープン・イノベーションの実施（協創・共創）

事例－１：本業がなくなる中「第二の創業」を行なった大手Ａ社の事例

新事業・新商品の展開内容：

大手製造業Ａ社は中核事業消失という危機の中、自ら事業と技術とを見直し、新たな事業展開の方向を創り出した。縦軸に技術の既存と新規、横軸に市場の既存と新規という（アンゾフの）２×２のマトリックスを描くと、既存事業は左下にくる。新規事業の方向は３つある。

第一は、上矢印方向（D）である。これは自企業の既存市場領域において、新しい技術を展開するものである。Ａ社事業においてはその際、単なる改良技術導入ではなく、既存事業（アナログ技術ベース）における「破壊的イノベーションを対象としてのデジタル技術」を先取りすることが重要であると気が付き、技術革新変化が現れる10年以上前から社外の各社、各機関とも協創として取り組んでいた。さらに今「ネットワーク・クラウド化」が起こり、「インテリジェント（AI）化」が予想されいる。Ａ社ではそれらにも各社との協創の形で取り組んでいる。

第二は、右矢印方向(B)である。これは、自社が持つ技術を新事業に展開するものである。その際、その新市場で顧客が買ってくれる顧客価値を作る必要がある。Ａ社では保有技術を顧客が理解できるよう「機能（何ができるのか）からベネフィット（何が顧客のうれしさか）」に翻訳し、顧客対話により「真のニーズ（顧客価値）」を引き出している。それにより顧客側との共創が可能となり真のニーズに応える光学フィルムなどの商品を上市、本業で培った技術の横展開に成功している。

第三は、右上矢印方向（N）である。これは、新市場領域へのチャレンジで、Ａ社においてはここを「トータル・ヘルスケア・カンパニー」と定義した。これは、従来からＡ社がやってきた医療診断の事業領域に、予防・治療・再生医療の事業を加えた事業領域構想である。この領域は社会からも「やるべき」と求められる領域である。また、Ａ社の他事業領域を含む保有技術を社内協創的に応用展開が可能かつ既存事業（医療診断）の隣接市場領域で「やれる」領域である。さらに、企業理念にも適合した「やりたい」領域でもあり、継続的に事業展開は進んでいる。

それぞれの成功確率を高めるためには、すべてを自前（自社）でやるのではなく、「共創と協創によるオープン・イノベーション」することが欠かせなかった事例である。

O.I. のポイント：

①既存事業での新規技術展開（D）においては、既存事業を破壊することになっても「破壊的イノベーション技術の先取り」のための協創が重要。

②既存技術の新規市場展開（B）では、何が顧客から求められているかを見極める「顧客との価値共創」が重要。

③新たな柱となる事業の構築（N）では、その新事業が企業理念や市場からの期待に応えるものになるよう、社内協創が重要であった。

事例図１：技術と市場のマトリックスによる既存事業の棚卸しと O.I. 展開

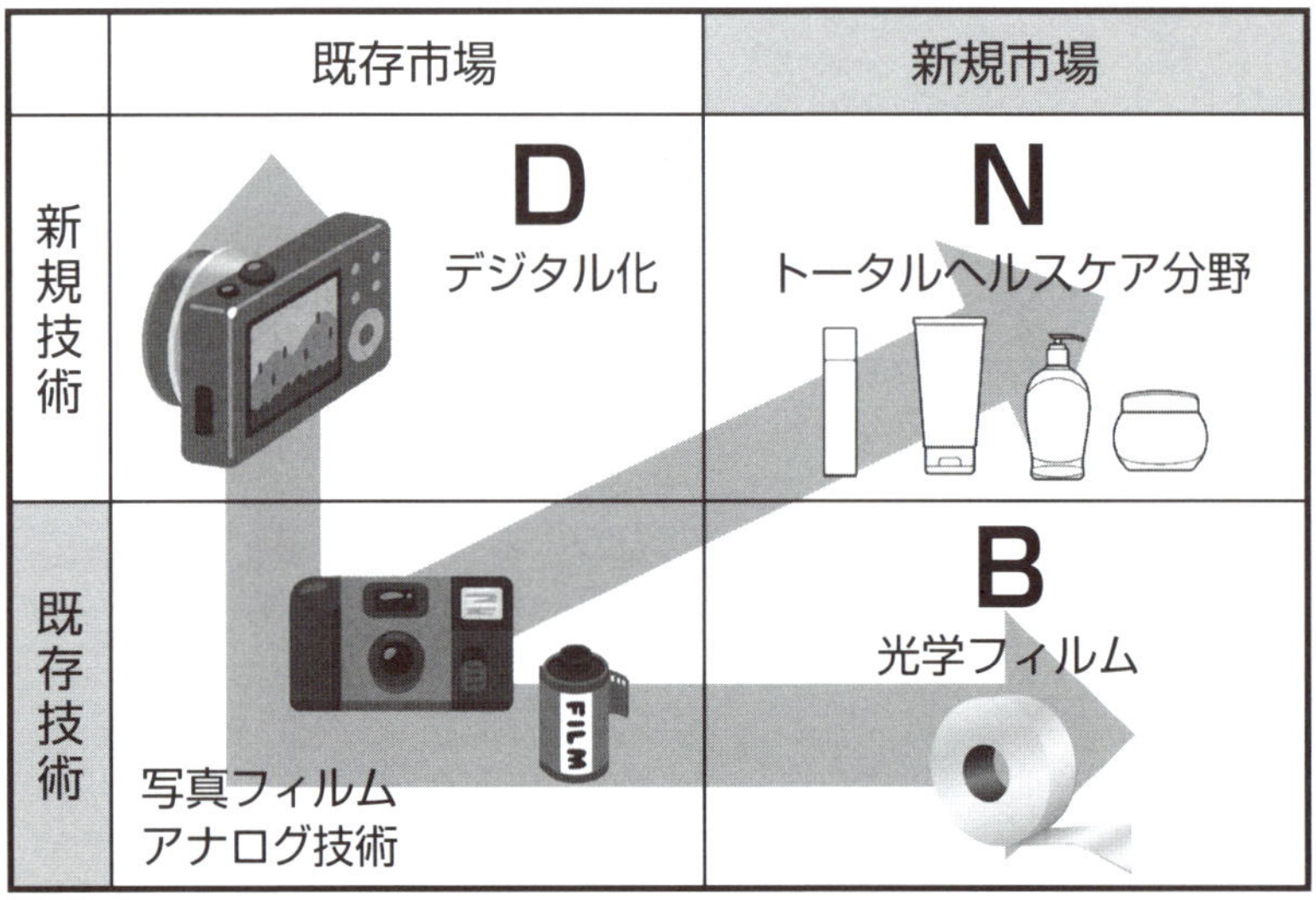

第2章

オープン・イノベーション(O.I.)における市場と技術

O.I. 実践の基本として、市場視点でとらえた顧客との「共創」、そして技術視点でとらえたアライアンス相手との「協創」の双方を解説します。

特に顧客価値を実現する「協創」は具体的にアライアンス相手がだれで、何を求めるかを明確にすることが重要です。これらについてはイノベーションのマネジメントの基本ベースでもある実践MＯＴの視点で O.I. との関連を整理していきます。

第2章：O.I. を実践するときの、基本的な考え方を知りたい

↓

2－1：市場視点での顧客との「共創」を知りたい

↓

2－2：技術視点でのアライアンス相手との「協創」を知りたい

↓

2－3：協創するアライアンス相手の組み方を知りたい

↓

2－4：O.I. における MOT 理論の活用方法を知りたい

第2章 オープン・イノベーション（O.I.）における市場と技術

1 顧客との共創：市場視点でのO.I.

共創相手として マーケットの組む相手は顧客

一般的に商品が対象とする市場は、時間軸上に統計的な分布によって示されるプロダクト（商品）・ライフ・サイクル（PLC）に沿って「導入期→成長期→成熟期→衰退期→終焉期」と変化していきます。各期によってターゲットとすべき顧客の性質も変化します。

オープン・イノベーション（O.I.）では、求められる顧客価値を明らかにするため顧客と共創することになりますが、やみくもに顧客（候補）と組んでもうまくいく見込みはありません。まず、事業化を試みている商品がPLC上のどこに位置づけられるか見極めます。新規製品を市場に出す場合は、導入期から成長期に相当する初期マーケットを対象にすることになるので同市場の想定顧客を共創相手として探索することが大切です。

プロダクト・ライフ・サイクル（PLC）のなかの顧客の分類と特徴

市場に存在する顧客は、ロジャーズの理論によると時系列的にイノベーター、アーリー・アダプター、アーリー・マジョリティ、レイト・マジョリティ、ラガードの5種に分類されます。新規商品はこのイノベーター顧客から始まり、順に普及していきます。

新規商品を開発し上市するのはまず導入期の市場、すなわち顧客分類ではイノベーター次いでアーリー・アダプターです。セグメント化された各顧客層の特徴を把握し、それに合わせたマーケティングを行ないます。まずは、誰がイノベーター、アーリー・アダプターなのかを見極めることが必要です。

最初のイノベーターとアーリー・アダプターの二つの層を合計すれば、顧客は全市場の16％となります。上市した商品がこの層の顧客に十分普及してきたら、次の大きな層（アーリー・マジョリティ）へ普及させるタイミングとなるので、十分な供給（製造）体制に入らなければなりません。この顧客分布はビジネスチャンスを明確にしてくれるマーケティング指標となります。

O.I.視点では、共創視点だけでなく協創視点でも準備が必要になってきます。

初期の重要顧客層の特徴を明確に把握する

関係する層の特徴を示します。

●イノベーター（革新者、ハイテクオタク）：この層の最大の関心事は新しいテクノロジーそのものと他にない特殊な機能で「オタク」ともいえます。「新しいことに価値を感じる」革新者層です

●アーリー・アダプター（初期採用者、ビジョン先行派）：新しいテクノロジーの利点を理解、評価して、他者に先んじて投資しようとする「新しい機能に価値を認める」ビジョナリー層です。

●アーリー・マジョリティ（前期多数採用者、価格と品質重視派）：実利主義であり、商業ベースの普及の鍵を握るグループで、事業化において重要となる層です。「信頼できる問題解決力に価値を求める」層と言えます。

図2－1 商品ライフサイクル（PLC）とオープン・イノベーション（1）：共創で組む相手

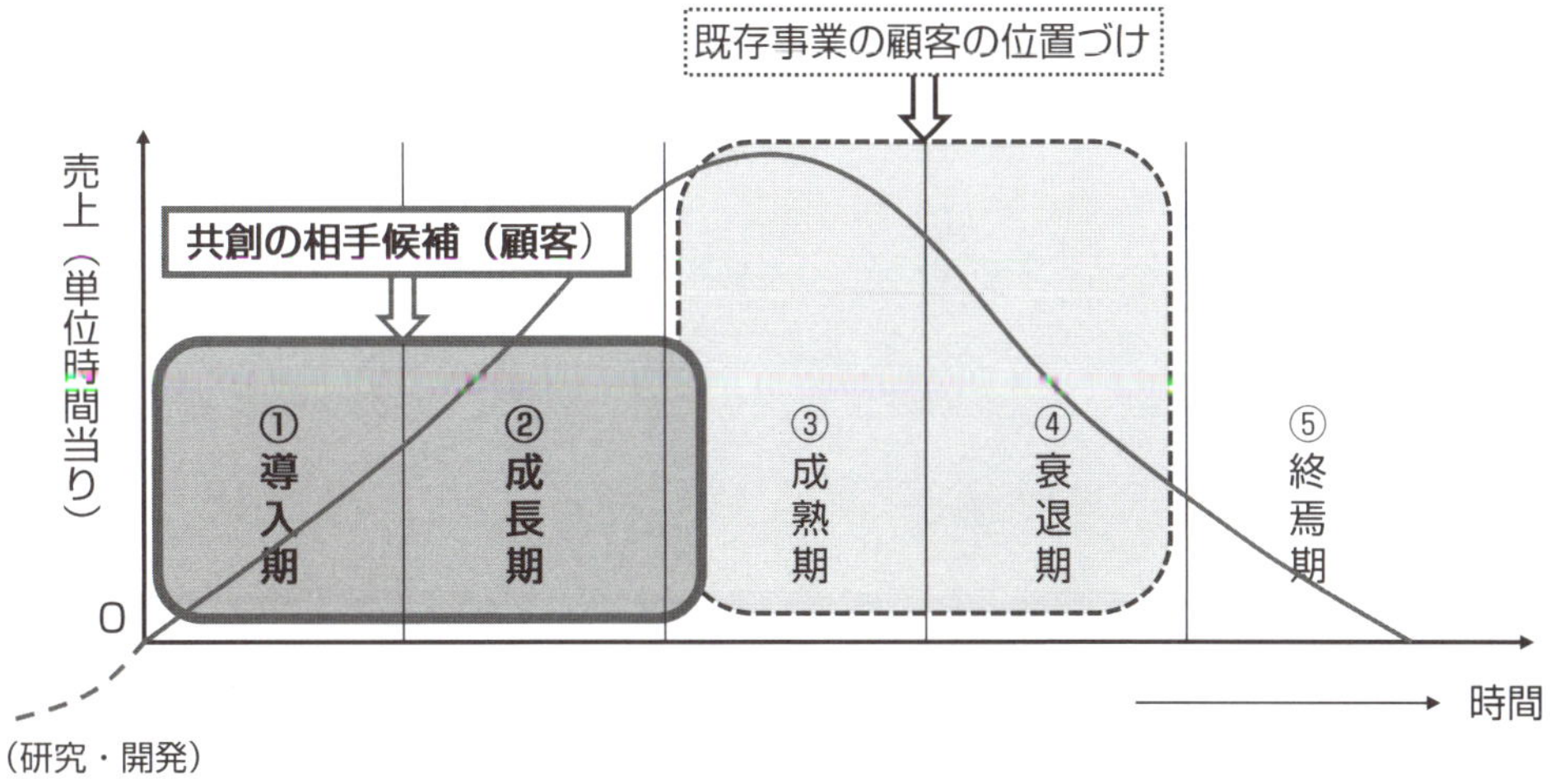

図２－２ ロジャーズの理論による顧客の特性による分布状況

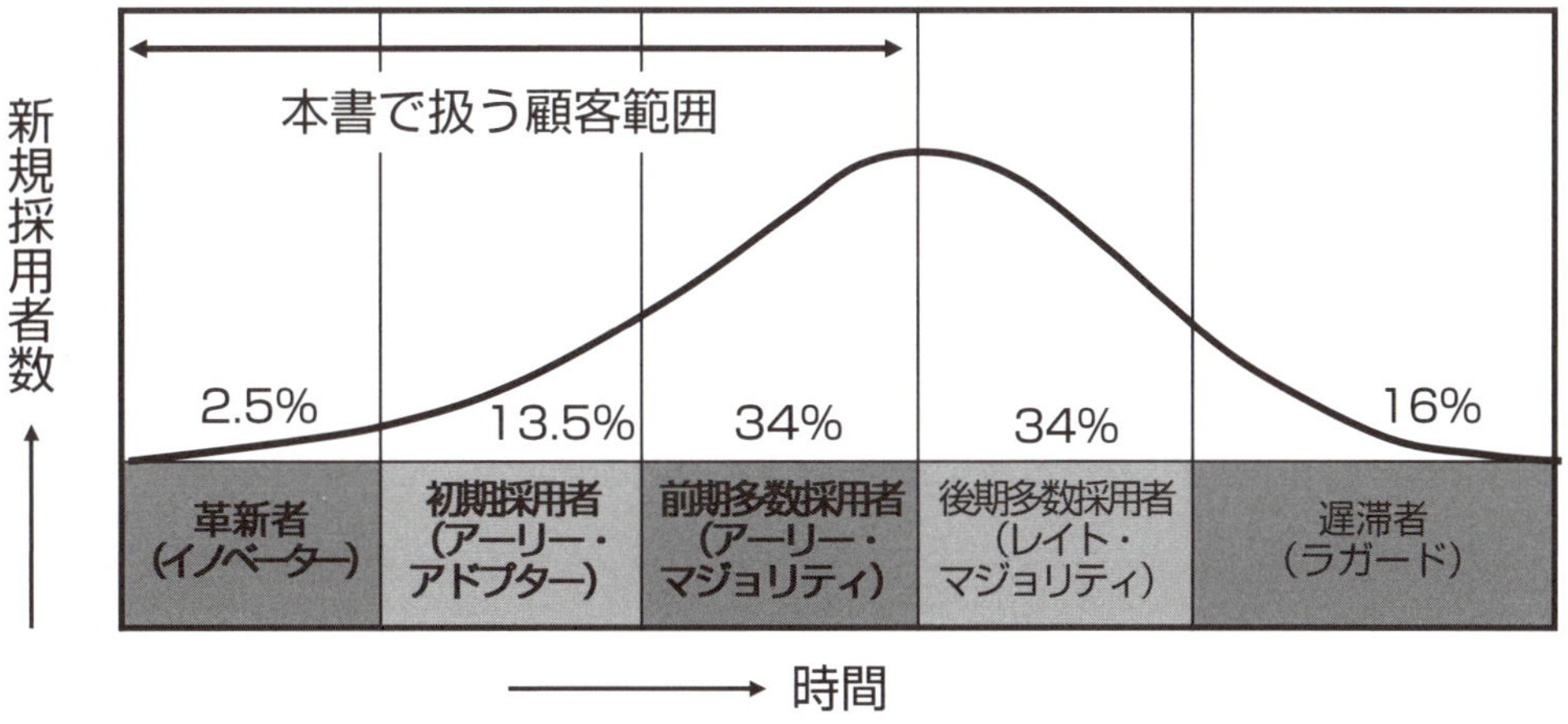

E.M.ロジャーズ 「イノベーション普及学」 産能大学出版部刊より引用・加筆

第2章
オープン・イノベーション（O．I．）における市場と技術

アライアンス相手との協創：技術視点でのO．I．

2

協創とは何か：自社と社外（アライアンス相手）技術を求めること

通常、複雑な顧客価値の商品をスピーディに提供することを全て自前で行なうことは困難です。機会損失を防ぐには、そこで行なう協創（O．I．（2））が必要です。自社リソースの技術、技術以外の基盤も活用すること、そしてその上にアライアンス相手となる他社や大学、ベンチャーなど技術を活用してつなげていきます。

「学」との連携では大学の持つハイテク（先端技術）を自社の基盤的な技術とつなげて顧客価値を実現します。大学の研究者は先端的な研究が必須ですが、その社会実装も求められており、うまく協創テーマを設定していくことが重要です。

O．I．では、分担や共同研究と仕分けながら顧客満足を達成するための知恵を出し合い価値を創るところにあります。

「産」との連携でも、単なるビジネスの実現のための連携ではなく顧客価値の実現のため、お互いに持つリソースを組み合わせ協創するかがポイントとなります。

O．I．としての技術の多様性と選択

協創の意味は商品上市までのスピードを上げる手段です。このためには既存技術を積極的に使いつつ、その上に新しく導入するハイテクをつないでいくという発想が重要です。ハイテク（先端技術）とローテク（基盤技術）をいかに効率よく組み合わせてイノベーションを成功させるかが協創のマネジメントのポイントです。

顧客価値を実現する商品仕様（開発のターゲット）を満足するハイテク技術は1つとは限りません。その中で既存（基盤）の技術と相性が良いと考えられるものを選択します。

ターゲットの難易度を上げすぎると、実現性が薄れるというリスクが生じ、水準を下げていくと価値が下がり、誰でもできる技術・製品となってしまいます。そこにうまくアライアンス相手との協創を持ち込むことで、顧客価値の高さと、開発スピードとの両立を図ることになります。

アライアンスと分担、ネットワークの類似性と違い

ここで「アライアンス」という言葉について整理します。アライアンス自体の意味は「同盟関係、すなわちなんらかの約束、契約のもとで二つ以上の組織が共同で何らかの行動を起こすこと」です。

O．I．では、契約関係の下、顧客価値を実現するため、それぞれの持つ技術（リソース）を持ち寄り、一緒になって協創する関係と定義されます。似た言葉に「ネットワーク」や「分担」があります。「分担」も契約関係に基づく活動ですが、（顧客価値の創出という）目的を共有しているわけではなく、一方的な依頼に基づく活動であり、その成果は当初の想定を越えることはありません。

「ネットワーク」は契約関係を持たない繋がりです。なんらかの情報網として、ネットワーク内に情報は流れますが、約束や責任ある一緒の行動は伴いません。

図2－3　協創のオープン・イノベーション（O.I.（2））で扱う範囲イメージ

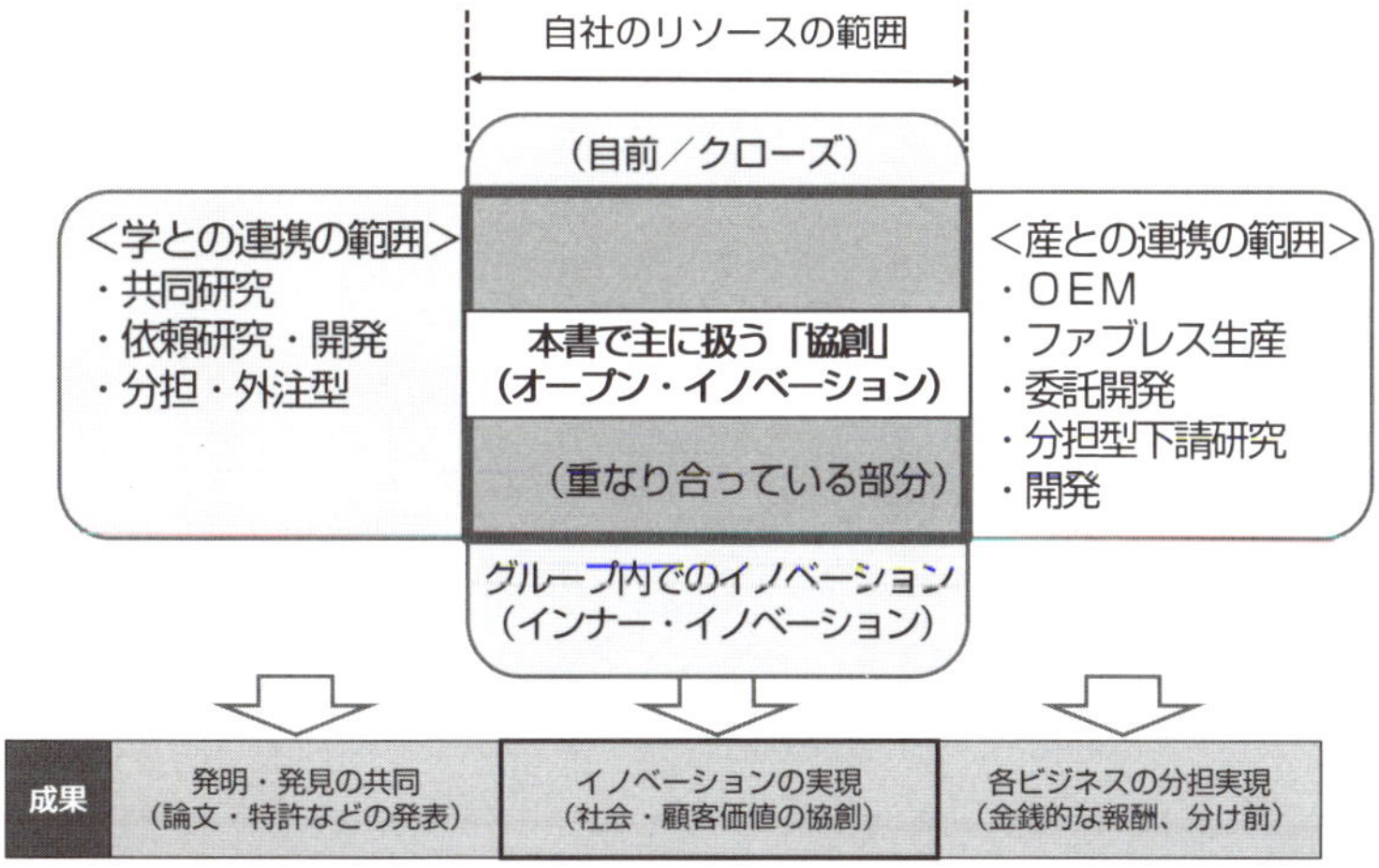

図2－4　ローテクとハイテクのギャップと解決策（協創の O.I.）

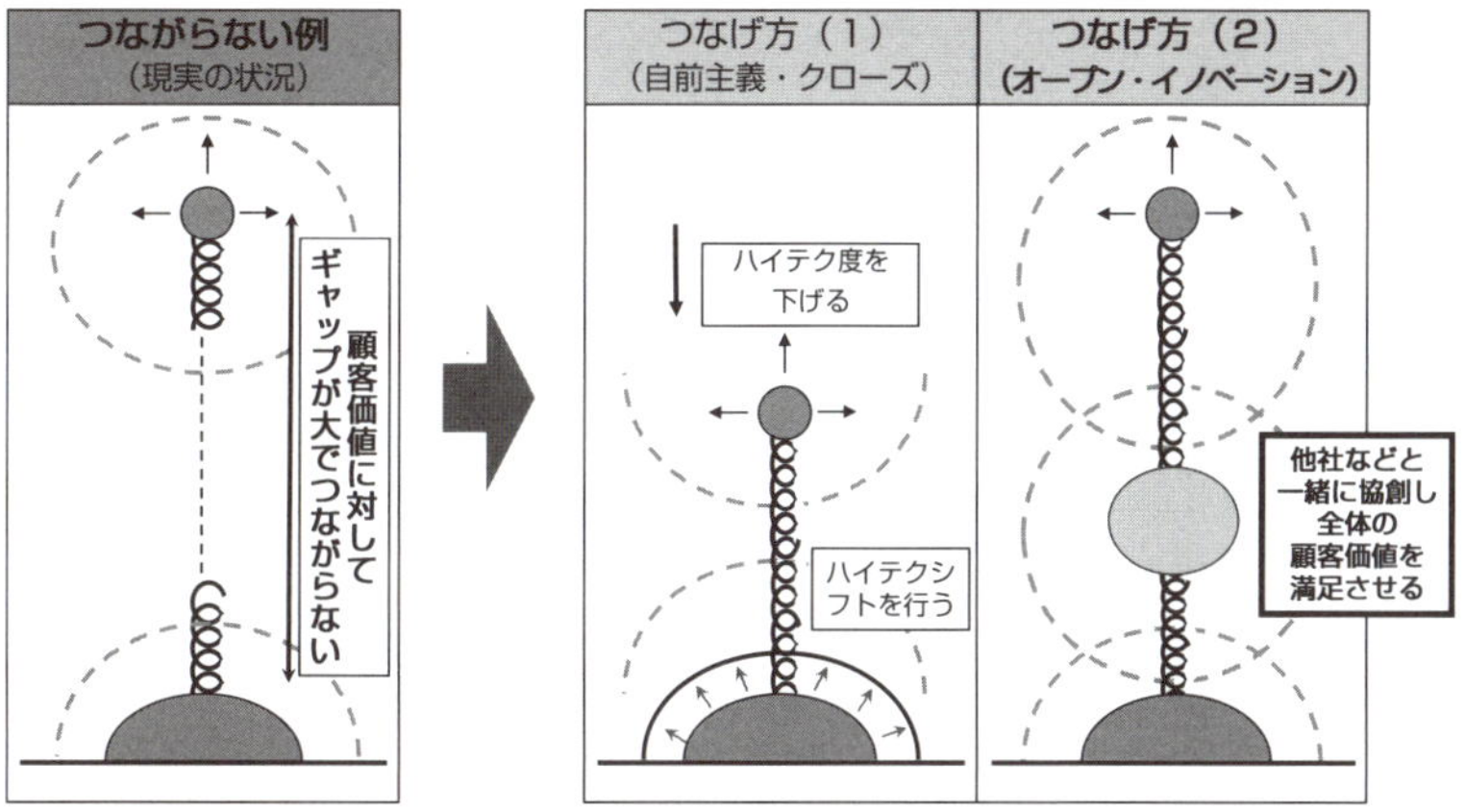

図2－5　イノベーションの時代に必要な未来への視点と実行

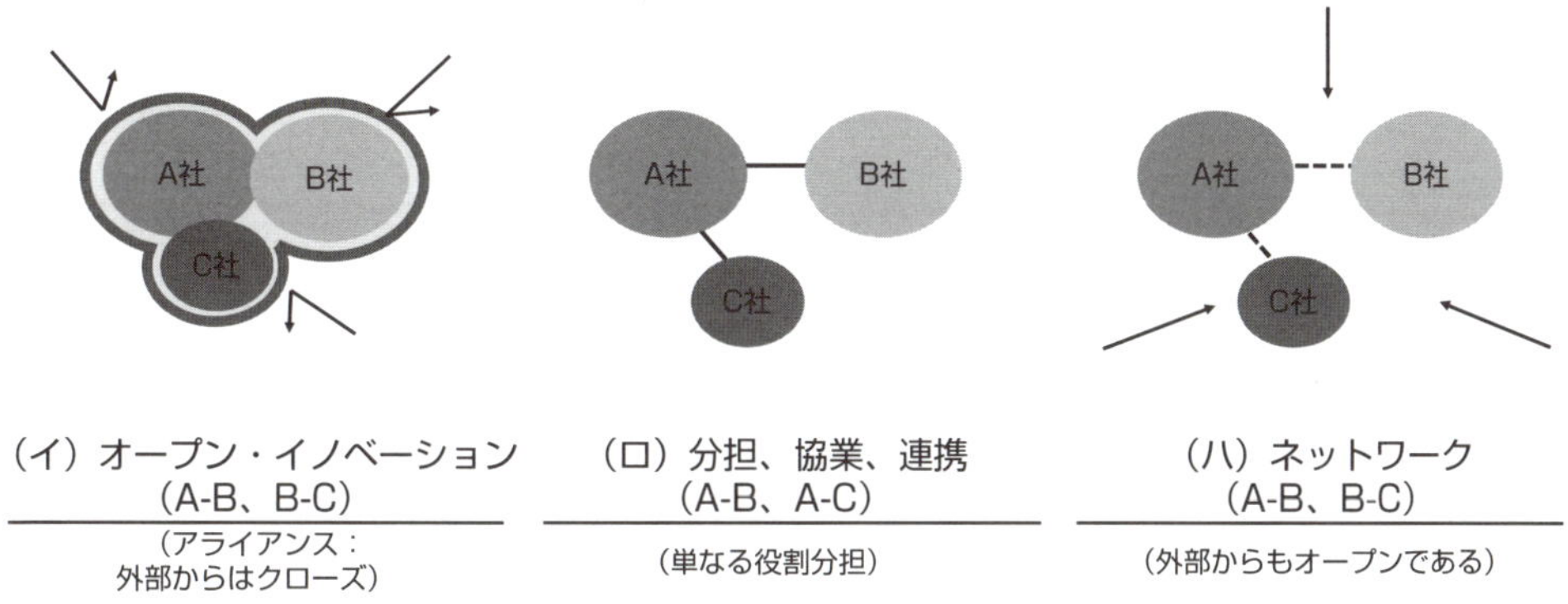

3

協創におけるアライアンス相手の探し方と接し方

アライアンス相手の探索方法

O．I．（2）、協創の実現のためのアライアンス相手を適確に探索する方法についてのSTEPをまとめてみました。

STEP1では「どう探すか」決めます。自社のレベルが研究ステージの場合は、アライアンス相手先として大学、研究機関、大企業の研究所などがあります。また、開発ステージのレベルでは開発型ベンチャーや、大企業の開発部門、事業化ステージのレベルでは小規模企業や大企業の子会社などです。一般的に、その調査手法としてはインターネット、特許、文献、学会、業界コンサル、交流会、講演会などが役に立ちます。

STEP2は「何を探すか」ですが、相手を探す対象については、自社の強みと弱みを明確にした後、不足技術（シーズ）や製品を明確にすることになります。

STEP3の具体的に「どのレベルのアライアンス相手を探すか」ということです。研究、開発、事業化、産業化のポジションとレベルをもとに、必要な技術と製品の成熟度を冷静に判断していくことがポイントです。

新事業展開による協創パターン

ここでは、協創パターンを3つに分類します。実際にアライアンス相手を探していた時に、「どこと、どう行なうか・しないか」という判断のベースとして考案し実際に使ったものです。

1　補完型のアライアンス協創展開：想定している商品に不足している技術を取り込むことで事業創出を確実に、かつ早めるもの。

2　既存製品のハイテク化協創展開：既存技術の伸長だけでは成長が見込めない場合に、新たなハイテクを持ち込み、合わせて事業展開を図るもの。

3　大化け型としてハイテクの協創展開：一つのコアとなるハイテク技術をベースに新しい商品群を投入することで全く新しい領域に事業を創出するもの。

協創パターン毎の技術シーズと事業展開の例

前述の3分類に沿って、事業展開の例を示します。

（1）補完型のアライアンス協創展開においては、未完成製品の補完、補充用（ローテクの改良）技術を対象に協創を図ります。これはあくまでも既存製品の補完型技術シーズで、各種材料、部材などが挙げられます。

（2）展開型の協創は既存製品の大幅なモデルチェンジとなるような、いわゆるローテクのハイテク化が相当します。この中には、一般的な装置技術をもとに、ハイテク分野の技術をとり入れて、新分野に展開するなどということもあります。この場合の技術シーズとしては融合的、組み合わせ的（複合技術ベース）なものが主体となります。

（3）大化け型の協創はハイテクの大展開です。革新的なコア技術をベースにスタートすることで大ヒット商品や新規事業領域の開拓を狙うものです。この中には素材産業が装置事業を狙ったり、自動車会社がバイオを行なうなどの異分野展開も含まれます。

図2－6　新事業展開のためのアライアンス相手の探索法ステップ

ＳＴＥＰ１　どう探すか（How）
- 現在ではインターネットをベースにして、特許、文献、学会、業界情報がベースになる例が多い
- 企業内の非公開情報を仲介業者が提供することもある
- 商社は各種情報が豊富

ＳＴＥＰ２　何を探すか（What）
- 自社の技術や市場での強みと弱みを明確にしたあと、顧客価値（ニーズ）をブレークダウンする
- 不足技術（シーズ）や製品を明確にする

ＳＴＥＰ３　どのレベルのものを探すか（Which）
- アライアンスと自社の研究、開発、事業化、産業化のベースをもとに、必要な技術と製品の成熟度や必要な完成度を明確にしていく

図2－7　オープン・イノベーション（協創）に対する技術シーズと事業展開パターン

オープン・イノベーションを目指した協創パターン

補完型技術シーズ　：データベース的、改良的（体系的技術ベース）
→To Fill ： 未完成製品の補完、補充用（ローテクの改良化）

展開型技術シーズ　：融合的、組合せ的（複合技術ベース）
→To Add (Develop) ： 既存製品の大幅なモデルチェンジ（ローテクのハイテク化）

大化け型技術シーズ　：革新的、画期的（革新的単品技術ベース）
→To Create ： ハイテクの大展開（小規模からスタートするが大化けを狙う）

図2－8　オープン・イノベーション：協創パターンの展開イメージ

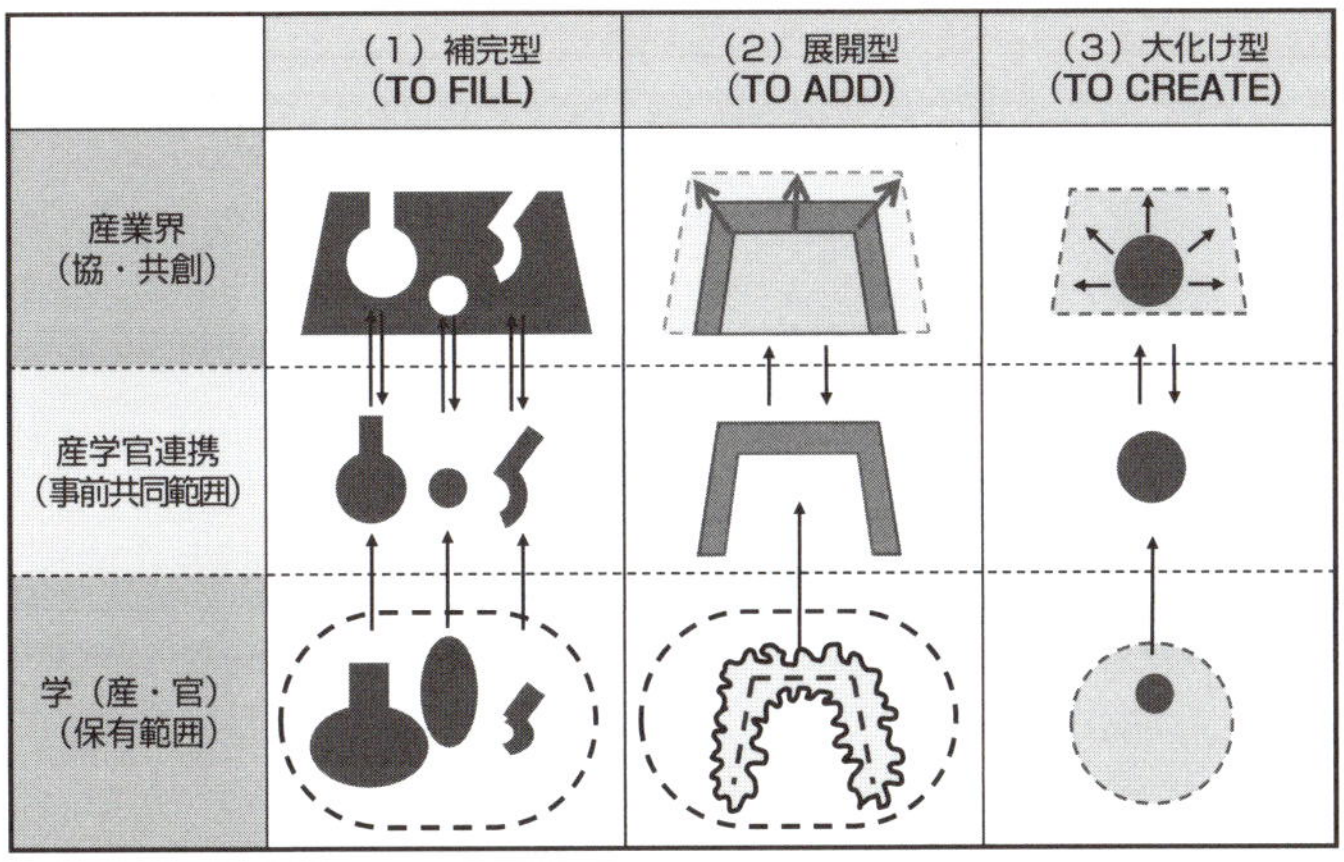

4 O.I.実践におけるMOT概念の活用

事業化へのステージとステージ毎に異なる協創のアライアンス相手

事業化への4つのステージごとに必要なアライアンス（協創）は異なった行ない方があります。

●研究ステージ：ゆるやかなネットワークによる共同研究（単独で持つには大きい大型装置の共同利用などを含む）、大学、公立との研究機関、工業試験所などとの協創があげられます。

●開発ステージ：開発の協創は開発ベンチャーと行なうのが主流ですが、受託専用の開発機関と協創することもあります。

●事業化ステージ：事業化を協創で行なうことによる完成期間の短縮が最大目的となります。競合している既存企業や製品開発を行なっている中小企業、ベンチャーとのJV＊、またはM&A＊などもアライアンスのオプションとして考えられます。

＊JV：Joint Venture の略、
＊M&A：Mergers and Acquisitions の略

市場のキャズムとその前後で変わる共創の対象顧客

現在は技術進化（テクノロジー・ライフサイクル）が著しく、一つの商品のライフサイクル途中でも、その商品に関するイノベーションが次々に起こる時代です。

特にハイテク商品の場合には顧客が連続的に移るというロジャースの理論が通用しない場合がほとんどです。すなわち、ハイテク系の商品に関しては、テクノロジー・ライフサイクル短縮の影響を受けて、時系列的なマーケットは分断され非連続的になるというキャズム理論が適用されます。

商品の成長とともに、対象となる顧客の性格が不連続的に異なります。共創をする相手として、キャズムを考慮した顧客との組み方を変化させながら、その変化を乗り越える必要がでてきます。

ハイテク、ローテクと協創関係

ハイテクとは先端技術といわれ、商品価値実現に必要で、また他商品に対する差別性の源泉となる技術です。しかし、ハイテク（先端技術）だけでは商品実現は難しいといえます。ハイテクは未完成な技術ともいえ、必ずしも事業化に対して優れた技術でも強い技術でもありません。今後の発展の可能性のある前途洋々たる技術ですが、成熟した技術ではないのでハイリスクともいえます。

したがって、新規商品をハイテクだけで実現することは、振れ幅が大きいだけに大きなリスクを伴います。そこで重要なのが、基盤的な技術（ローテク）をいかにうまく使い、ハイテクと組み合わせて商品としていくかです。

日米の開発ベンチャー企業での成功例は、実はこのようなローテクとうまく組み合わせたハイテク展開を行なっているということにも注目したいと思います。O.I.としてはここの組み合わせの例も多いのです。

ハイテクとローテクの融合は、口でいうほどやさしいものではありません。逆にハイテクとローテクを融合することで顧客価値がつくということを示しています。

図2－9　事業化へのステージにおけるO. I.（共協創）の位置づけイメージ

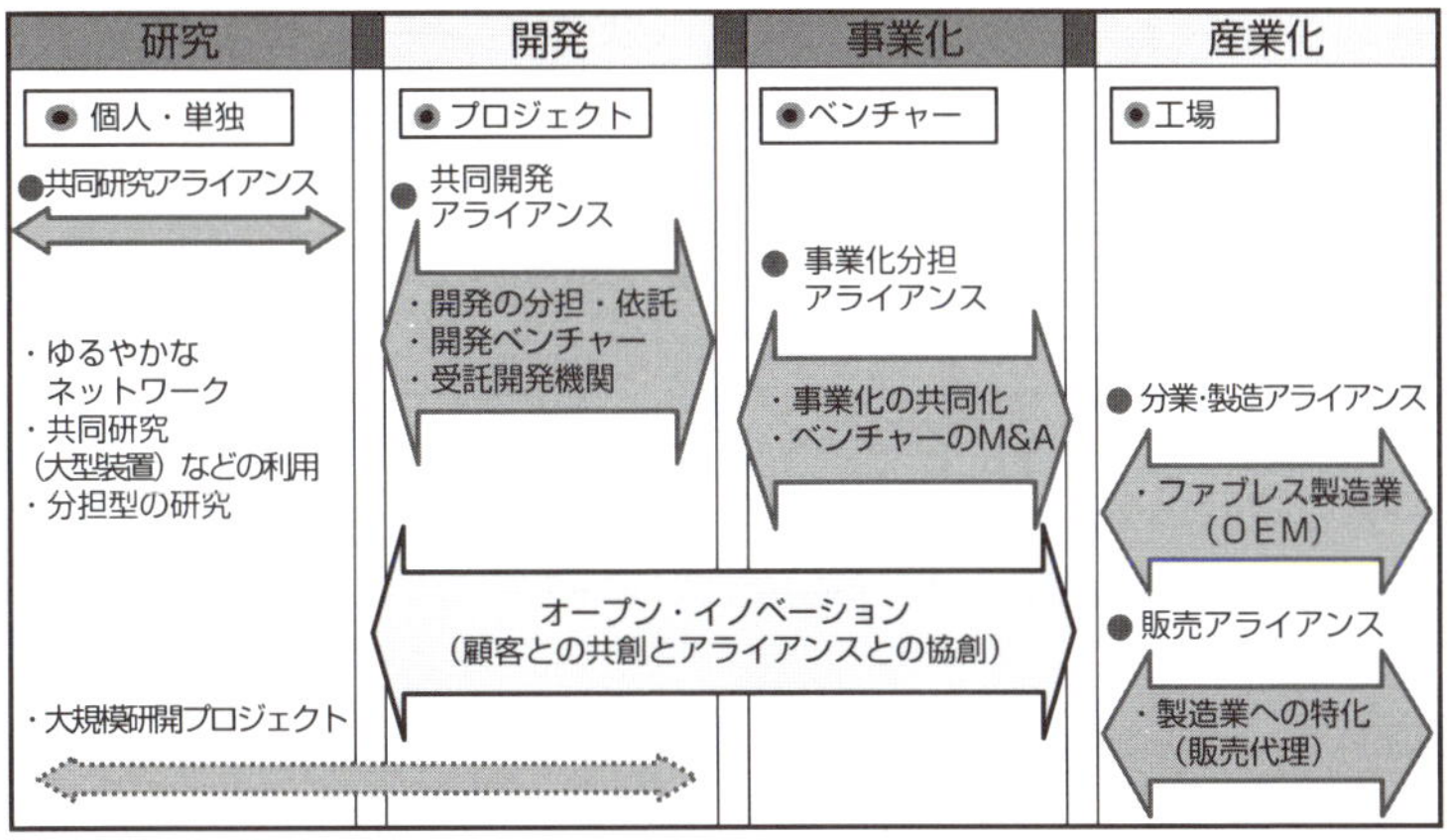

図2－10　O. I.（1）におけるキャズム理論の使い方
（共創する想定顧客は変化していく）

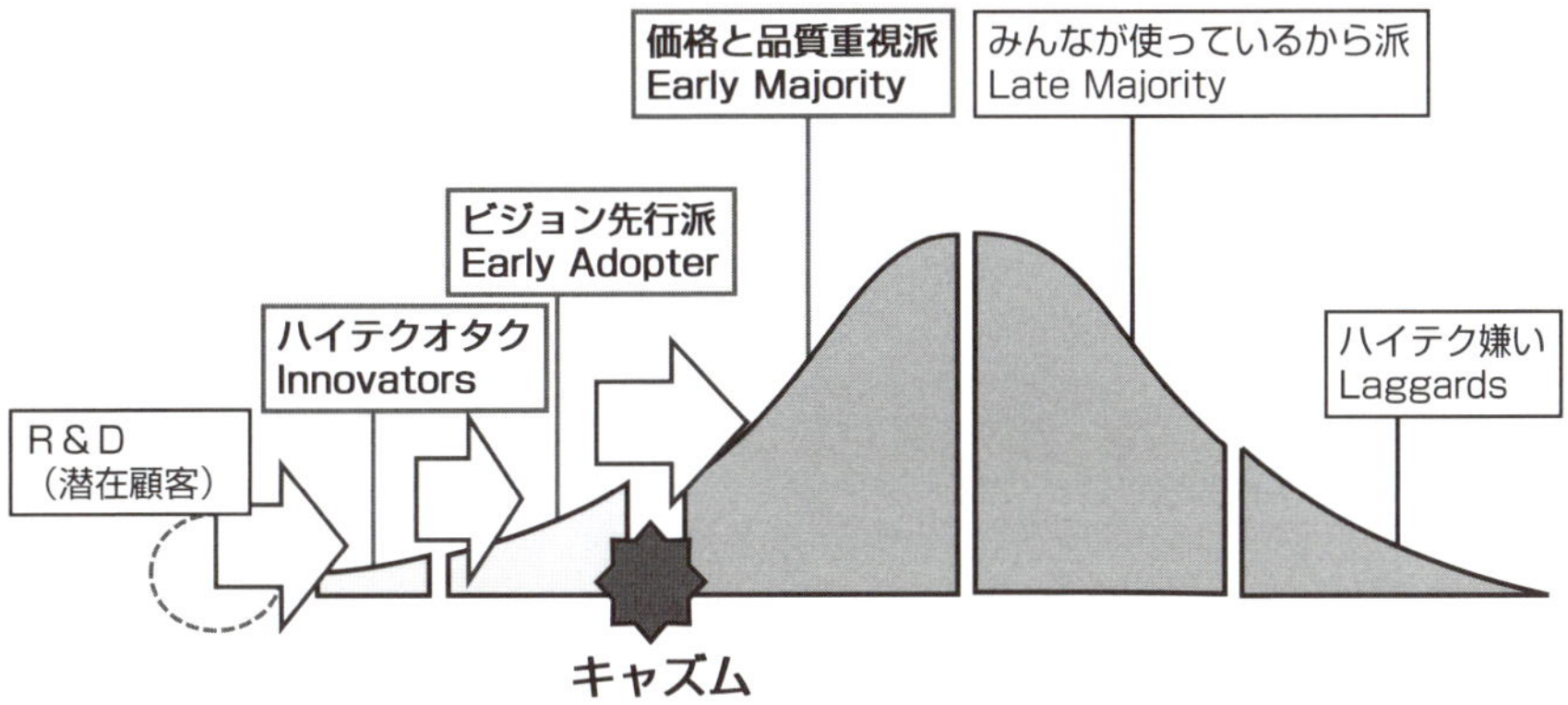

図2－11　ハイテクとローテクの位置づけとビジネス協創

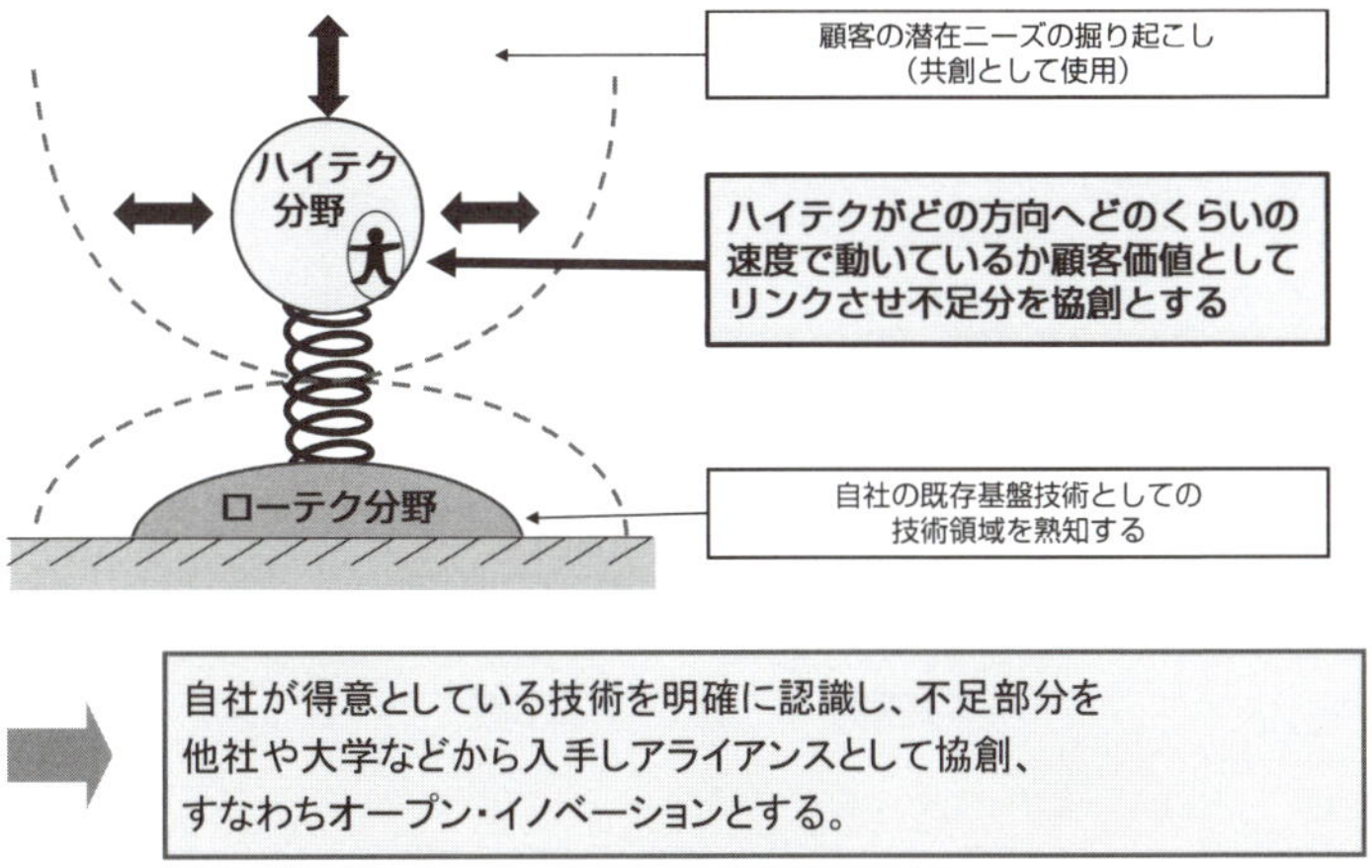

事例－２：新市場への異分野事業展開を取り組んだ大手Ｂ社の事例

新事業・新商品の展開内容：

大手Ｂ社は、異分野の新事業として「化粧品事業」を立ち上げた。あとから考えるとそこには、いくつかのイノベーションの成功要因がうまく組み合わさっている。

第一に、化粧品事業を大きな「統合ヘルスケア事業」構想とし、その最初に取り組む事業として全社的に共有化した点である。経営側は、新規事業に対し期待と同時にリスクを感じる。そこで、単発の事業ではなく、自社技術が活かせる大きな事業領域を設定し、それを連続展開していくシナリオを伴った「ロードマップ型の事業構想」として事業展開の可能性を明確化（結果的にリスクを減らす）している。その中で最初に取り組む商品・事業は小規模でも、確実性の高いものとして医薬品事業よりも参入容易な化粧品事業を選択している。

第二に、商品を当初のシーズ発想から、顧客発想に転換した点である。当初、独自に企画した化粧品群はほとんど不評だったが、ごく一部の商品は好評だった。その理由は顧客との共創によるものであった。そこで改めてその商品に倣い共創により顧客の価値を定義し直し、それまでの技術シーズでの商品企画・開発のやり方を改めた。結果として新シリーズの商品はヒットしたのである。

第三に、自前主義を捨て、社外アライアンス相手との協創を活用した点である。Ｂ社にとって化粧品は、一見、本業の技術的親和性があり、作ることはできる製品と思っていた。しかし、取り組んだことがない事業領域であり対象顧客であったので、当初からこの分野に詳しい中小企業を外部アライアンス相手とし協創することで、身軽に事業を開始している。

第四に、状況に応じて臨機応変に対応可能な小さな組織で立ち上げた点である。事業立ち上げが小さなチームであったため、市場や顧客の声を素直に直接聞き、素早く対応していくことで乗り越えている。例えば、新シリーズは「なぜ、Ｂ社が化粧品なの？」といぶかしげられていたが、顧客に直接Ｂ社が持つ技術が機能性、効果の高い化粧品を実現していることを伝えると、多くの共感が得られたのである。この直接顧客の反応を取り込み、また伝えることが重要であると学び、それ以降の広告宣伝の考え方にしている。

O.I. のポイント：

①経営との合意のため、新規事業の未来の期待を全体戦略として大きく示しながらも、戦術として実行可能なところから小さく攻める選択をし、経営リスクを低下させた。
②販売トライアルの事例を分析し、自前主義を捨て顧客視点での直接的な商品価値共創と、製造、販売は外部協創により身軽にスピーディーに事業立ち上げを行なった。
③経験のない新市場ではあったが、日々の顧客からの学びを直接チームの行動とする臨機応変可能なスモールチームとマネジメントがかみ合った。

事例図２：新規異分野の化粧品事業を支えた４つの要因

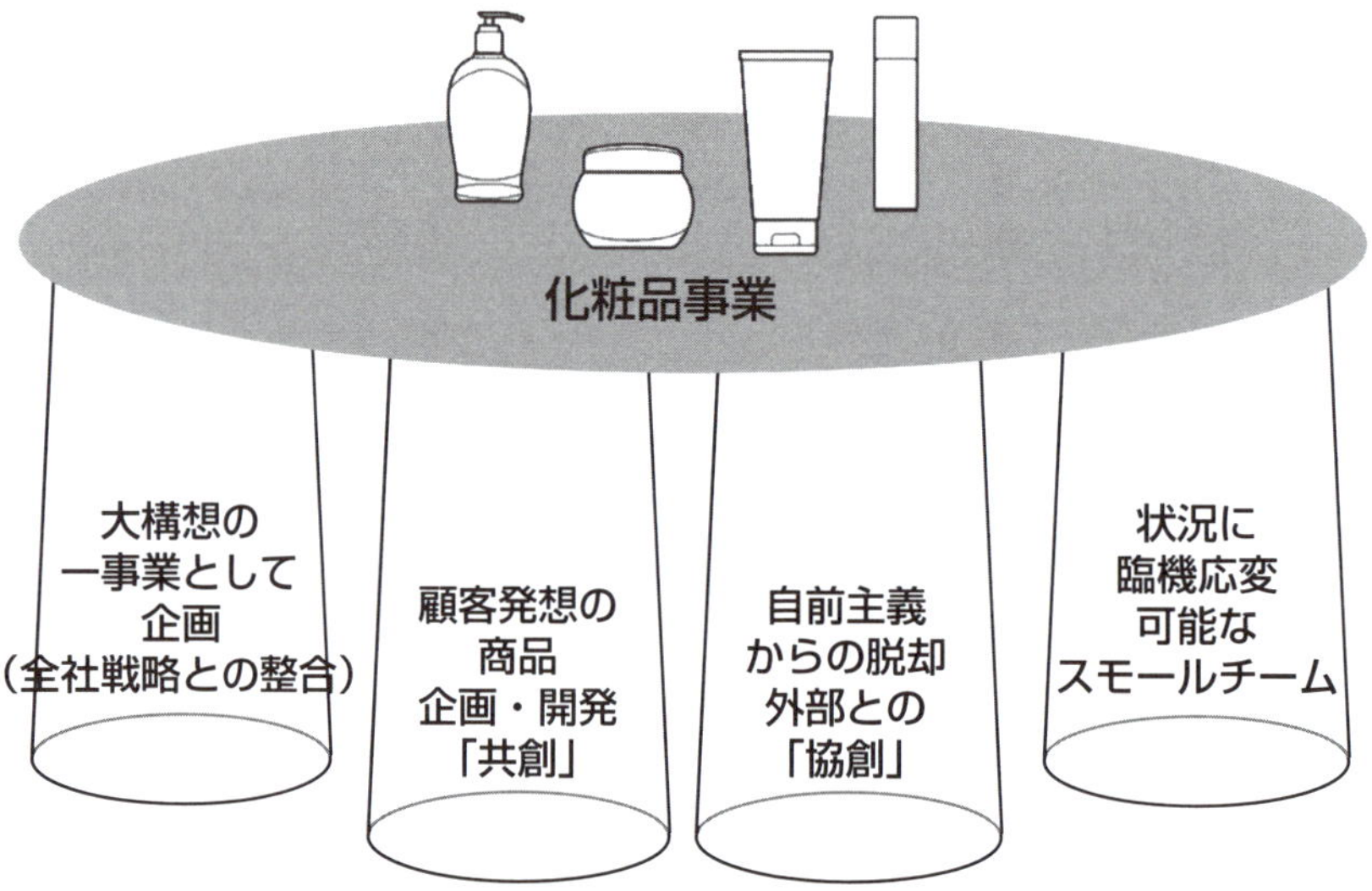

実践編

第３章

オープン・イノベーション（O.I.）の始め方

これまでに示したO.I.の考え方に基づき、本章からはその実践方法について、特に日本の企業の視点で述べます。

既存事業はピークを越えると縮小していきます。経営としては新規事業を継続的に創出していくことが必須です。しかし、新規事業のすべてを自社のリソースだけでやることは、顧客要求に十分応えられず、時間を要しチャンスを逃しかねません。これらのリスクを回避するには、O.I.が欠かせません。

- 第３章：オープン・イノベーション（O.I.）の始め方を知りたい
- ３－１：新規事業創出への日本企業の強みの活かし方を知りたい
- ３－２：O.I.による新規事業の始め方を知りたい
- ３－３：O.I.ができる社内体制のつくり方を知りたい
- ３－４：O.I.にどんなメリット（意味）があるのか知りたい

第3章 オープン・イノベーション（O.I.）の始め方

日本企業の強みを新規事業創出に活かす 1

日本企業には既存事業で獲得してきた強みがある

すべての企業には、成功してきた既存事業（＝本業）があります。本業には成功体験が伴います。事業のやり方、顧客のつくり方、商品の作り方、売り方・儲け方、全てにおいて、その事業を成功させたやり方が、その企業に経験として蓄積されています。

本業の存在は企業内の広い「アセット」の保有を意味します。アセットとは獲得してきた有形・無形のリソース・資産で、既存事業の力となっています。これには①効率化、確立された制度・組織、②有利な（原材料・部材）調達・購入ルート、③蓄積された技術や知的財産権、④製造設備や製造ノウハウ、⑤顧客や販売ルート、⑥有能な人材、そして⑦認知・信頼されたブランドなどがあります。また、本業は現在の収益になっており、多くの事業資金の確保・蓄積となっています。

さらに、日本の製造業では、明確な目標に向かって性能を向上させ、コストダウンを遂行していく、強力な目的志向の開発力と生産力というプロセス・イノベーションの力を持っています。

強みを新規事業創出に活かす

現在の収益、事業資金は、新規事業を立ち上げ収益を生むまでの時間的余裕をもたらします。また、日本企業が持つプロセス・イノベーションの力や、多くの研究開発力を社内に持つことは、新技術をベンチャー等に求めざるを得ない米国の大企業にはない強みとなります。

企業が持つ多くのアセットは、もちろん新規事業立ち上げに活用可能です。法務、知財、経理、人事、広報・宣伝、M&Aなどの専門スタッフ、継続的な事業により形成され、認知・信頼されているブランドなど、新規事業においても有用であり、強みとなります。

ただし、新しい事業においては既存事業とは扱う顧客、商品が異なります。このため市場のルールも異なり、既存事業のやり方のままでは通用できません。新しい事業が対象とする市場・顧客の状況に常に学び、軌道修正していくことが重要です。

O.I.で強みをさらに活かし、弱みを補う

多くのアセットは既存事業のために効率化・最適化されているため、新規事業にそのまま活用できません。新規事業領域が、既存事業の隣接領域である場合は、既存アセットの多くが活用可能ですが、多くの場合、新たに獲得し直すか、扱いに大きな工夫が必要です。そこで、新事業構築に必要なアセットを、自前で新たに構築するのか、外部に求めるのかを選択していく必要があります。

O.I.では、すでに述べたように顧客との価値「共創」だけでなく、新規の商品を開発・具現化する際、その実現に必要なアセットの一部を外部に求める「協創」も重要です。しかし、必要なアセット全てを外部に求めることは不可能です。そこで他社と協創関係を構築するための切り札として自社で持つアセットが活きてきます。

図3－1　日本企業の強み①：既存事業で獲得・蓄積してきた強み

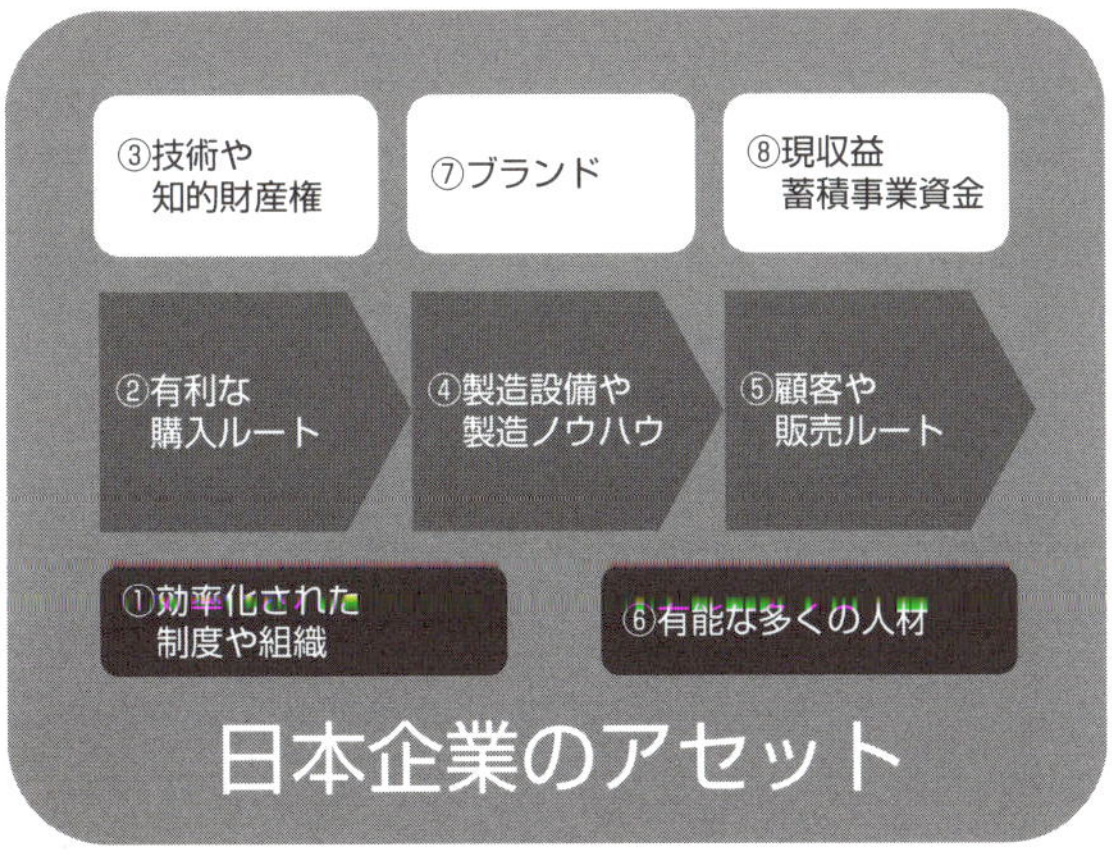

図3－2　日本企業の強み②：社内イノベーション力＝研究開発＋生産力

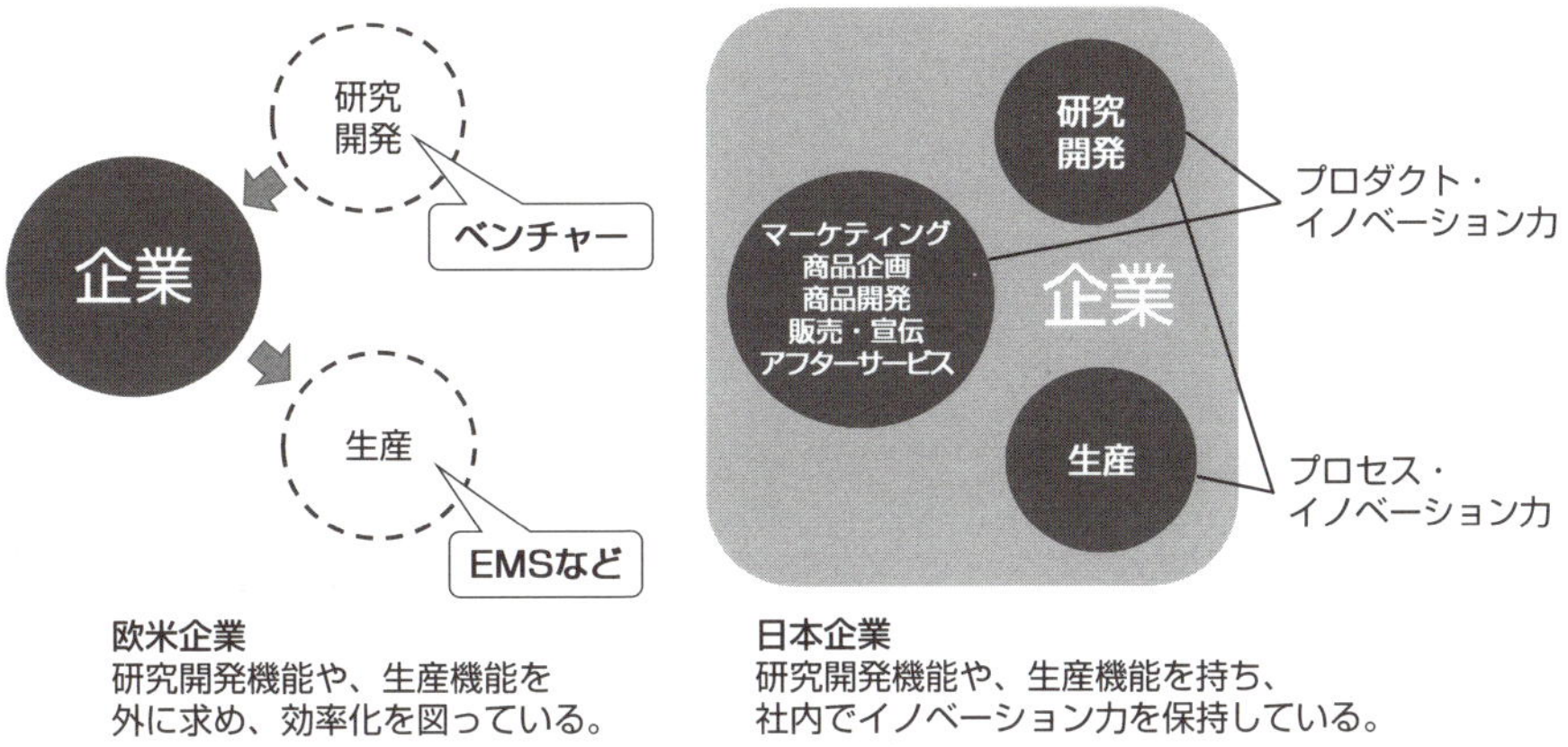

図3－3　企業における強み同士を組み合わせて『協創』する

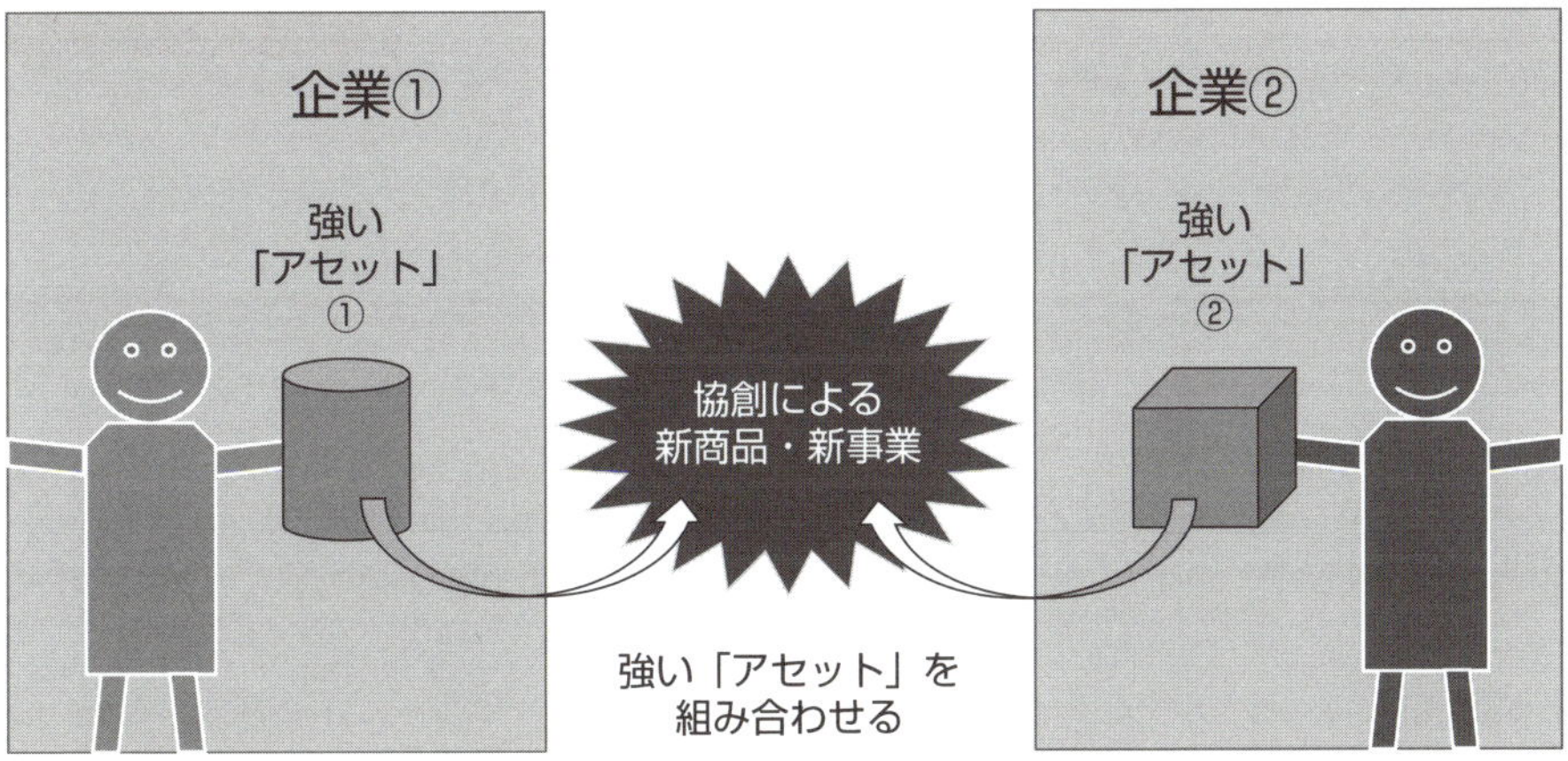

第3章 オープン・イノベーション（O.I.）の始め方

2 O.I.による「新規事業」の始め方

自社の状況から顧客・市場領域を選択する

新規事業創出のため、まずどこを対象領域とするか選択します。その際、既存事業で培ってきたアセットを活かす「連続性」を考える必要があります。

顧客・市場の連続性として市場や顧客との接点、販売チャネルあるいはブランドなどを活かす場合は、必然的に市場領域が定まります。それ以外のアセット（技術、生産設備など）を活かす場合は、商品仮説から顧客仮説を立て、市場領域を定める必要があります。

つまり、一つの商品仮説、例えば「家庭用水循環再利用装置」から構想し、ある広がりを持った市場領域（「高度水利用市場」、を規定する必要があります。そして、その市場領域における究極の目標を設定します。それは社会価値（例えば「世界的な人口増加における水不足を解決する。」）であるかもしれません。

顧客との共創により商品仮説を立てる

市場領域を定めた後、潜在顧客を見つけます。その顧客ニーズから最初の商品仮説を作ることになります。

まず、対象市場の顧客が求めるであろうことから商品イメージを作り、潜在顧客に対し、商品と顧客の価値（ベネフィット）のイメージをぶつけます。その反応から、その市場の顧客が本当に求めていること（＝真のニーズ）を探ります。

潜在顧客との対話で、商品イメージを検証・改良を行ない「商品仮説」とします。仮説検証では、対象市場・想定商品にとってのイノベーター、アーリーアダプター顧客を対象に行なっていきます。それらの顧客は、その商品仮説の新規性や、新機能を活かしていくことを積極的に考えてくれることから共創の顧客になりえます。このプロセスが「顧客との価値共創」です。そして、その最初の商品仮説からの具体的な商品展開を考えていきます。

協創戦術を組み、商品を実現する。

最初の商品とその展開についての仮説ができた段階で、改めて自社の強みを見極め、協創による実現を考えます。取り組む顧客・市場領域の設定に際し選択した「連続性」は展開段階でも活かせるので、その新規事業にとっての自社の強みになります。次に、それ以外にも、活かせる強みがないか抽出します。

ただし、抽出した強み全てを商品・サービス、そしてその展開に活かす発想はよくありません。顧客の視点から活かすべき自社の強みは、用いることで「開発上市に時間がかかる」、「コストの高いものになる」、「顧客満足度の高いものができない」ものであってはならないからです。

すなわち、自社の都合ではなく、顧客視点から最適な強みの組み合わせを考える必要があります。そうした観点で抽出できた自社の強みは活かし、それ以外は外部アセットをうまく活用すべく、アライアンスを組んだ上での協創を考えます。

図3−4　自社のアセットを活かした、新規事業創出

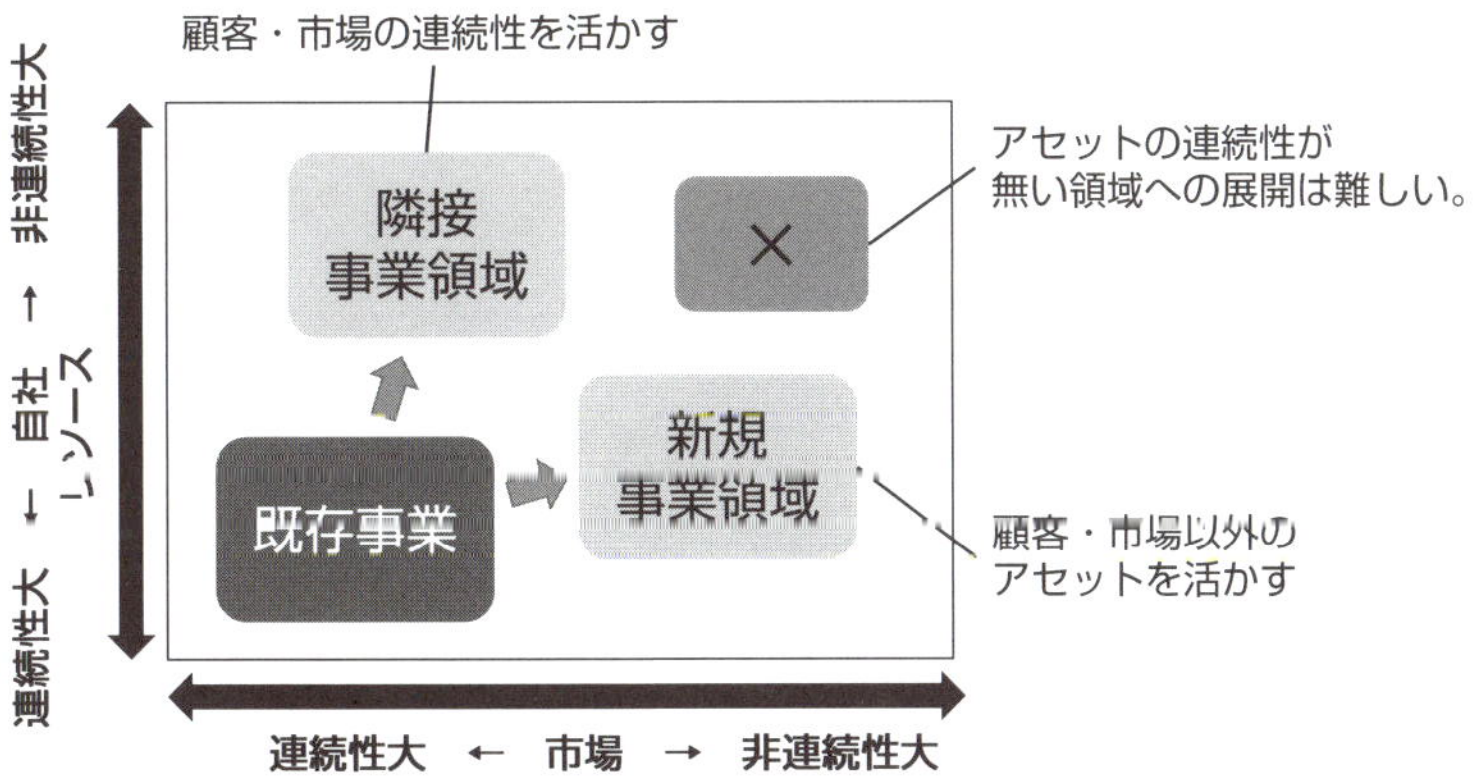

図3−5　イノベーター・アーリーアダプターと価値の共創を図る

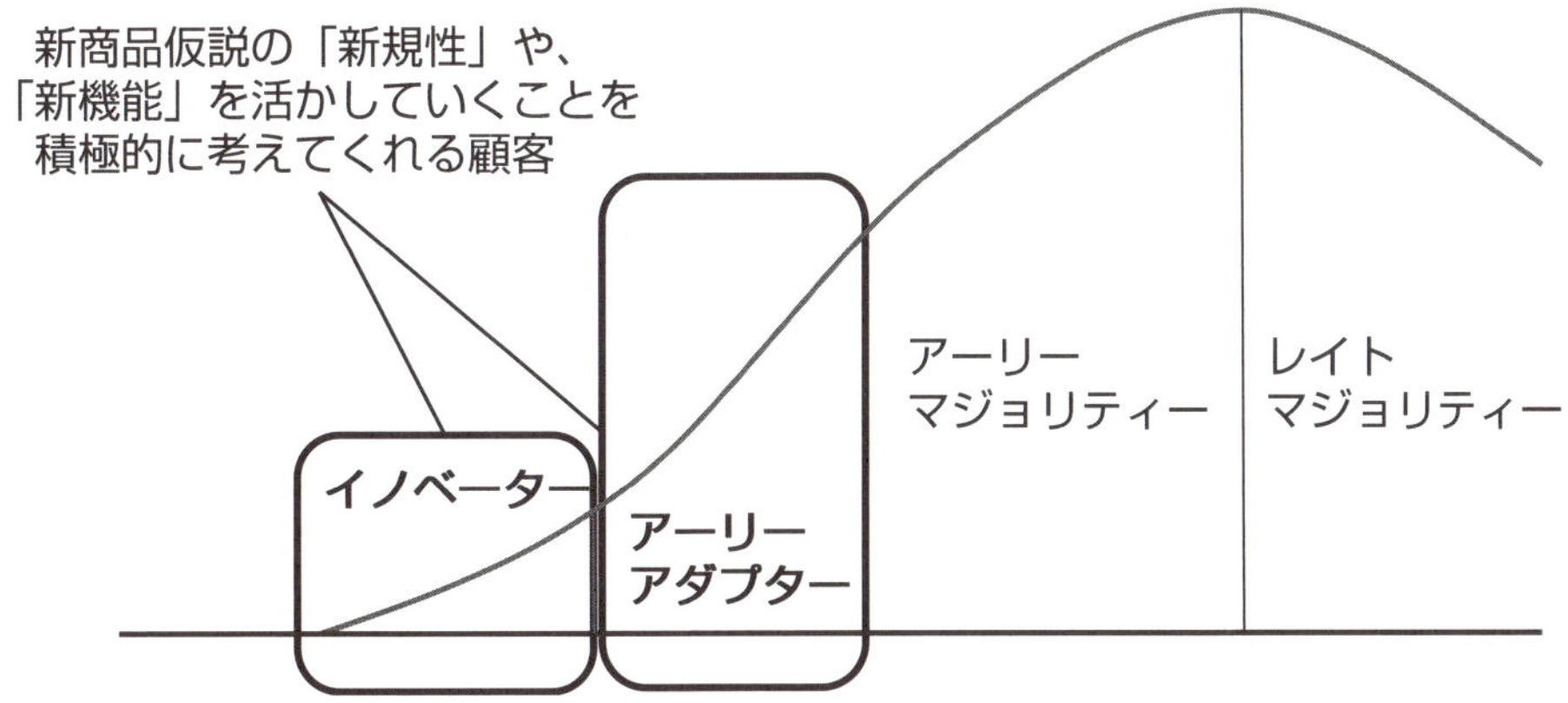

図3−6　顧客視点で自社アセットをチェックし協創戦術を組む

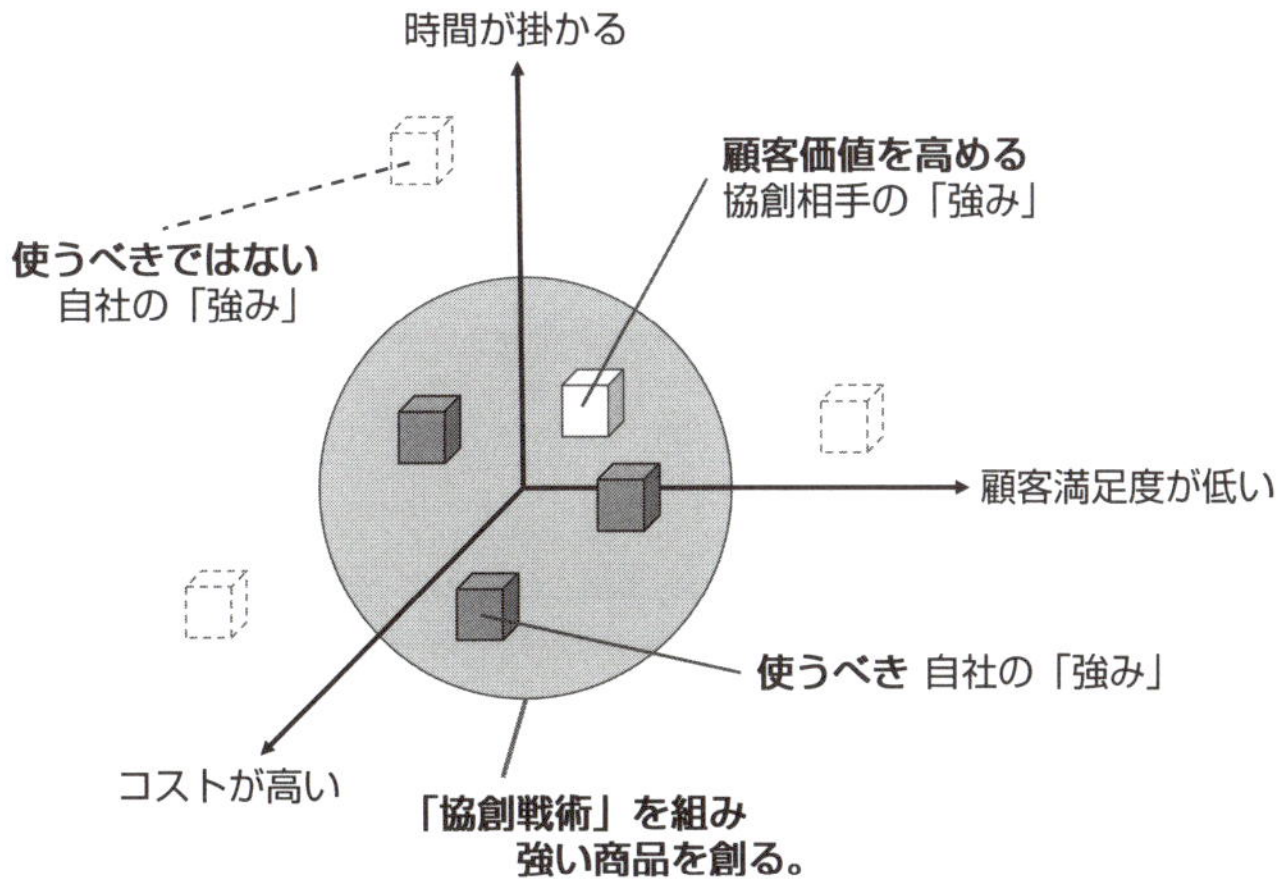

第3章 オープン・イノベーション（O.I.）の始め方

O.I.できる社内体制のつくり方 3

経営者の覚悟を示し、社員の意識を高める

社外とのオープンな関係によるイノベーション「協創」を実践する前提として、まずは社内におけるオープンな関係による環境を構築することが重要です。

新規事業創出は、会社の成長性は期待できますが、それ以上にリスクがあります。したがって、意識的に活動を維持しないと、やがて停滞・消滅することになります。社員は、常に上司の考え・行動を見ています。かけ声だけの新規事業創出は、社員の意識を下げます。まず経営トップが、企業の永続性を考え、「新規事業創出を継続的に行なう」との考えを常に明言し、社内に浸透させ続ける必要があります。

新規事業創出が低調なのは、経営者の保守的な考え方・態度、そしてそれを見ている社員の意識が低いことに起因していることが多くあります。

社内組織間の協創する関係を構築する

新規事業を検討するにあたり、専任組織（チーム）を作ります。新規事業開発メンバーは、市場から既存事業と違うやり方が求められるため、既存事業のやり方を否定しがちです。逆に、既存事業メンバーは、新規のやり方では、既存事業が維持できなくなるため、そのやり方を否定する傾向にあります。これがお互いの対立を招くことがあります。

しかしその違いは、対象とする事業ステージによって最適なやり方が異なるだけです。新規事業を担うものは、「既存事業が収益を確保してくれているから、思い切った新規への（リスクがある）取り組みに専念することができる」と、また既存事業を担うものは、「新規事業開発組織が新しいビジネス開発（事業拡大）をしてくれるから、既存事業に専念できる」と認識し、お互いに認め合い、社内組織間で協創できる関係を構築する必要があります。この社内協創できることが、大企業であるメリットになります。

VISION・目的を共有したスモールチームを結成する

新規事業開発は、独立したVISION・目的を共有するスモールチーム（ベンチャー的な小さな組織体制）で実施することが望まれます。それは前例（既存組織のやり方や、成功パターン）にとらわれることなく、日々新たに発生する状況に応じて、（企画・開発～販売まで）一気通貫した判断に基づき、迅速に方針決定し、メンバー全員の行動を変えていくことを可能にするからです。

新規事業開発組織は、その独立性によりいくつかの形態があります。独立性が低い方から、既存組織内の独立チーム、独立組織、社内ベンチャー・分社化の小組織です。独立性が低いと、既存組織の専門機能（法務・知財・経理など）の活用は容易ですが、既存事業のやり方を強要される可能性が高くなります。企業風土や経営者の考え方を考慮し、どのような独立性で作るかを選択し、スモールチームを結成します。その際大企業では、社内の人材多様性を活かすことが重要です。

図3－7　リスクがある新規事業を経営者の覚悟が支える

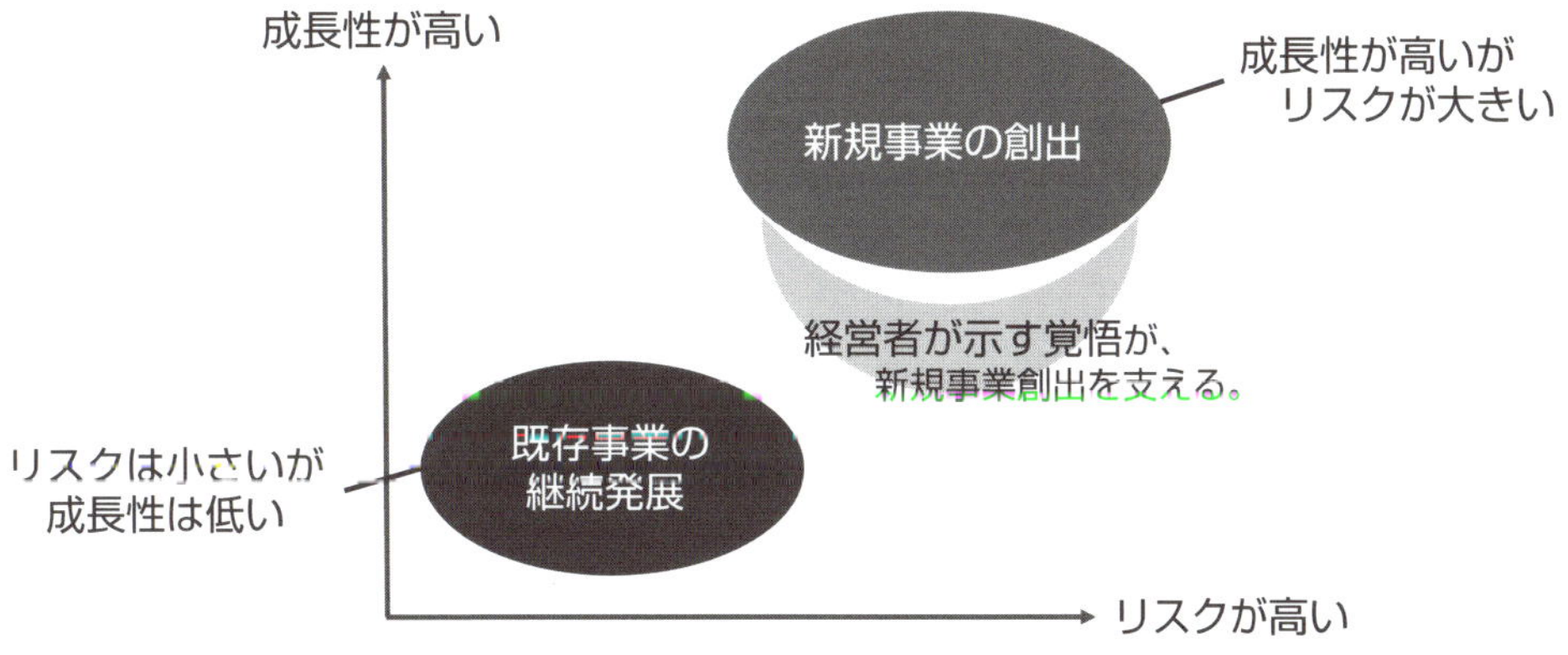

図3－8　新規事業開発組織と既存事業組織とがリスペクトしあえる関係を築く

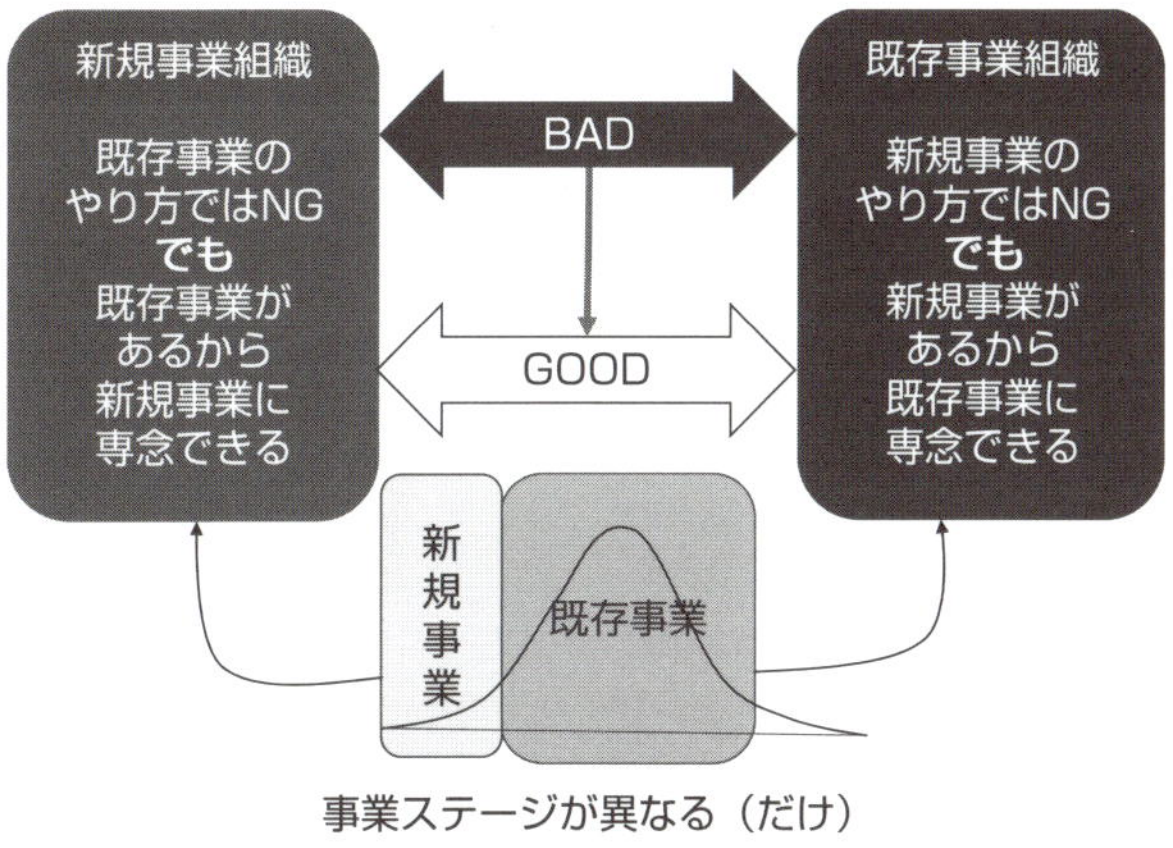

図3－9　多様性を活かした新規事業創出のスモールチームをつくる

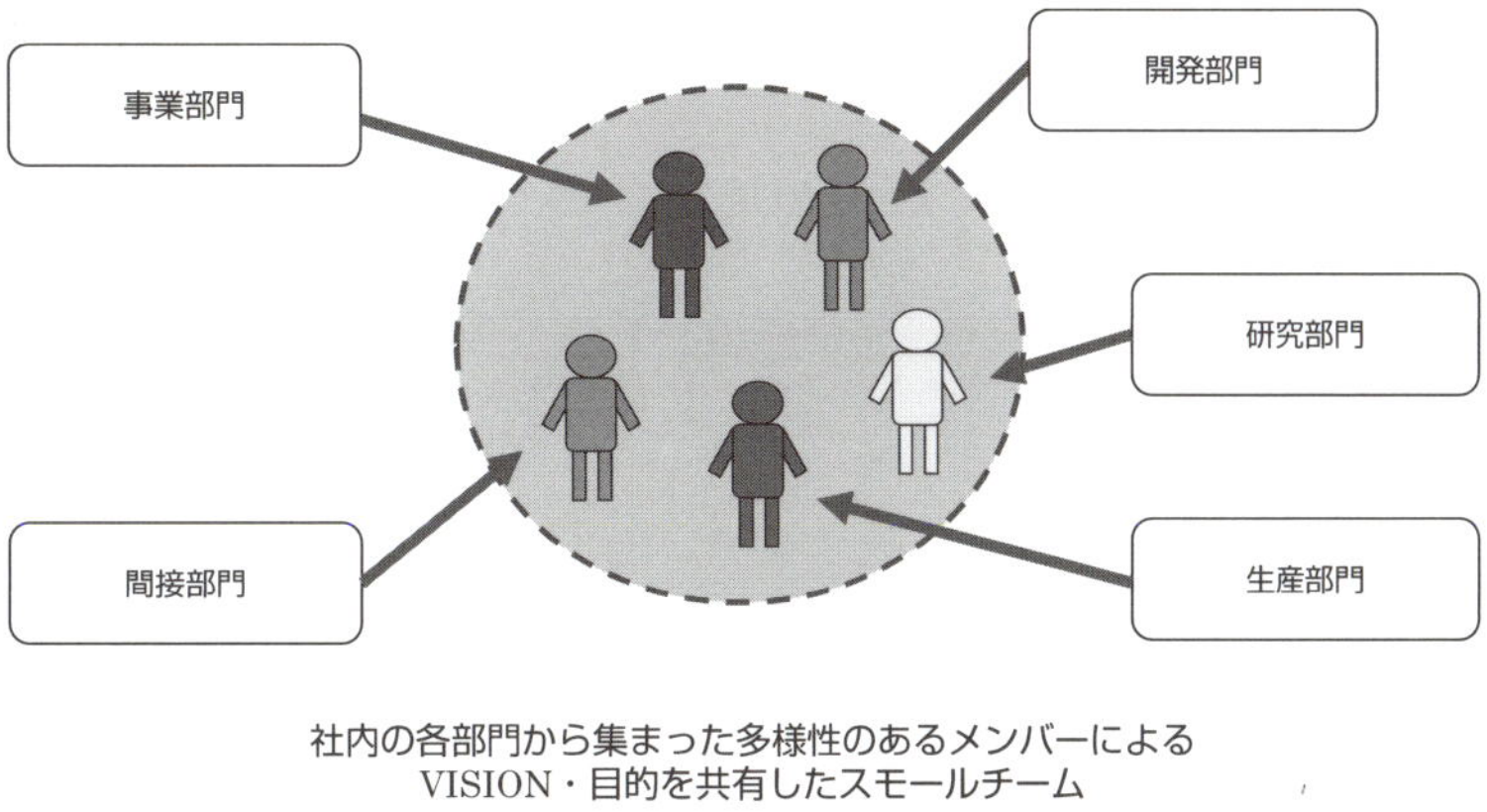

第3章 オープン・イノベーション（O.I.）の始め方

4 O.I.には経営上どんな意味があるか

O.I.による新規事業創出は経営上最大のリスクの回避である

人口や自然環境の変化、科学技術の進展に伴い、経済、社会環境は変化し、既存商品の事業はいずれ縮小していきます。

それに対し、既存商品で新顧客を開拓し延命するか、既存顧客に対して新しい価値（商品）を提供していくことが必要です。前者でも新規顧客が既存商品で満足することは少なく、企業活動を永続させるためには、継続的な新規価値提供が必須です。

しかしながら、既存の技術や事業の枠組みの中だけでは、新しい価値の創出には限界があります。それを乗り越え、新規事業を創出していくためには、自社以外のアセットを活用するオープン・イノベーションが欠かせません。すなわち、共創と協創による新規事業創出は、経営上の最大のリスクを回避することになります。

O.I.は新規事業成功の鍵である

新規事業では、顧客が不明確であり、求める顧客価値も曖昧です。また、自社で持つアセットだけでは求められる顧客価値を実現することは容易ではありません。商品開発以外にも、今までにない、顧客とのアクセスや、自社にない生産方法、今までと異なる競合など、多くのチャレンジが必要です。故に、新規事業は成功確率が低く、リスクが高いものとなります。

成功確率を高めるため、顧客が買ってくれる商品を明確にする必要があります。また、その商品の顧客価値を高め、スピーディーに商品化するためには、他社のアセットも活用することが重要です。投入する自社リソースを少なく、かつアウトプットを最大化することができる共創と協創によるオープン・イノベーションという手法は、新規事業のリスク回避として有用です。

O.I.はR&D成果の最大化である

R&Dには、売上・利益を拡大させる商品の創出が常に強く求められます。そのため顧客に他社のものではなく、自社商品を買って頂くことが必須です。

顧客に買って頂けるためには、顧客が何を求めているか、その未来の商品の仕様を決めることができる顧客との「共創」が非常に有用です。顧客要求の明確化は、開発における一番大きな時間ロスとなる後戻りリスクをなくすことにもなります。

さらに、自社の商品を買って頂くためには、より高い顧客価値レベルで、他社に先駆け、より速く提供する必要があります。そのためには、他社の技術も活用する協創は必須です。その際、さらにうまく「潜在的な競合相手」と協創することができれば、対競合開発競争や、知財権回避対策を避けられます。さらに、競合との協創によりその商品領域では、その2社でより独占的な地位を占めることも可能となります。すなわち、共創と協創によるO.I.は、R&D成果を最大化することにほとんどノーリスクで貢献します。

図3-10　企業継続リスクを回避する新規事業創出

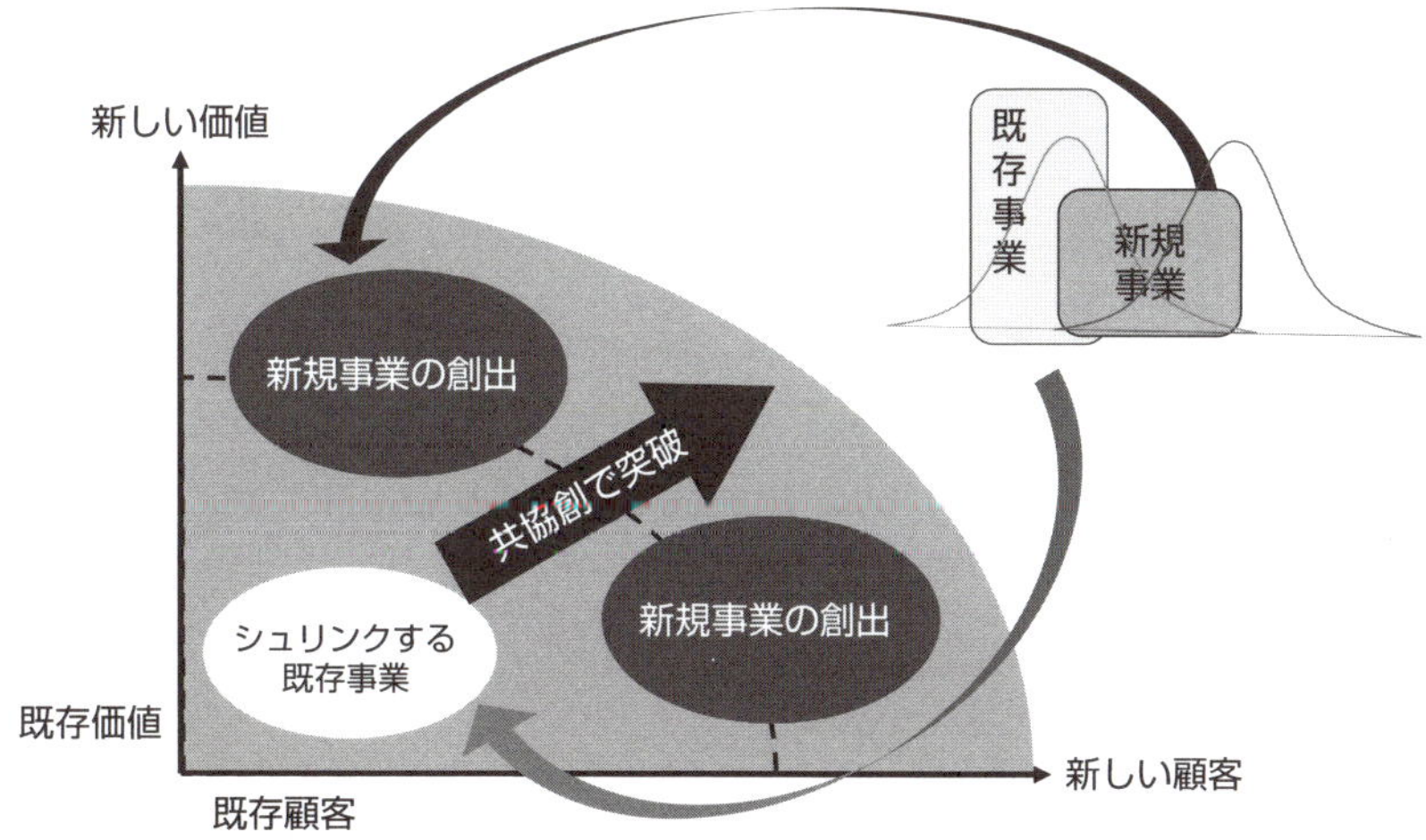

図3-11　新規事業の0／1比を最大化するオープン・イノベーションの共創と協創

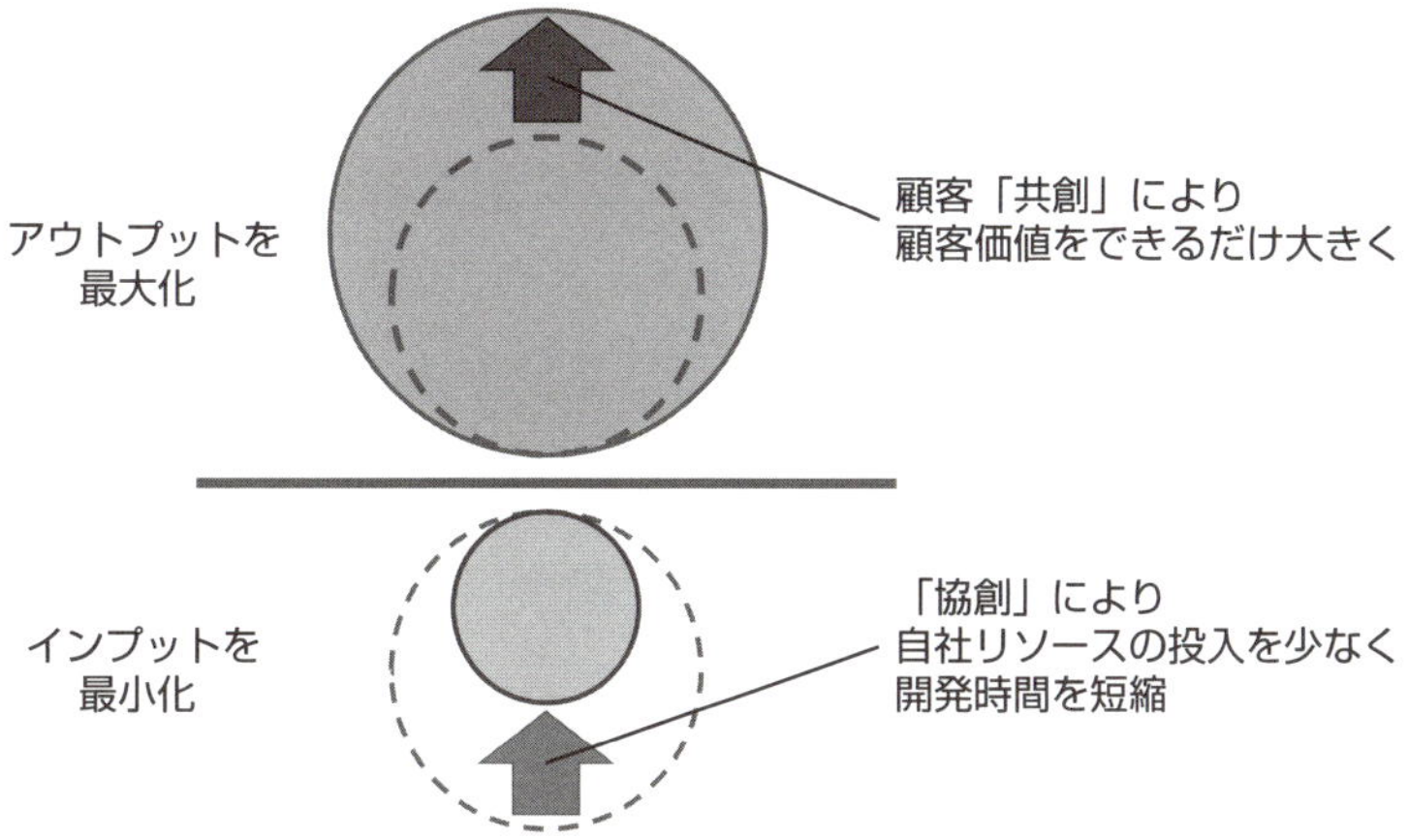

図3-12　R&Dの成果を最大化するO.I.

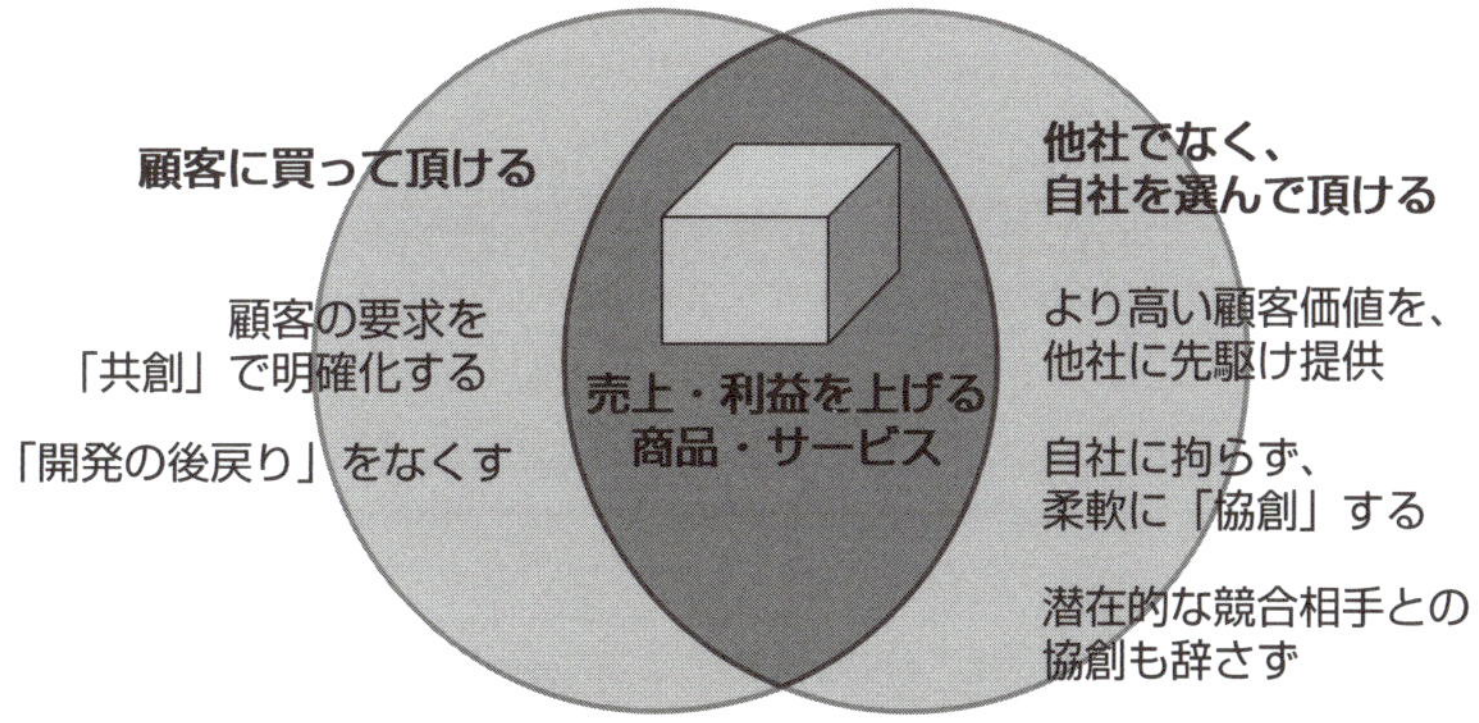

事例－３：
「事業開拓室」により新規事業創出を促進した大手 C 社の事例

新事業・新商品の展開内容：

大手製造業 C 社では、差別化技術シーズを、想定する新規・隣接事業領域での真のニーズに結びつける新規商品の開発・上市にあたり、既存事業部とは独立した 100 人規模の「事業開拓室」を設けている。フィージビリティーでの検討を終え開発ステージに移行を承認された商品化テーマは、事業開拓室がそのインキュベーションを担うのである。

同室は、①事業性や市場の将来動向を見極め、その商品・事業をやるべきか判断する事業判断機能。②技術シーズから実現可能な「機能」それによって実現する「顧客価値（ベネフィット）」を顧客に示し顧客のニーズを検証・修正する共創機能。③実現するのに必要な技術シーズを見いだし、社内外の力を合わせて協創によりビジネスをデザインし推進する機能、の 3 つから成り立っている。

また、最初の商品・事業は製品ライフサイクル上、必ずしも売上規模が大きくならず、黒字化も難しいので、既存事業部が担うことが困難であることも理解して、その商品（事業）が黒字化するまで担当し、黒字化の後既存事業部に移管している。これにより、継続的な新事業創出を図っている。

O.I. のポイント：

①新規商品は、顧客視線で買って頂ける商品を構想しなければならないので、まずは顧客との共創により価値を明確にした。
②迅速に商品提供するため、社内外の組織を超えたアライアンス相手との協創による商品実現を、開拓室でちゃんと議論して体制を創った。
③新事業領域は未来の可能性を大きく示せるが、現実には最初の売上規模は小さく、採算性が取れにくい。そこで、既存事業とは別組織（チーム）で実行するという方式をとった。

事例図３：独立した組織によるプロジェクト型の新規事業創出

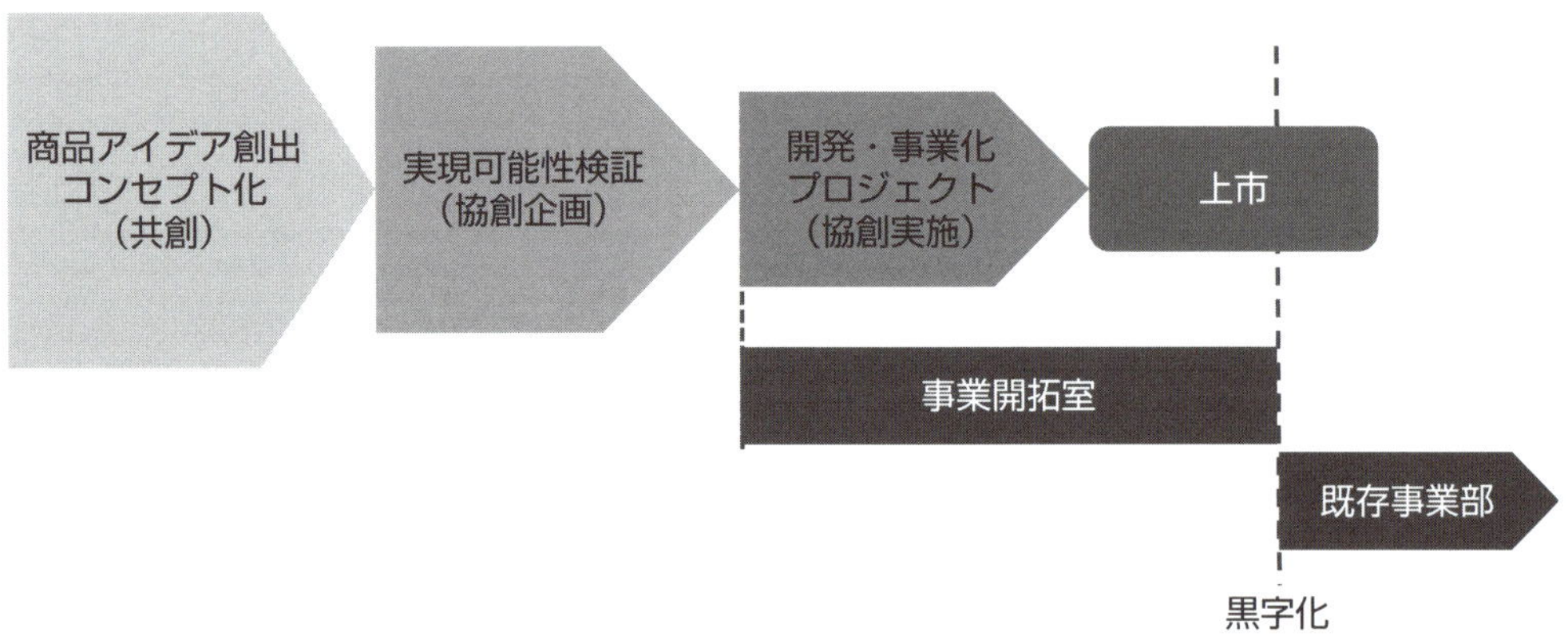

第４章

顧客とのO.I.（共創）により「商品仮説」を創る

本章では、オープン・イノベーションの第一歩となる顧客との共創による「商品仮説」創出を具体的にどう行なっていくのか述べます。

商品仮説を創るには、顧客自身も気づいていない、顧客が本当に求めている「真のニーズ」を引き出すことが必要です。そのためには技術ではなく、顧客の価値＝ベネフィットとできること＝機能を示します。さらに、検証も顧客と共に行なうことが重要です。

第４章：何をつくるか：どうやって顧客共創しニーズを引出すか知りたい

↓

４－１：顧客への技術の伝え方を知りたい

↓

４－２：どうやって「顧客の本当のニーズ」を見つけるか知りたい

↓

４－３：「何を作るか（商品仮説）」をどう明確にするか知りたい

↓

４－４：最近の「商品づくり」のトレンドを知りたい

第4章 顧客とのＯ．Ｉ．（共創）により「商品仮説」を創る

1 「共創」により顧客からニーズを引き出す

顧客・市場と繋がるために「顧客価値」で考える

新商品・サービスやそれによる新事業を企画するには、市場にある顧客のニーズと自社の技術シーズとをマッチングさせることから始めます。

顧客と議論する時、多くの技術者は、新たに顧客となる相手に対し、自社の他社に負けない「技術」そのものの説明を行ないがちです。しかし顧客はうまく自身のやりたいことに、その技術をつなげず、議論になりません。

そこで、まずは自社の技術によって実現できる「機能」（＝例えば、「特定の波長の光だけを吸収できる」のよう）に変換・翻訳します。さらにこの機能を顧客の嬉しさ、メリットまで、例えば「顧客が求める○○反応だけ起こせて収量が画期的に増える」ところまでの可能性を示します。この具体的顧客価値のことを「顧客ベネフィット（利便性）」と言います。これにより顧客は自分が実現したい目的とそれを実現する手段との繋がりをイメージすることが可能となります。

差別化の源泉であるコア技術を見つける

ニーズとのマッチングのためには、自社シーズを明確に把握する必要があります。自社内の技術シーズには、基盤技術（共通技術、ローテク）と、競争力の源泉になるコア技術（差別化技術、ハイテク）とがあります。

コア技術は、他社の技術では代替できない性能・機能を持ち、他社には実現不可能であることが重要で、自社で保有していることで、顧客にとって自社と価値共創を促す原動力となります。

基盤技術は、ライセンス、原材料・モジュール部材、製造設備、受託サービスの形で入手可能になってきていますので、すべてを自前で持つことは非効率です。オープン・イノベーションでは、協創を前提に、取り組む商品・市場に合わせて、自社に維持する基盤技術を選択します。

コア技術を「機能」「ベネフィット」展開し、新分野の顧客との対話に備える

コア技術は、技術領域（例えば「ポリマー技術」）として把握する傾向にありますが、顧客ニーズとマッチングさせるためには、「機能」で表現しまとめることが重要です。

技術が機能表現されていても、過去の用途に基づいていて新しい分野（顧客）に適していない可能性があります。一つのコア技術が、いろいろな新しい分野に応用可能な場合が多いので、柔軟な発想により複数の機能表現をつくり、まとめます。

多くの機能表現とベネフィット候補案が提示されることにより、新しい分野の顧客が課題解決の手段としてより発想しやすくなります。また、具体的な機能を考えていく中で、保有コア技術を活かせる、新規事業領域があることに気づくことがあります。このことが、新たな対象顧客を創造することにも繋がります。

図4-1　技術を機能(できること)からベネフィット(利便性)で語ると、顧客のニーズを引き出せる

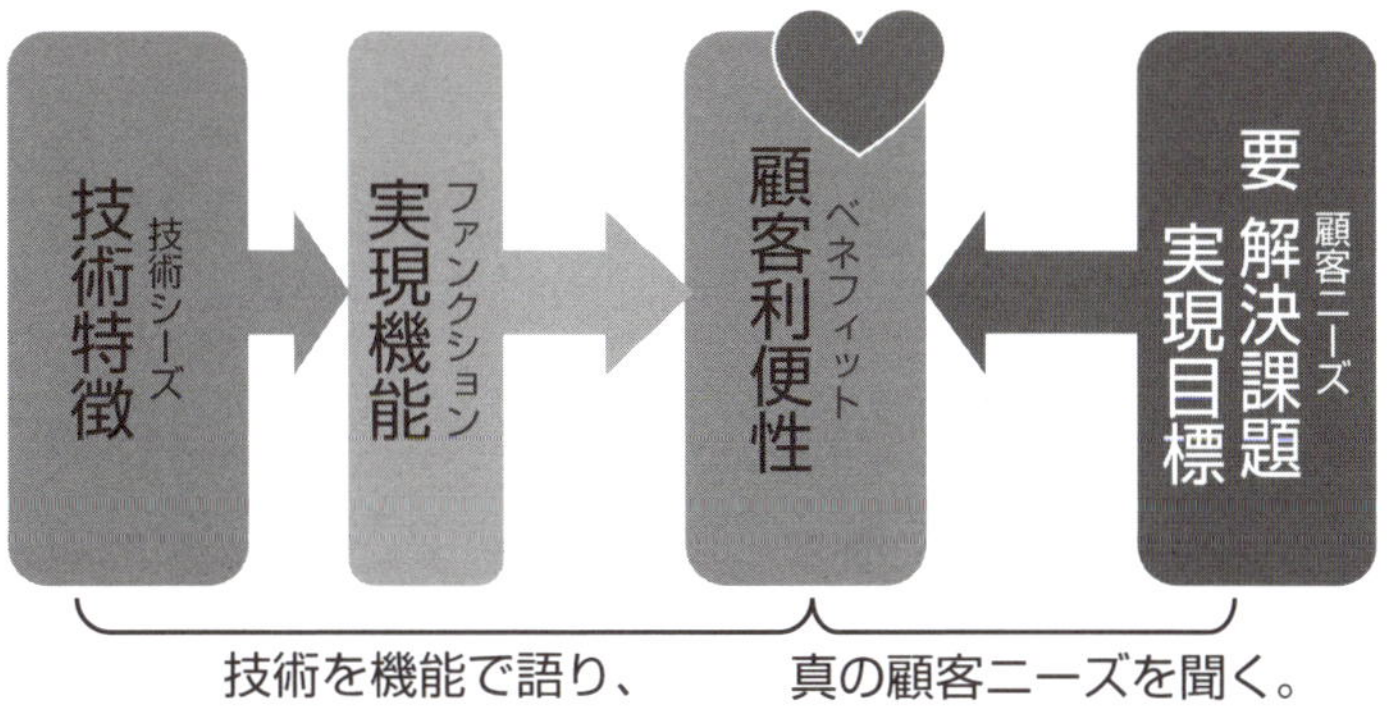

図4-2　代替が困難な機能を持つ技術をコア技術とする

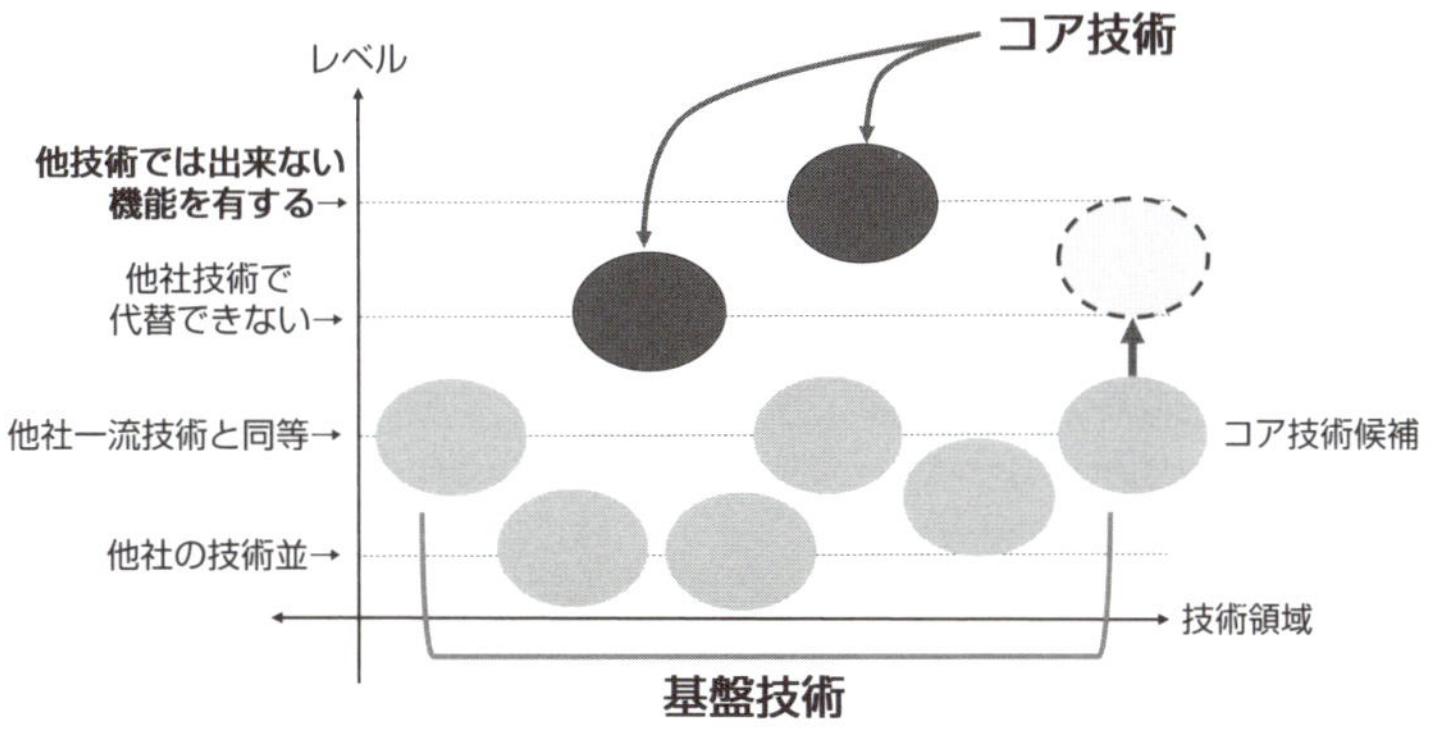

図4-3　技術を機能(できること)と利便性(ベネフィット)に展開すると、顧客がやりたいことに結びつけられる

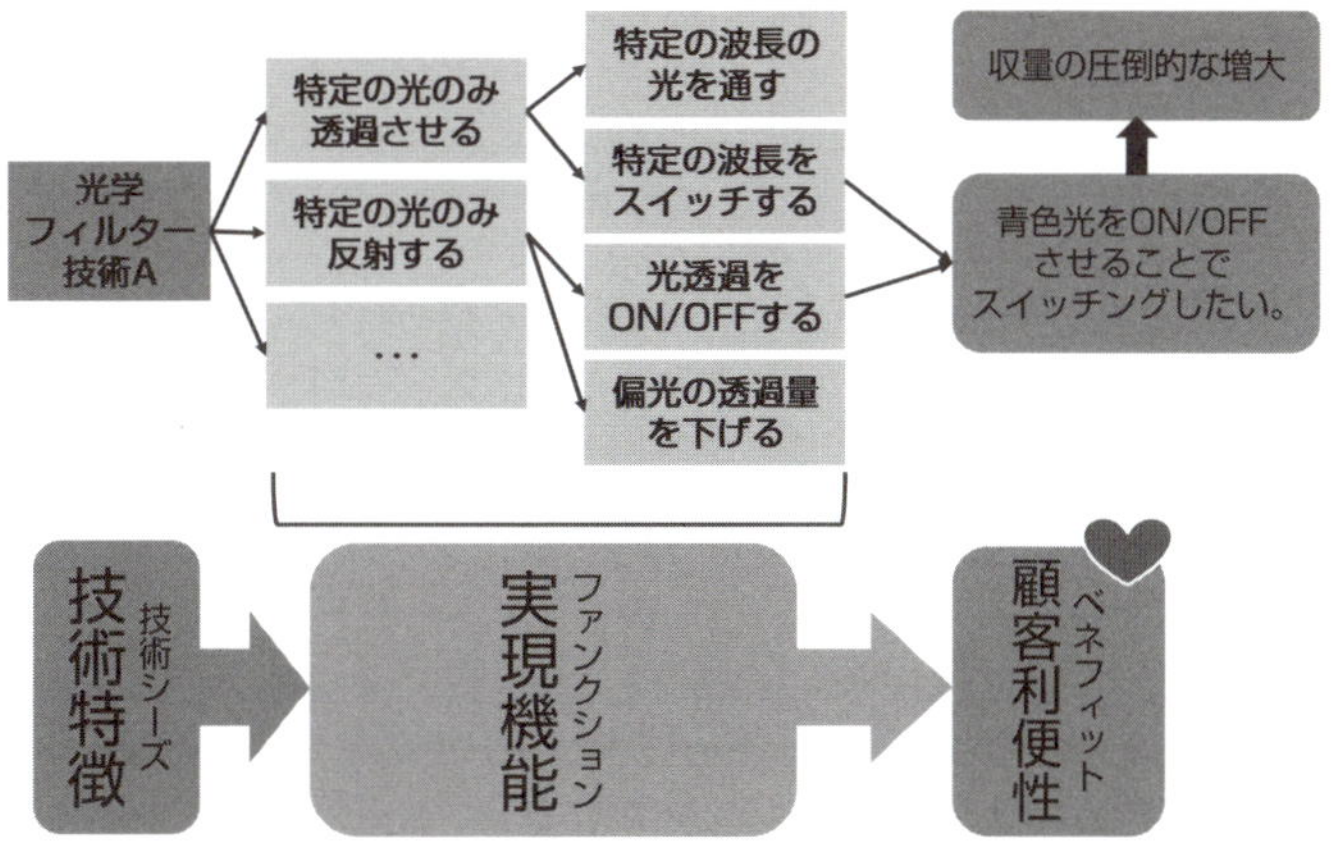

2 顧客の「真のニーズ」を見つける

顧客が真に求めているのは「課題の解決・目標の実現」

顧客が商品を購入するのは、今まで解決できていなかった悩み（課題）や、今まで実現していなかったやりたいこと（目標）、嬉しさ（利便性）があるからです。したがってマッチングの前提として、顧客の「課題・目標・嬉しさ」を引き出す必要があります。

しかし、多くの顧客は、表面的なニーズを語るだけで、その本当の課題や目標を語ることはありません。またしばしば顧客自身、本当に解決すべき課題や、実現すべき目標が明確に分かっていない場合もあります。

この本当に実現したい「真のニーズ」を引き出す呼び水となるのが、自社が持つ実現機能の俯瞰的な提示です。解決に結びつく機能を提示しながら解決可能な課題・目標を議論し、引き出すことになります。さらに、顧客に共通の課題を「本質的課題」と言い、対応商品は横展開が容易です。

顧客の認識していない「真のニーズ」を、顧客観察により見つける

顧客との価値共創では、まず顧客を知ることが重要です。BtoC商品ではVOC（Voice of Customer）聴取が行なわれますが、顧客も本当の自分の欲求が分かっていないので、うまくいきません。そこで、顧客を客観的に観察する「エスノグラフィー（顧客観察）」が行なわれます。顧客がその課題に接するであろう「現場」でその行動を観察することで、本当の課題を探るものです。

さらにエクストリームユーザーという潜在的課題を顕在課題として持っている人（高齢者、ハンディーキャッパー、被災者）を観察することも有効です。

BtoB商品では、企業顧客の開発・生産現場など、課題が存在する現場で客観的な観察をすることになります。しかし、一般的にその現場に入る込むことは困難です。そこで、顧客メーカーへの技術者派遣や、製造課題の解決手段の提供やコンサルタントを行なうという方法をとります。

顧客との価値共創の場を設け、「真のニーズ」を引き出す

顧客の課題・目標を引き出すために、顧客と企業とが会する「場」を設けることも有効です。近年、多くの企業で自らの技術や商品を展示し、そこに潜在顧客を招くことが行なわれています。そこでは企業が実現可能な「機能」を示し「利便性」を議論することで、顧客との対話を通じ真のニーズを引き出し、「商品仮説」を見つける価値共創を行ないます。

機能だけの展示では不十分なことも多く、できるだけベネフィット（利便性）への繋がりを想像できるように、想像力を刺激する「図」「もの（現物）」「見せ物（動画や動くもの）」を活用するのがよいでしょう。製品を展示してもかまいませんが、固定概念を与えることや単なる売り込みにならないように注意が必要です。

また顧客との価値共創するためには、継続的な場の提供と、そこに決定権のあるキーパーソンを招待する必要があります。

図4－4　表面にでてこない真のニーズを、解決に結びつく『機能と利便性』で引き出す

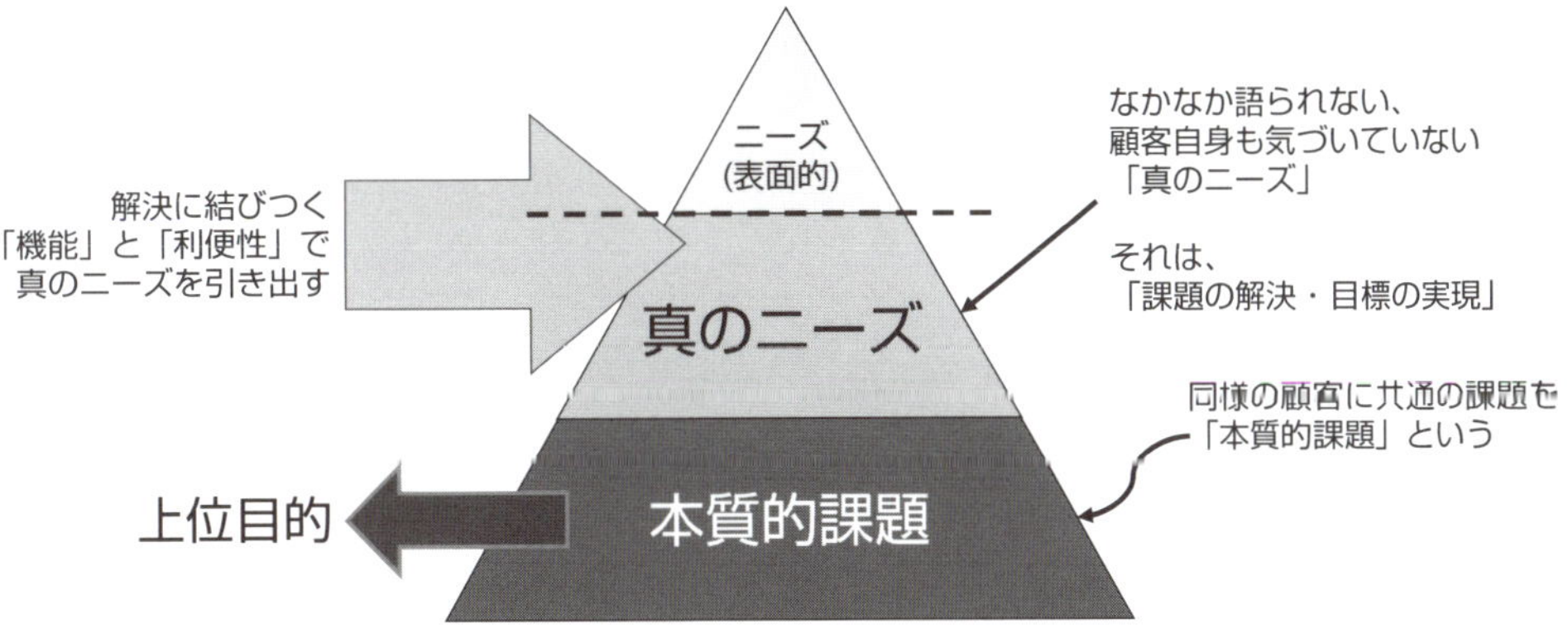

図4－5　現場で顧客を分類し観察し真のニーズを見つける

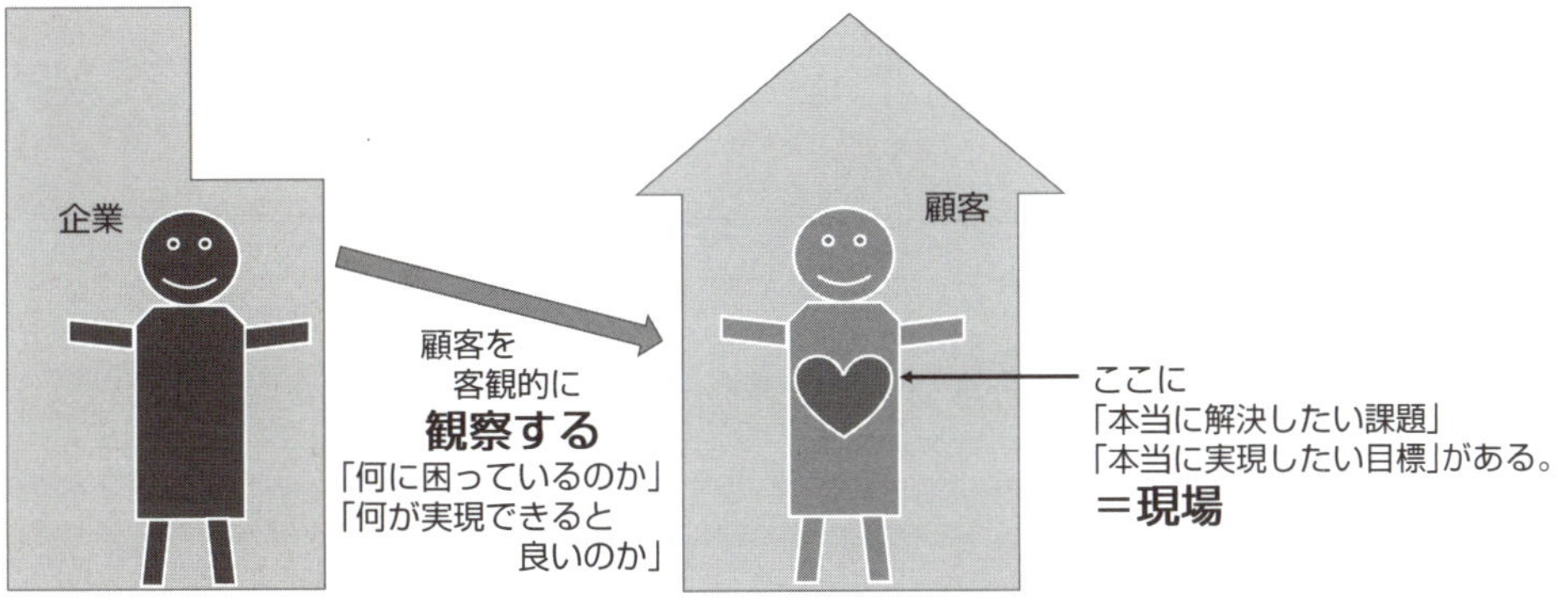

図4－6　共創の場を設け真のニーズを引き出す

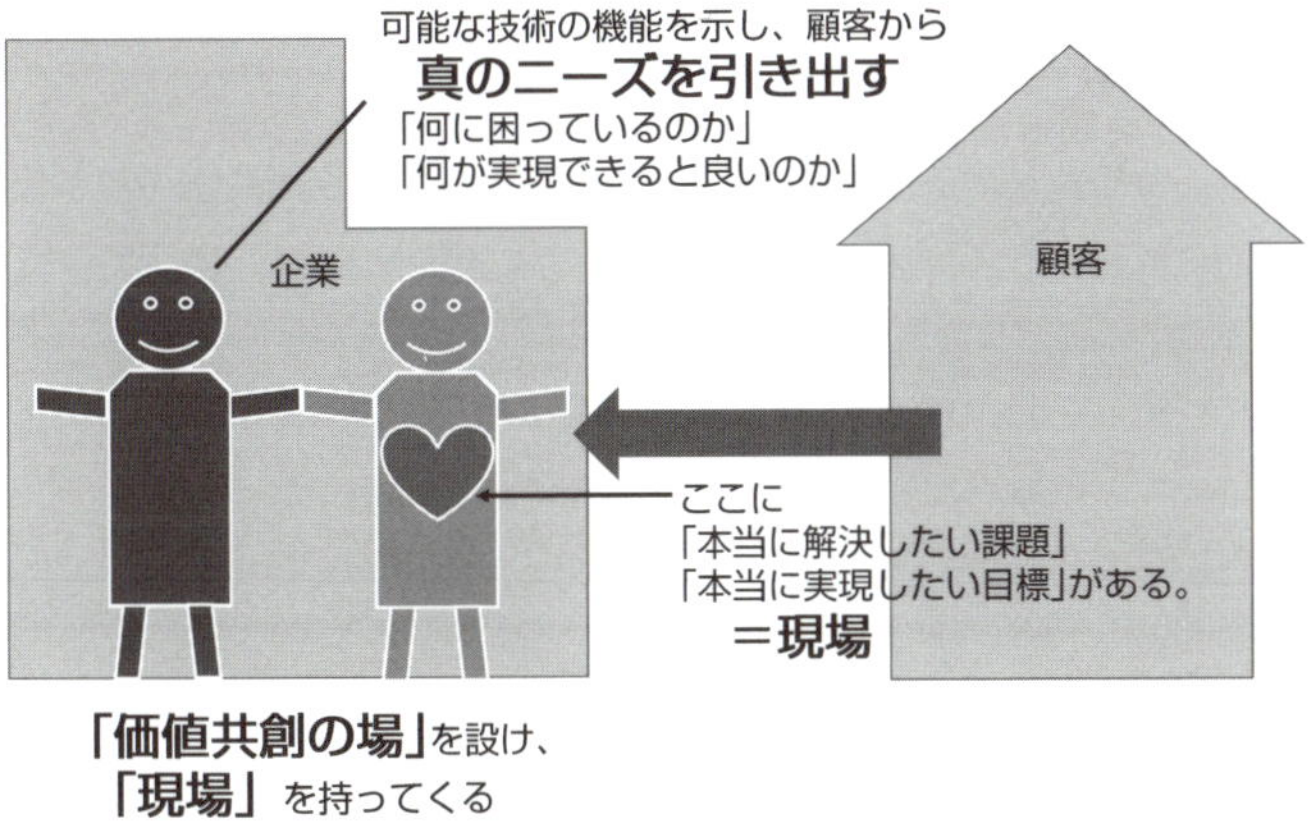

第4章　顧客とのO.I.（共創）により「商品仮説」を創る

ニーズから「商品仮説」を創り検証する

3

ニーズ・シーズのマッチングアイデアから「商品仮説」を創る

顧客の真のニーズ、それに応える機能・ベネフィットと実現するコア技術とを把握できたら、その両者のマッチングを検討し、具体的な商品のイメージである「商品仮説」を創ります。

商品仮説を創出するために、アイデアをたくさん生み出す「発散フェーズ」と、その中から適した商品仮説を見いだす「収束フェーズ」とを繰り返します。発散フェーズではより多くのイノベーティブなアイデアを得るため、多様な人による協同作業を行ないます。その際、単純なブレインストーミングより、制限条件を設定したり、強制的な発想の起点を設けたり、陥っているバイアス（先入観）を可視化したりするほうが、より多くのイノベーティブな発想を生み出します。

収束フェーズでは、でてきたアイデアの種を整理・可視化し、選択していきます。アイデアを商品仮説に収束させていく上では、本当に顧客にとって価値のあるものを顧客と共創します。もう一つ、どこまで自社でやる意味があるかも見極めます。

顧客へのプロトタイピングにより、「商品仮説」を検証修正する

次に商品仮説に基づく「プロトタイプ」で、顧客受容性を確認、仮説を検証・修正します。プロトタイプは、完成度より、スピードが重要で、3つに分けて行なうのが有効です。

1つめの「外観プロトタイプ」は「見た目」を示したもの、2つめの「機能プロトタイプ」は「働き・動き」を示したもの、最後の「文脈プロトタイプ」は、客にとっての「意味・コンテクスト」を示したものです。

顧客ヒアリングでは、潜在顧客に対し、上記プロトタイプを示し受容度を検証します。その際、「あったらいいね」ではなく、「どこの何が顧客の価値になっているか」「いくらならば購入するか」「いつごろできればうれしいか」という積極的な評価をもらえることが重要です。

「認知ピラミッド」を創り、商品価値を認識してもらう

顧客に商品価値を認識してもらうため「アイコン」「機能」「ストーリー」とからなるいわゆる「認知ピラミッド」を構築することが重要です。「アイコン」は見た目を示し、顧客に一目でどこの何という商品であるかを認識してもらえることが重要です。「機能」はその商品の働きを示したもので、顧客自身がその商品の働きを一言で言えることが重要です。そして「ストーリー」はその商品ができた背景や、作り手の想いなどを示したもので、顧客自らが語れるようなものであることが重要です。

これらはピラミッドの形のように「アイコン」「機能」「ストーリー」が一気通貫でつながったものになっていることが重要です。

この3項目は、前述の3つのプロタイプによって検証できます。

図4－7　技術の機能と顧客ニーズのマッチングから、アイデアの発散と収束により、商品仮説を創る

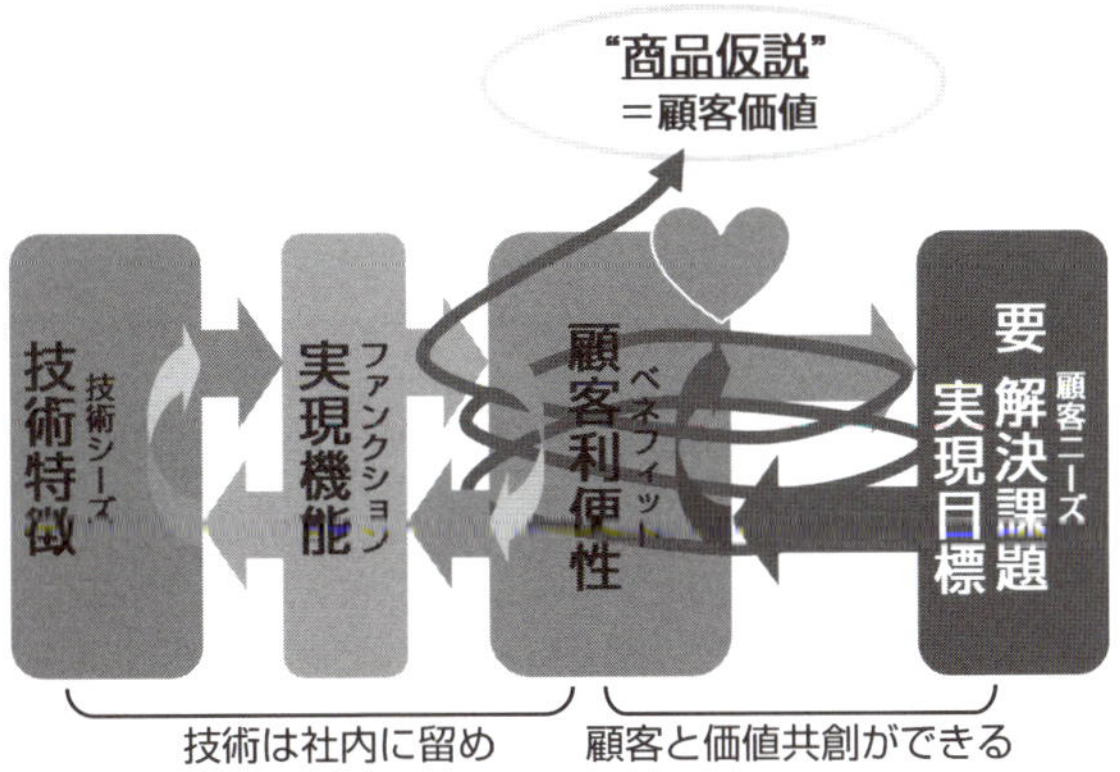

図4－8　3つのプロトタイプで、迅速に商品の顧客価値を検証する

3つのプロトタイプ

外観 プロトタイプ	「見た目」 ・形、大きさ、色・柄、重さなどを示したもの。 ・平面図、立体図、ペーパークラフト、ありもの部材の組み合わせなどで表現します。
機能 プロトタイプ	「働き・動き」 ・どのように動作、反応するものか示したもの。 ・機能図、ありものの部材を組み合わせ他試作品などで表現します。 ・見た目は度外視する
文脈 プロトタイプ	「意味、コンテクスト」 ・対象顧客、顧客背景、顧客課題や目標、価値などを示したもの。 ・文章や絵を含むストーリーにし、紙芝居、即興劇、動画などで表現します。

図4－9　認知ピラミッドをつくり、顧客に商品の価値を認識してもらう

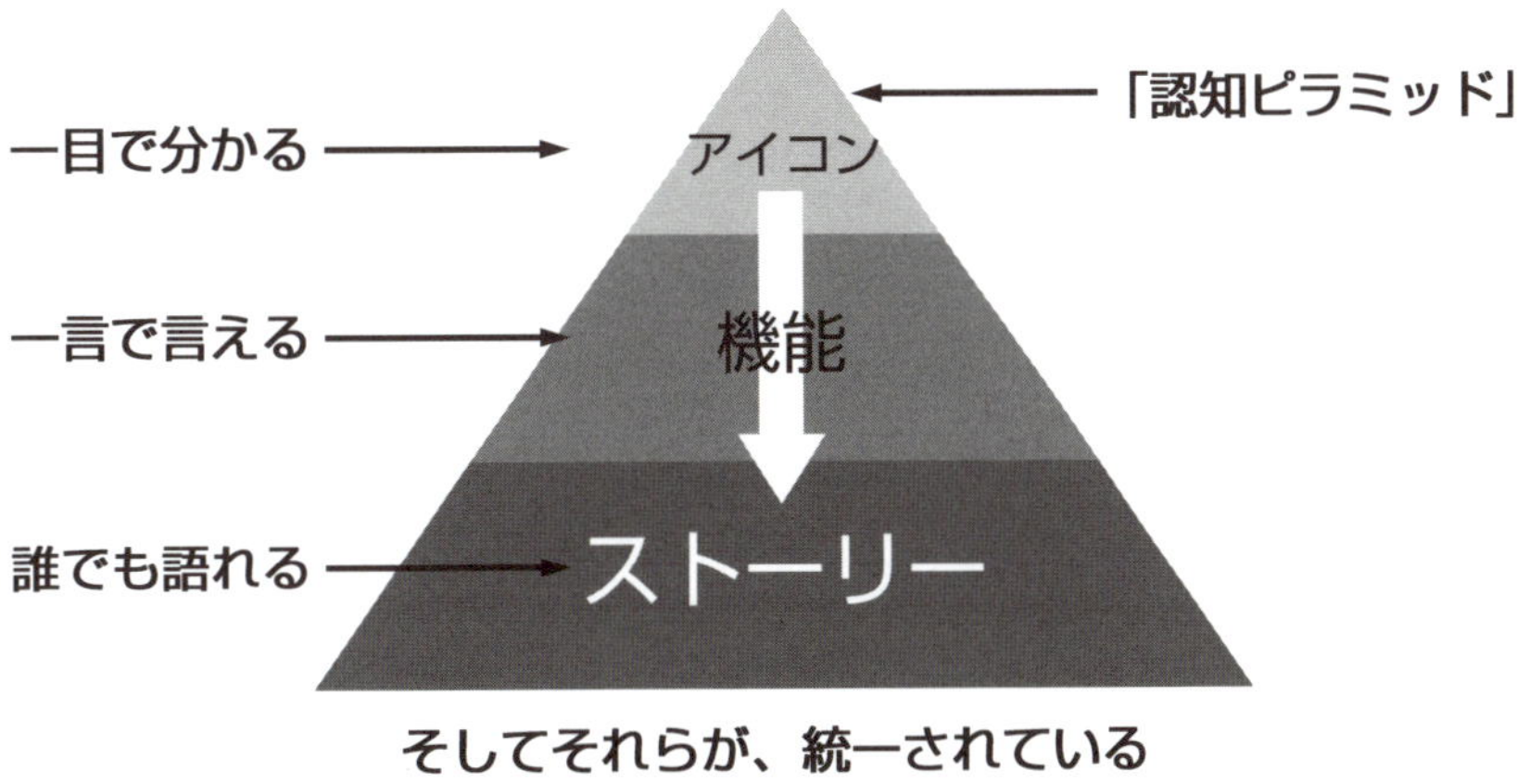

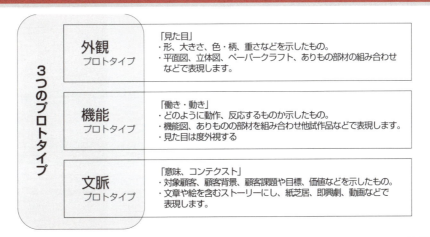

第4章
顧客との0．1．（共創）により「商品仮説」を創る

4 商品の意識をコトづくりに変える

モノづくりの意識を モノづくりからコトづくりへ

従来「商品」と言えば形のあるもの、「サービス」と言えば形がないものでした。しかし、多様な顧客の課題解決は、単独の「モノ」だけでは実現困難になっています。そこで商品は単なるモノづくりではなく、「モノ（ハード）」にソフトを加えた「システム」、さらにそれを利用する手順を加えた「サービス」という「コト」づくりになってきています

個別顧客へのカスタマイズを「モノ」で行なうのは、少量多品種生産が必要で大変です。そこで「機能・利便性（＝できること、価値があること）」を、「ハード（モノ）」だけではなく、「ソフト」を組み合わせて実現します。例えば、リモコン「ボタン」の「タッチパネル化」です。その時に、使用する人に必要な操作を示すことでカスタマイズ化できます。さらに、機能・価値のソフト化は、新た追加・変更も容易です。この様な商品の「コト」化には顧客との共創が欠かせません。

商品の意識を 機能的価値から意味的価値へ

商品はその使用目的である「機能」を持ちます。しかし、近年欲しい機能が飽和し、機能的な価値だけでは商品が売れなくなっています。機能向上は顧客にとって「買いたくなる」価値向上には繋がらなくなってきています。

それに対し、商品にデザイン性を付与し、顧客が「持っていたくなる価値」「自慢したくなる価値」を付与することが行なわれています。しかし、デザインなどの感性価値は嗜好性を伴う傾向があり、またそれによる価値向上にも限界があります。そこで最近注目されているのが、ストーリー性の付与です。その商品ができた背景や、その商品に込めた想いなど顧客に共感をもたらすことで、顧客にとって買いたくなる価値の向上を目指すものです。

機能的価値だけでは実現できない意味的価値を実現することは、提供側の「付加価値」から使用者側の「顧客価値」への流れと同様と考えてよいでしょう。

販売価格は 顧客価値で決める

販売価格はかつてコスト積み上げで決められていました。しかし、顧客にとってその商品を購入するかどうかを示すのは、顧客がその商品に払ってもよいとする金額、すなわち「顧客価値」です。

販売価格が顧客価値で想定される価格よりも安ければ、顧客は喜んでその商品を購入することになりますが、販売価格が顧客価値よりも高ければ、例えそれがコストから積み上げて妥当だとしても、また同様の商品に比べて安価であったとしても、購入されることはありません。

逆に、コスト試算より高額であっても、顧客が考える価値よりも安ければ購入されます。したがって、販売価格は、顧客価値を基準に決定されるべきです。顧客価値は、顧客が決めるものなので、その設定でも顧客共創が必要となります。

図4-10　商品は、『モノ』づくりから、共創による『コト』づくりへ変わってきた

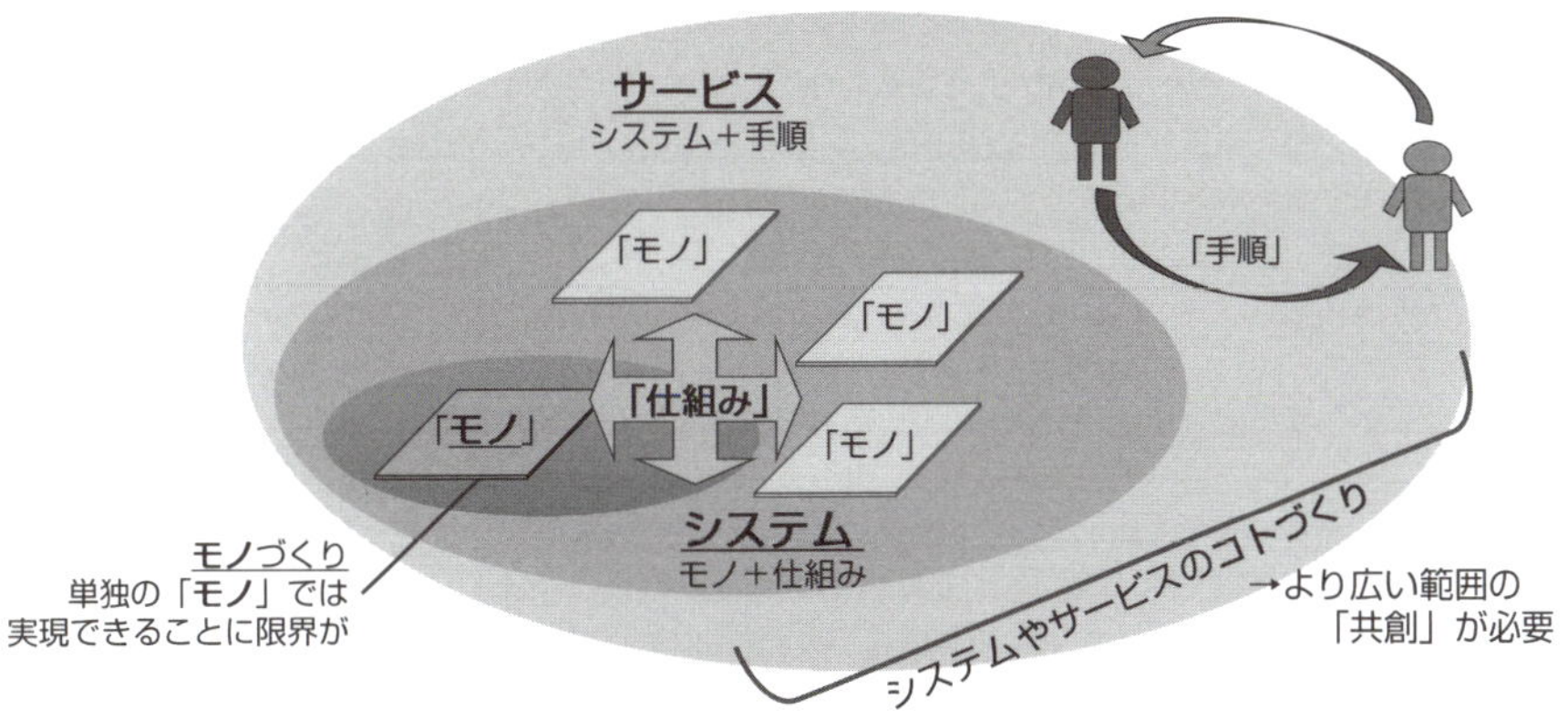

図4-11　商品価値を高めるため『機能的価値』に『意味的価値』を加える

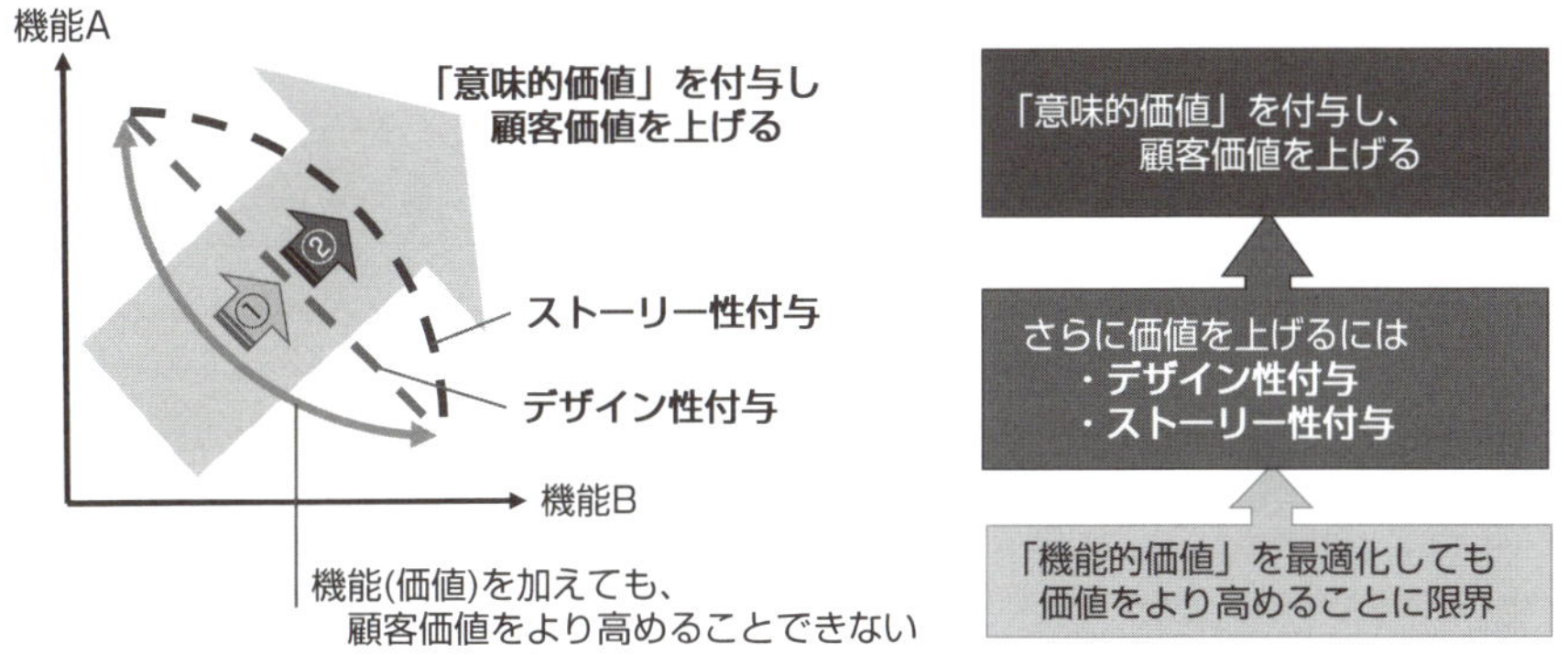

図4-12　商品の価格を決めるのは、『メーカー』ではなく、『顧客』になっている

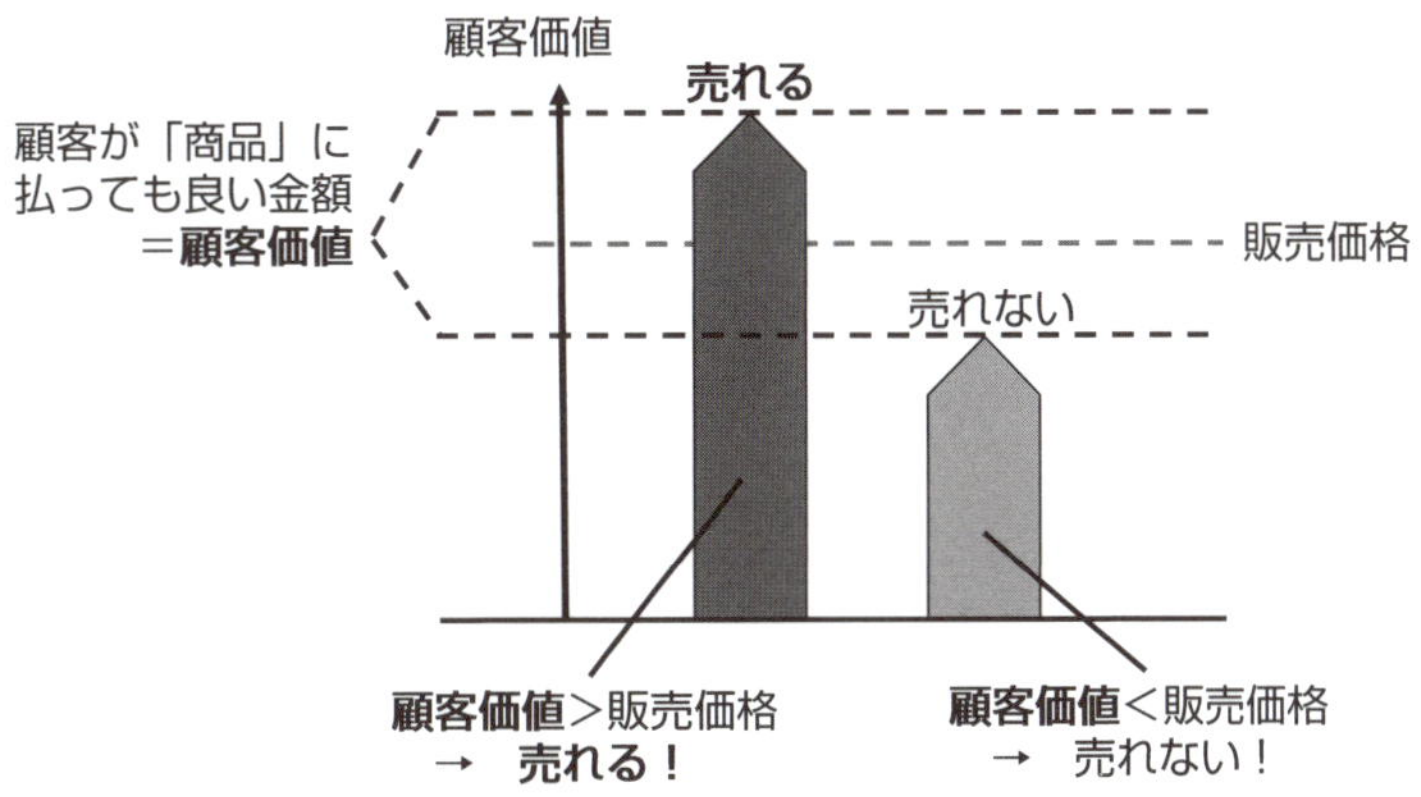

事例－４：『場』の設置により顧客価値共創を図った大手Ｅ社、大手Ｆ社の事例

新事業・新商品の展開内容：

接点のなかった、新しい市場領域の顧客にアクセスすることは難しい。そこで化学系Ｅ社では、今まで接点のなかった顧客や市場にアクセスし、新たな商品・事業で顧客との共創を図るため、自社技術によって実現できることを「機能」として示し、顧客と価値共創する場として社内に「カスタマー・テクニカル・センター（C.T.C.）」を設けている。

新しい顧客との共創においては、①顧客の真の価値（ベネフィット）を探ることと、その前提として②自社にできる得意なこと・技術（機能）を知ってもらうことが必要となる。そのためにＥ社が設立した「C.T.C.」では、「46の技術プラットフォームを活用事例と共に顧客に示し」→「（顧客自身の）真のニーズに気づく」→「（一緒に新たな顧客）価値を共創する」を実現する「場」としている。

そこで重要なことは持つ技術シーズを、顧客が「自分の課題の解決や、目的の実現に活用できるかもしれない」と思える形で、かつ直感的に理解できるよう提示することである。そこで、C.T.C.では、パネルによる技術や機能説明だけではなく、「モノ」や、動画など、インタラクティブに体感できる展示をしている。また、共創が起こりやすい、調度品や電子白板システムなども揃えている。

一方、情報系Ｆ社では「社会イノベーション事業」を新規事業の大きな柱としている。その顧客共創空間として「社会イノベーション協創センター」を設け、既存顧客・新規顧客を問わずその場でコミュニケーションを行ない、新規ビジネス領域を広げている。主力事業で培ってきた顧客との絆を活かし、同センターでは、顧客のビジネス上の課題を一緒になって発掘し、解決策を共創する「独自の顧客共創方法論」を用い、顧客と対話の中で顧客自身の経営課題やその背景を探ることで、新たな顧客価値共創を行なう活動を行なっている。

O.I. のポイント：

①自社の強みや考えを、いろいろな手段で知って頂くことができる「場」は共創の場として非常に有用。

②顧客自身の課題や、その背景を探ることは、顧客ベネフィットに基づく共創により、より良いソリューション実現につながる仕組みである。

事例図４：『場』を活用した顧客との価値共創プロセス

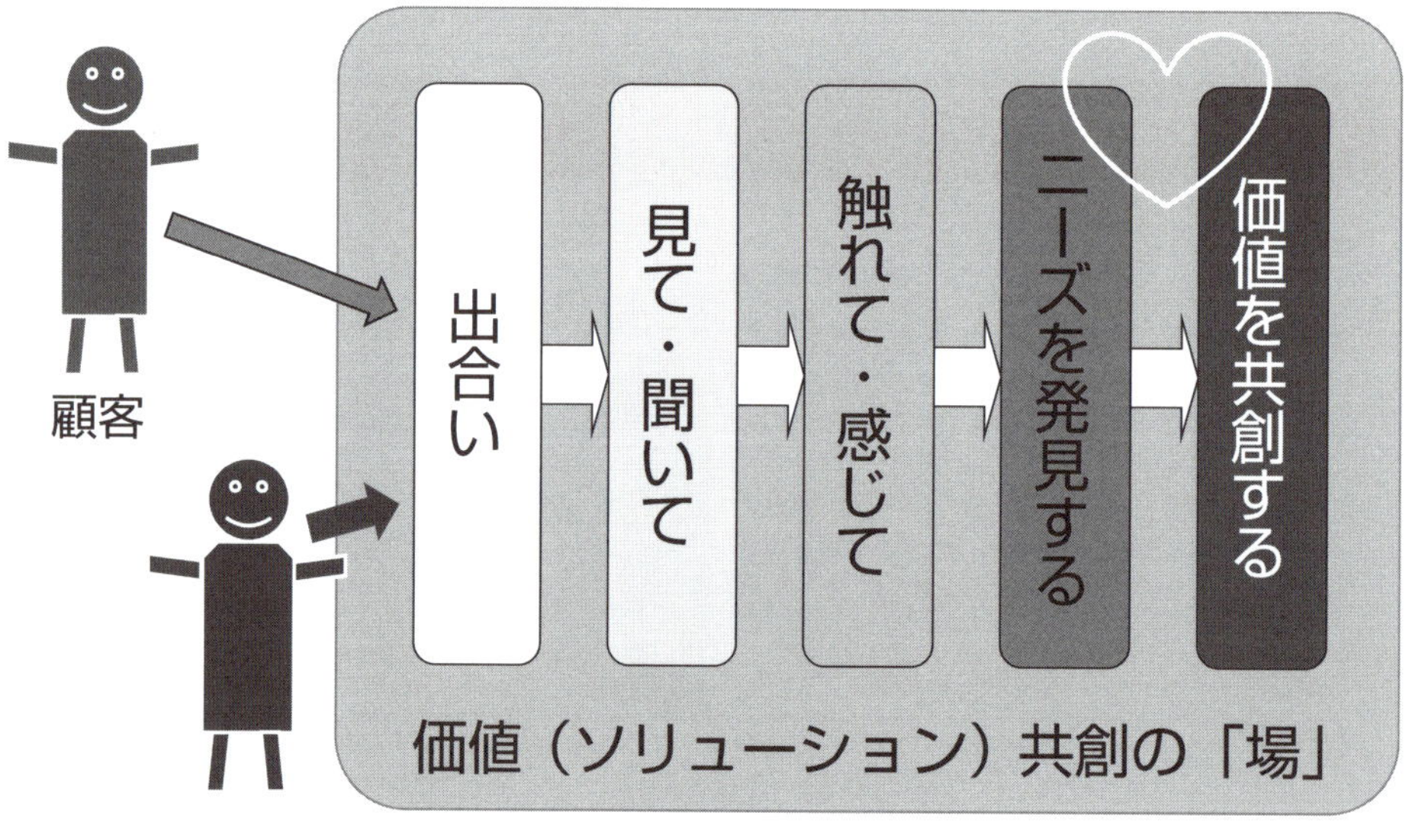

第5章

アライアンス相手との O.I.（協創）による 商品化・事業化

本章では、新規商品・事業の迅速な実現について具体的にどうアライアンス相手と協創していくのか述べます。不確定な未来のなかで商品・事業の実現のため、そのプロセスを社内、社外などいくつかに分けで実践的に検討していきます。

社内合意を得るには「ステージ・ゲート方式」を用います。その際、商品価値を最大化し、後戻りしないスピーディーな開発を実現するため、アライアンス相手とロードマップやシナリオによる未来を共有化した協創が重要です。

第５章：どうつくるか、アライアンス相手との協創方法を知りたい

↓

５－１：どう協創すれば、商品をよくつくれるか知りたい

↓

５－２：どう、新しい商品の社内合意を得るか知りたい

↓

５－３：ステージゲート方式で商品つくるポイントを知りたい

↓

５－４：どうやって事業を大きくするか、知りたい

1 「協創」により商品・事業を迅速につくる

アライアンス相手との「協創」を考え、商品仮説の実現性を検証する

商品仮説ができれば、その商品を実現することが実際に可能か検討します。商品を実現する中で用いる、自分たちで保有する技術は何か、そして保有していないが使う必要がある技術は何かを明確にします。その上で、必要な技術を持ち開発可能なアライアンス相手を探し、協創を図ります。

また開発に必要なノウハウや、実験・試作設備等を自前で持たない場合も、協創を検討します。持たない技術要素は、技術公募や、仲介サービスの活用により協創相手を探すことも可能です。

また自社技術だけで商品を実現できる場合でも、顧客が求める顧客価値レベルに迅速に達しない場合は、外部アライアンス相手との協創を検討し、協創による価値向上と開発時間短縮を図ります。

「協創」により開発期間短縮と価値増大とを図る

協創による商品実現のポイントは、開発期間の短縮と顧客価値の増大です。

自社だけで商品を実現することは、多くの困難を抱え込むだけではなく、時間を要することになります。顧客が課題の解決や目的の実現を図りたいのは「今またはできるだけ早い近未来」です。したがって、その解である商品の上市が遅れるほど、その価値は低下してしまいます。また、開発期間が延びると、競合他社が解決手段を提供してしまう確率も高まります。

したがって、アライアンス相手とのO.I.(協創)により、商品実現に必要な技術、原材料・部材の準備、試作ノウハウを確保することで、開発期間を短縮し、それにより顧客価値を高めることは重要です。さらに双方で課題をよりよく理解し解決することで顧客価値を高めることも期待できます。

「協創」により上市を容易にし、事業を拡大させる

商品を具現化する開発プロセスだけでなく、商品を上市可能な状態に準備するプロセスでもアライアンス相手との協創は重要です。実際に上市した際のサプライチェーンに沿って、協創のポイントとその相手とを考えます。

上市する製品のキーとなる原材料や部材の調達・品質確保、製品を製造することができる製造設備や、製造ノウハウを持つ企業がまずは検討対象です。また製造した製品の品質を保証できる設備やノウハウを持つ組織が次の対象となります。

製品ができたあとは、販売する仕組み(商社や卸などの流通、通販コールセンターなど)や、受注や、料金徴収システムを持つネットショップ・TV通販や通信事業社です。また会員制度や、プロモーションが可能なネットワークサービス企業、販売後・顧客サービスを担えるメンテナンス会社などとの協創を考えます。

図5－1　顧客視線で必要な技術を採用することで、高い顧客価値の商品を創る

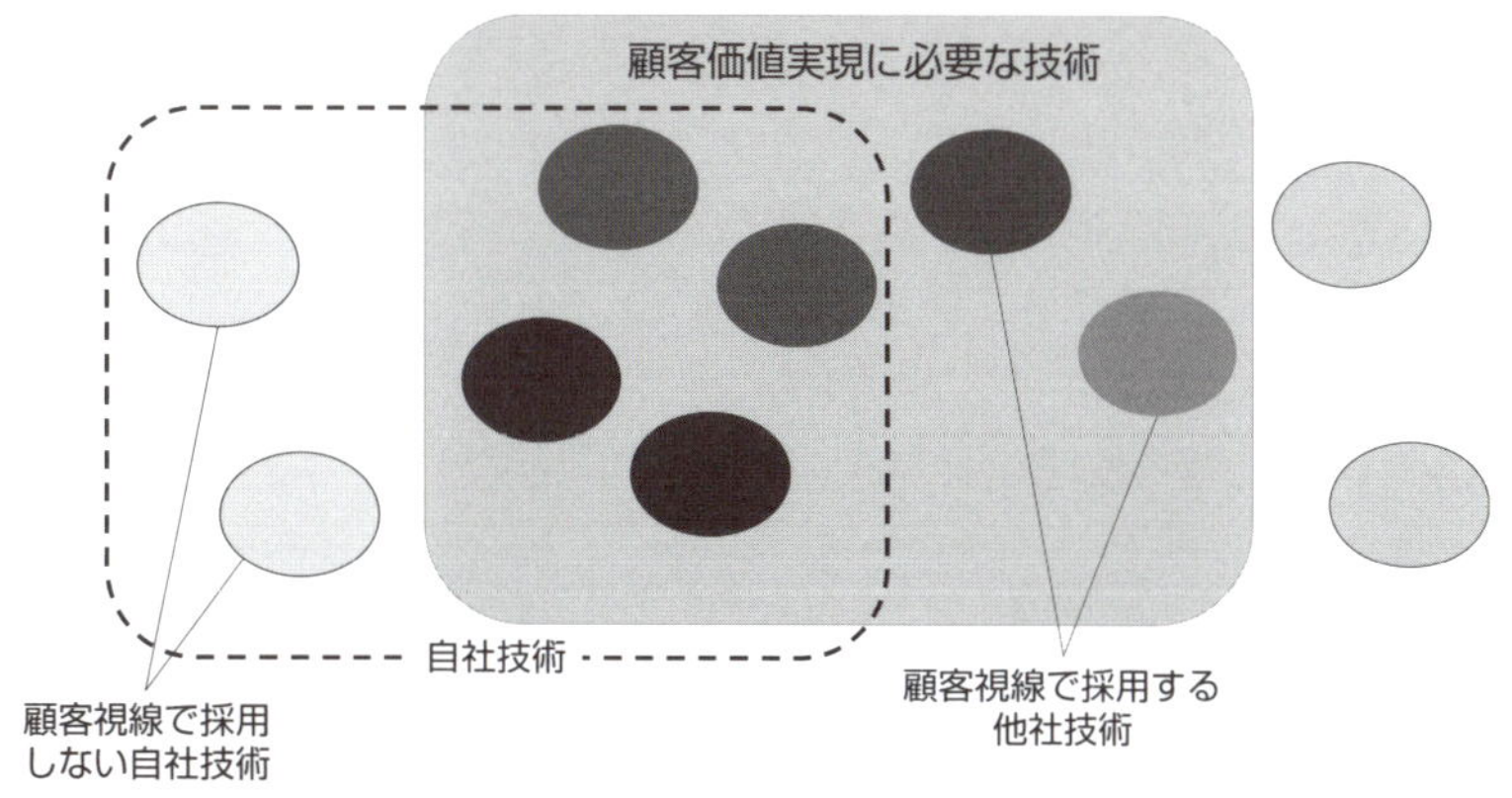

図5－2　協創により、商品実現までの時間を短縮し、顧客価値を高める

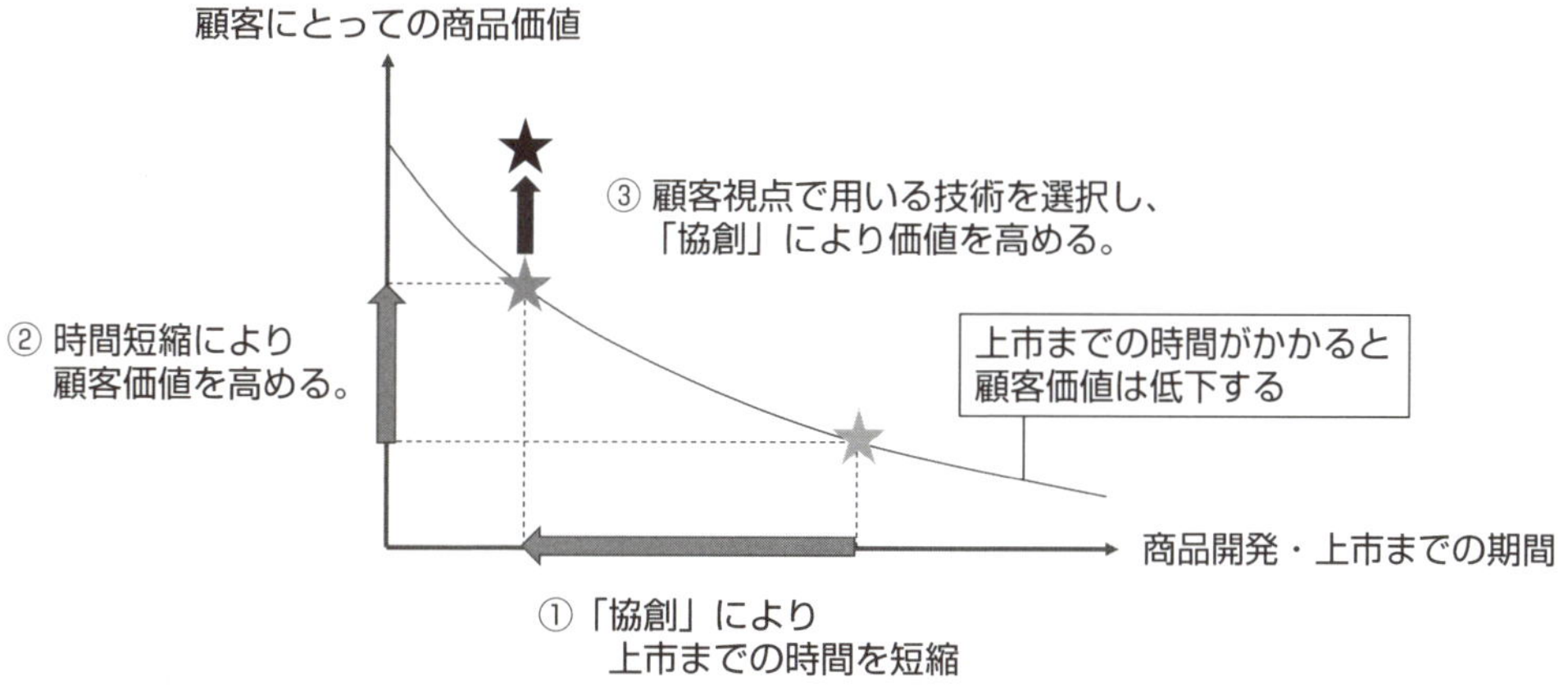

図5－3　サプライチェーンに沿って協創戦術を組む

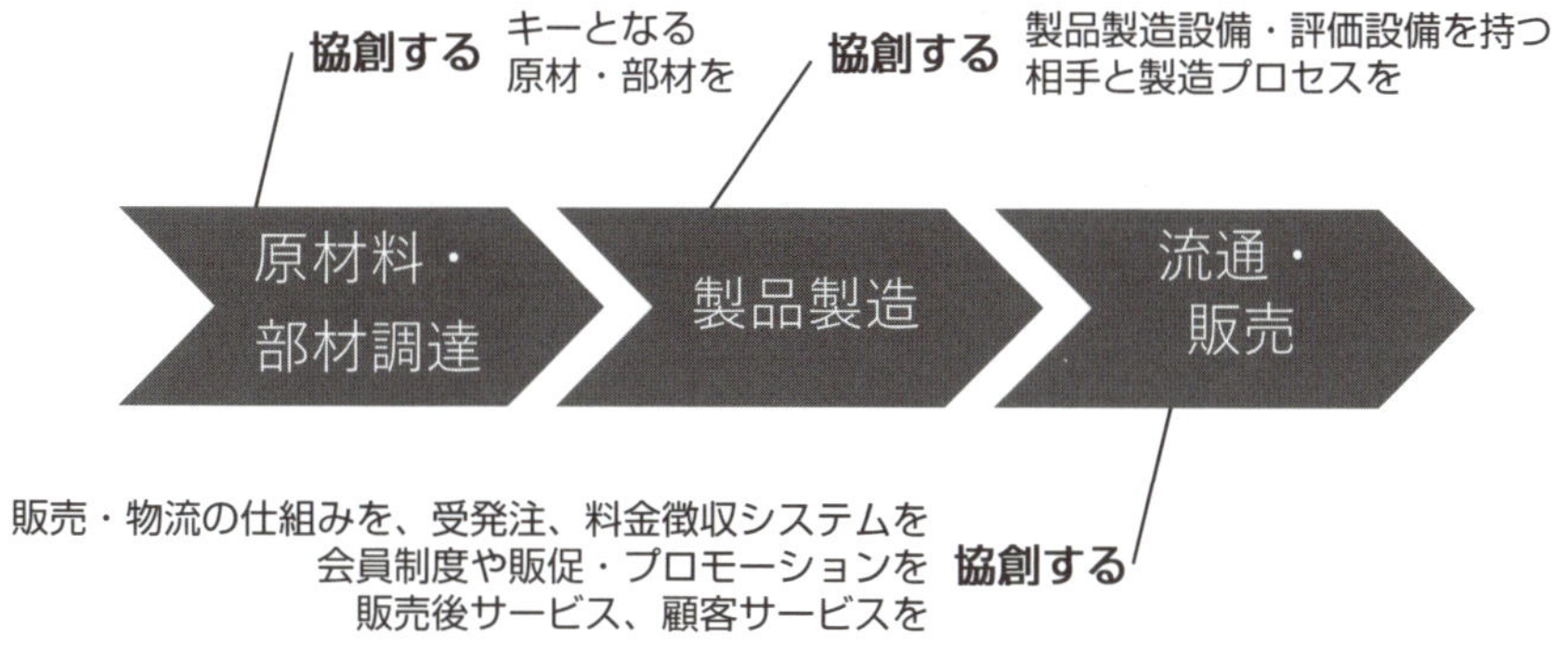

第5章　アライアンス相手とのO.I.（協創）による商品化・事業化

2 商品仮説から事業構想を創り社内合意を得る

最初の商品の市場性を描き見積もる

商品仮説が検証されても、それを開発・製造・上市準備するためには、「社内合意」が必要です。その際には、今まで検証してきた「顧客価値」とは別に、会社にとっての「上市する価値（意味）」としてロードマップやシナリオが必要となります。その内容のひとつは売上・利益の期待であり、もう一つは、顧客・市場にとって、その会社が行なう納得性です。

まだ形成されていない市場での売上期待を推定するためには「フェルミ推定」を用います。フェルミ推定とは明確な根拠となる数字（人口など）を基に論理的に推定していくものです。例えば、日本で人口の2・5%（イノベーター）が、年に1個1000円のものを購入してくれるとして、1・2億人×2・5%×1000円＝30億円と推定します。推定売上規模が、自社事業として小さい場合、さらに将来の事業展開、広がりの可能性を描けないと社内合意が得られません。

将来の事業を想定し、事業展開シナリオを創る

経営者には市場・投資家への説明責任があります。そのため社内合意の前提として、その会社にとってのその事業の「やる意味」と「やる意思」を明確に、説明可能にしておく必要があります。

それにはその事業が、①市場や社会から求められている「やるべき事業」、②自社のアセットを活かし、顧客の求めるものをよりよく作れるという「できる事業」、さらに③会社の理念や長期的なVISONに合致した「やりたい事業」であることが必要です。

最初の商品を起点とし、「本質的課題」を解決するまで、商品・サービスを意思をもって並べた構想（ロードマップとしての事業展開シナリオ）を創ります。

リスクと撤退ポイントを明示し、社内合意を得る

経営者に新規事業の実施決断を求める際、提案する事業のリスクがコントロールされていることを示すことが重要です。すなわち、うまくいかない場合においても生じる損失が十分小さく、許容できることを示す必要があります。そのためには、リスクを明示すると共に、それを見極め、新規事業から撤退することを決断する「撤退ポイント」を定めておくことが重要です。

リスクとしては、技術開発や知財などの障害により商品開発が滞る「技術リスク」だけではなく、製造コストや商品価値が十分得られない「商品リスク」、類似の商品、別のソリューションなどが出現する「競合リスク」、原材料・部材が入手困難になる、顧客や市場の変化、法制度の変更などの「環境リスク」があります。

これらの想定リスクには、あらかじめ回避する案が必要です。技術案、商品・サービスのヘッジ案、自社知財の確保や、他社知財の回避、先行した顧客確保などです。競合、環境リスクは予見が困難な場合が多いので、その出現を素早く察知する手段や、撤退を含めた判断が素早くできる仕組みを構築しておきます。

図５－４－１　社内合意に必要なのは、顧客に『買ってもらえる』かつ会社として『売りたい』商品であること

図５－４－２ まだない市場規模はフェルミ推定する

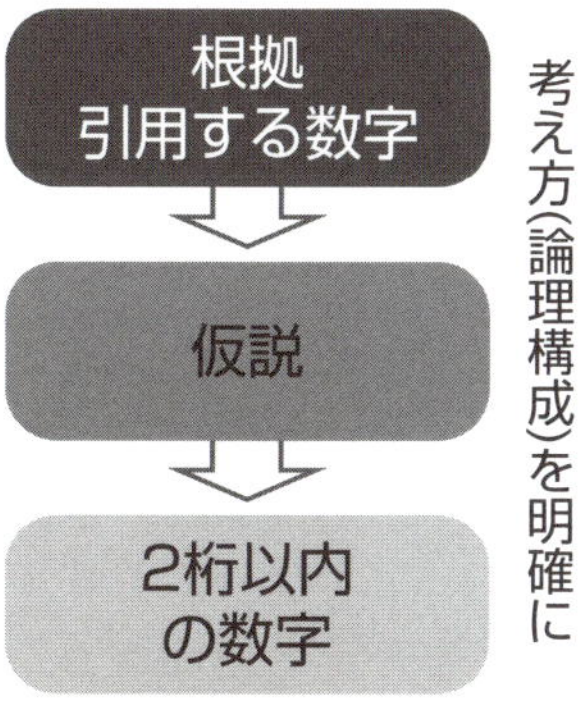

図５－５　新規事業の『やる意味』を、『やるべき』『できる』『やりたい』で説明できること

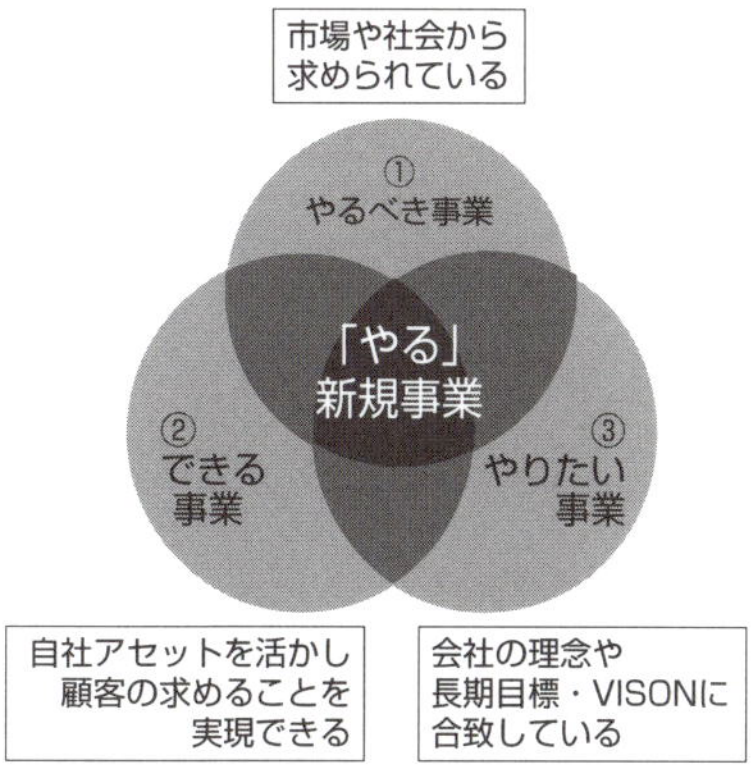

図５－６－１　社内合意を得るため　『期待大きく』、『リスクを小さく』する

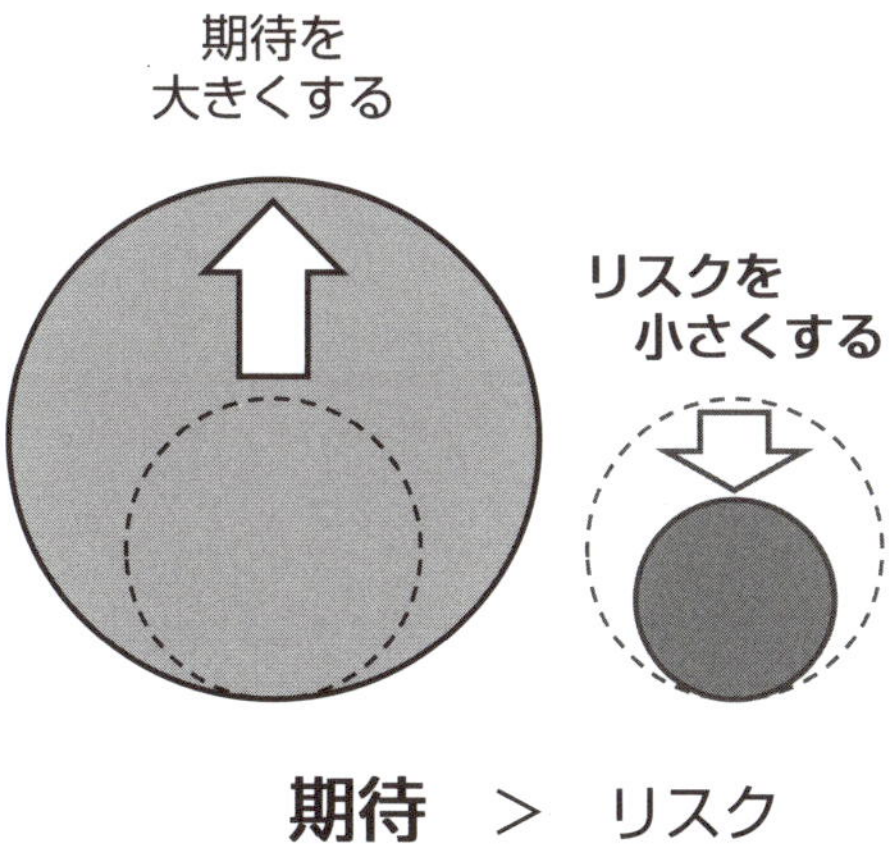

図５－６－２　将来の事業構想に向かった『事業展開シナリオ』と、『リスク・撤退ポイント』の明確化する

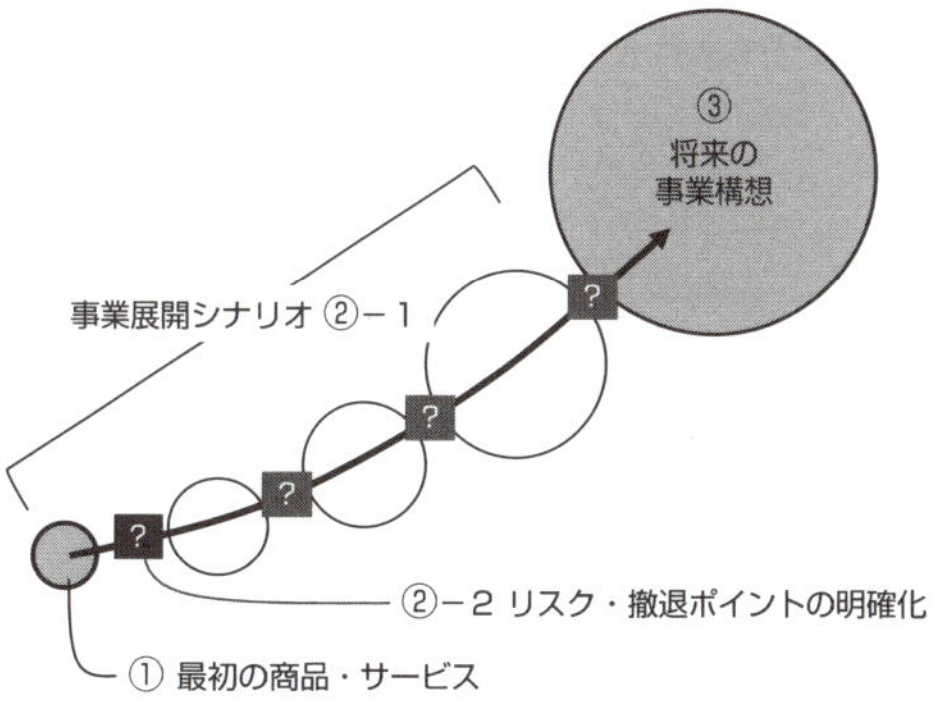

第5章 アライアンス相手とのO．I．（協創）による商品化・事業化

3 ステージ・ゲート方式により商品を確実に上市する

商品を具現化するために、ステージ・ゲート方式を用いる

商品を具体化するため、上市までのプロセスをステージに分けていきます。各ステージでの達成要件を明確にし、完了を確認するゲートを設け、次ステージへの移行を明示的に行なうステージ・ゲート方式を用います。

ここでは「FS（フィージビリティー・スタディー、研究）ステージ」、「開発ステージ」および「事業化ステージ」の3つのステージを経ることとしますが、いろいろなステージの設定の仕方があります。

「FSステージ」では、前段階で創った商品仮説の顧客価値を再検証し、その商品の実現性とリスクとを協創の観点で明確にします。

「開発ステージ」では、協創により、その商品・サービスを具現化します。そして「事業化ステージ」では、その商品・サービスを上市可能にします。いずれのステージにおいても共創と協創とが重要なポイントになります。

共協創の視点で、各ステージでやること

各ステージでは、顧客との共創視点で、①（潜在or顕在）顧客の存在、その②真のニーズ（課題・目標）、③商品仮説の顧客による顧客価値受容性といった「顧客要件」、④商品サービス試作品の顧客要求性能満足度などの「商品要件」を共創・検証していきます。

また、アライアンス相手との協創視点では、①商品仮説の顧客要求機能の実現性、②その実現性への障害（知財等）のクリアといった「技術要件」、③原材料・部材等の購入性（コスト、品質、タイム）、④商品・サービスの製造性（製造場所・装置、ロバストネス、コスト、生産量弾力性）、物流性などの「製造要件」、さらには⑤事業性（売上規模、採算性）、顧客アクセス（販促を含む）、販売チャネルなどと言った「事業要件」を協創・検証します。

共協創の視点での、各ゲートでの評価ポイント

各ゲートの達成要件、評価時期もスケジュールが遅延することがないよう、前もって明確にしておく必要があります。

各ゲートでの承認者（ゲートキーパー）は、次ステージ責任者もしくは部門長が行ないます。判断するための評価は、前ステージの責任者が行ないますが、好ましくは客観的評価のため、次ステージの責任者あるいは第三者が評価します。

ゲートキーパーは、各確認要件の達成を確認し、次ステージへの移行を承認（GO）しますが、全ての要件が達成していない場合は、未達成項目を明確に共有し、以下の中から判断します。

1 プロジェクトを中止する（STOP）。

2 現ステップを期間延長し、再度ゲートを設ける（NoGo）。

3 リスクを明確化し、対策方法を合意した上で、次ステップに移行する（条件付きGO）。

その際、重要なのは顧客共創の観点で価値検証できているか、さらに協創の観点で、より高い価値のものをスピーディーにつくれているかも、検証します。

図5－7　ステージゲート方式で、着実に商品を上市できるようにする

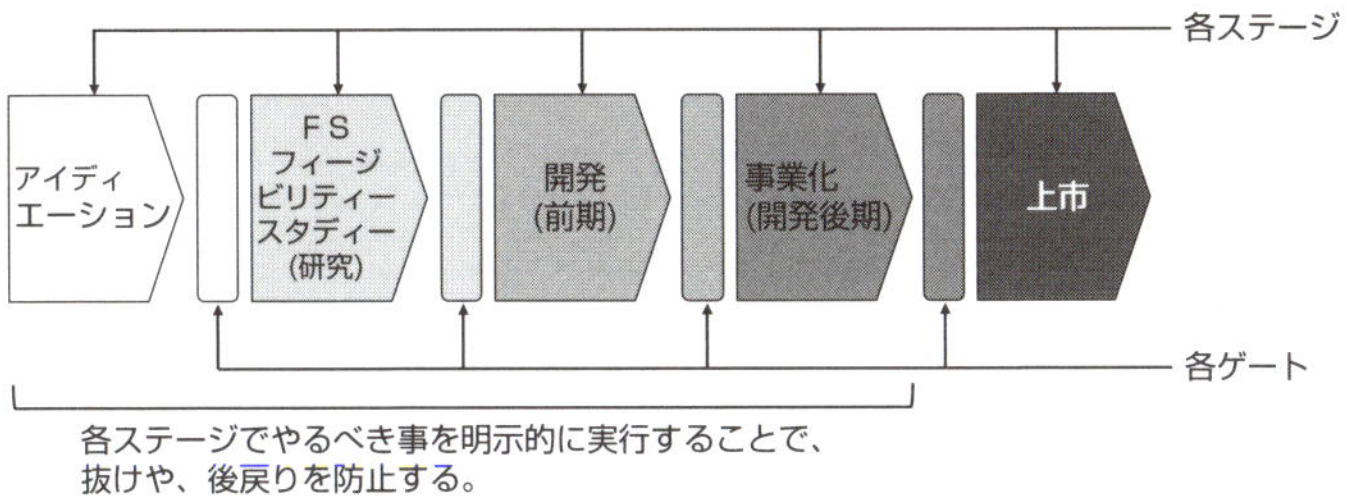
各ステージ
アイディエーション
FS
フィージビリティースタディー
(研究)
開発
(前期)
事業化
(開発後期)
上市
各ゲート
各ステージでやるべき事を明示的に実行することで、
抜けや、後戻りを防止する。

図5－8－1　各ステージでの顧客共創とアライアンス相手との協創の重み（上）
図5－8－2　通常やる事に加え、共協創視点で各ステージでやるべき事一覧（下）

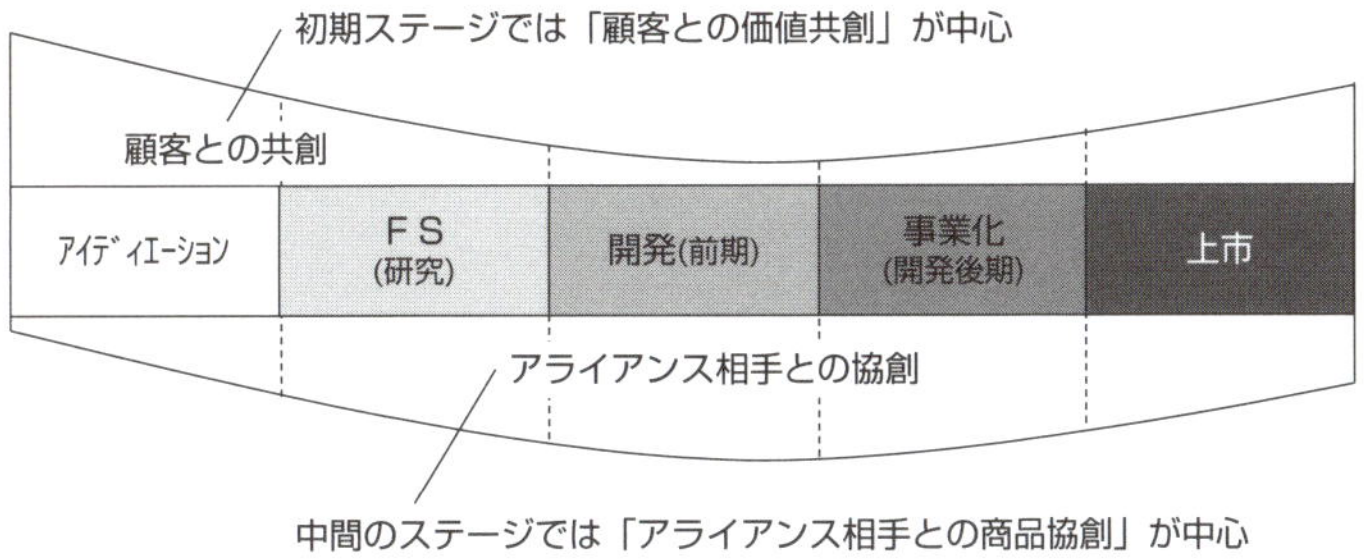
初期ステージでは「顧客との価値共創」が中心
顧客との共創
ｱｲﾃﾞｨｴｰｼｮﾝ
FS
(研究)
開発(前期)
事業化
(開発後期)
上市
アライアンス相手との協創
中間のステージでは「アライアンス相手との商品協創」が中心

	FS（研究）ステージ	開発ステージ	事業化ステージ
共創視点	•顧客価値が充分な商品案になっているか検証。 •顧客が満足する製品仕様の策定。	•開発品が顧客価値を満足しているか検証	•製造試作品が顧客価値を満足しているか実際の顧客にて検証
協創視点	•顧客価値実現や、知財権などのリスク回避の観点で、自社だけでなく、アライアンス相手との協創も踏まえ、製品が実現可能か検討。	•自社中心的ではなく、顧客視線で、アライアンス相手と協創することにより、より高い顧客価値のものを、よりスピーディーにつくる。	•製造工程だけでなく、部材原材料調達・準備、流通・販売、営業・販促・アフターサービス等においても協創を活用する。

図5－9　ゲートでも共創・協創の観点で、評価する

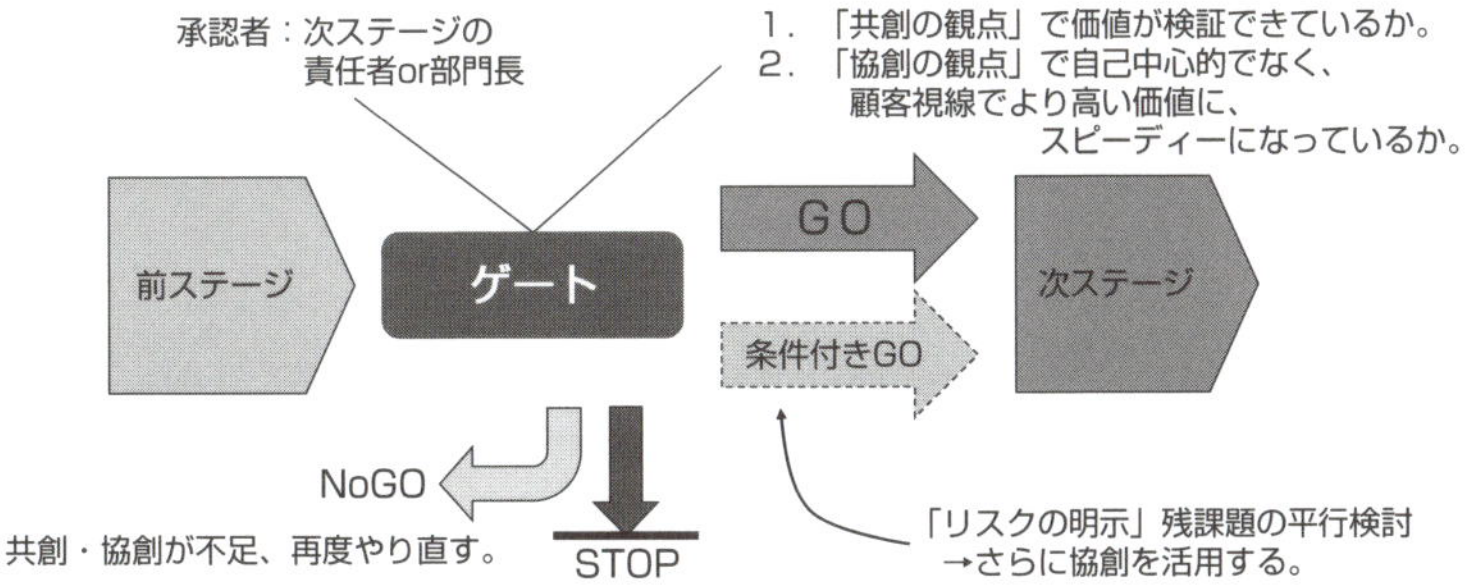
承認者：次ステージの
責任者or部門長
1．「共創の観点」で価値が検証できているか。
2．「協創の観点」で自己中心的でなく、
顧客視線でより高い価値に、
スピーディーになっているか。
前ステージ
ゲート
GO
条件付きGO
次ステージ
NoGO
共創・協創が不足、再度やり直す。
STOP
「リスクの明示」残課題の平行検討
→さらに協創を活用する。

第5章　アライアンス相手とのO・I・（協創）による商品化・事業化

4 事業展開シナリオの実現により事業を大きくする

上市後初期対応を行ない、ビジネスを検証する

新規事業として、最初の商品上市は事業化の第一歩にすぎません。その後の展開が事業創出の成否を決める重要なポイントです。

上市直後は、製造や性能が安定しなかったりすることがあります。また営業・販売要員も、新規商品や対象となる顧客・市場に慣れていない場合があり、顧客自身もその商品になれていないため、さまざまなトラブルが発生する確率が高くなります。

そのような事業化ステージの課題発生に対し「初期流動チーム」をつくり、迅速な対応を取る体制を整えることが行なわれます。このチームには、顧客との接点、製造との接点を代表し、対応方針を判断・決定できるメンバーを揃える必要があります。

また、商品を導入しながら、市場・顧客の反応を察知し、必要な修正を加えていくことも重要です。その際、機能的価値の修正は時間を要しますが、意味的価値の修正は比較的容易であり、売上拡大への寄与も期待できます。

顧客展開、商品展開、用途展開を行い、売上規模を拡大する

多くの場合、新規事業で最初に上市した商品の売上規模は大きくありません。したがって、自社にとって適切な事業規模まで拡大展開させることが必要です。それには3つの「顧客展開」「商品展開」「用途展開」方向で行ないます。

顧客展開は、初期の顧客以外の顧客を獲得していくもので、時系列的にイノベーターから、アーリー・アドプター、そしてアーリー・マジョリティへと拡げるものです。また商品展開は、初期商品に加え、それと何らかの違いを加えた（外観・サイズや一部機能を変えた、削った、加えた）バリエーション商品や、同一顧客が併用するシリーズ商品を開発導入するもので、用途展開は、初期商品の使い道（用途）や、使い方（使用方法）を提案するものです。実際には、それぞれ単独での展開は難しく、それらを複合し展開する必要があります。

実際には、この展開の道筋を初期商品の導入前に仮説立案し、市場導入状況を見ながら検証、修正していく必要があります。

事業展開シナリオを実行し、修正していく

前述の顧客・商品・用途展開により参入市場において求められること「周辺ニーズ」が見えてきます。

その中のどのような顧客に、どのような用途の商品を提供するかが大切です。その相乗効果も含めて、全体としての売上規模の拡大を図る道筋を仮定したものがシナリオです。これにしたがって、営業活動による新規顧客獲得や、研究開発活動による新規技術・商品開発、そしてソリューション提供を進めていきます。

しかしこのシナリオも仮説に過ぎません、市場導入の状況を見ながら検証、そして修正していく必要があります。

図5－10　上市後のステージで、事業展開シナリオを適時修正していく

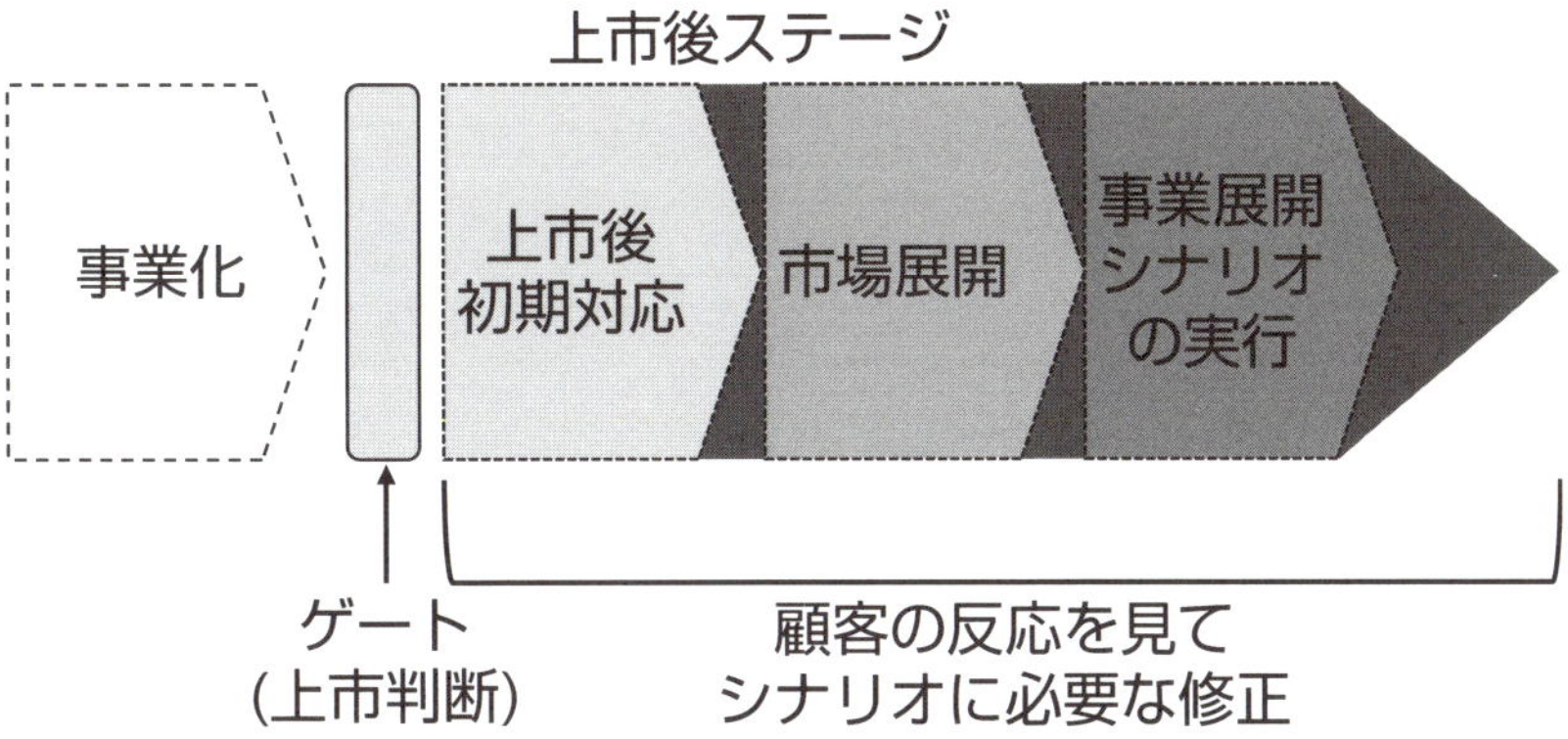

図5－11　３つの方向に事業展開し、売上規模を拡大していく

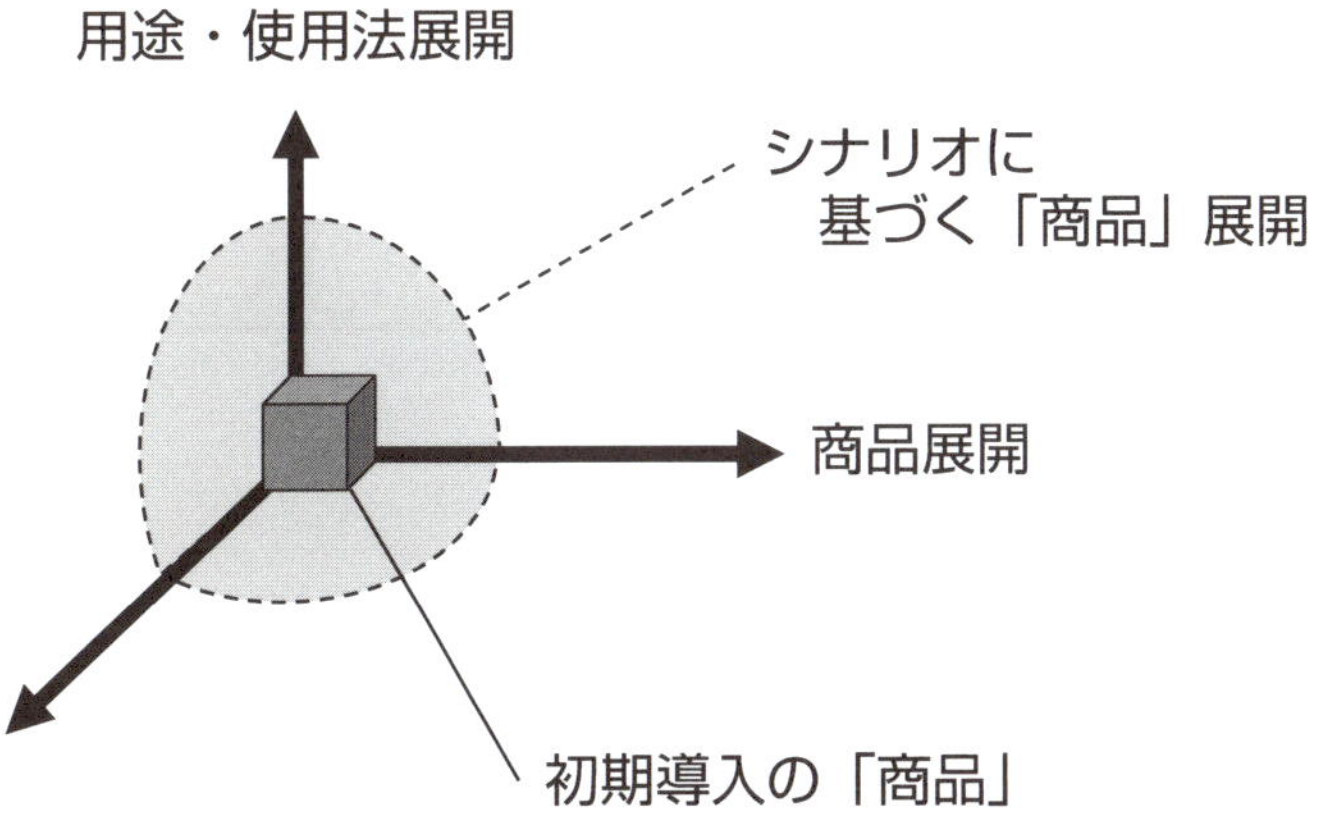

図5－12　事業展開シナリオを適時修正しながら、事業拡大を図る

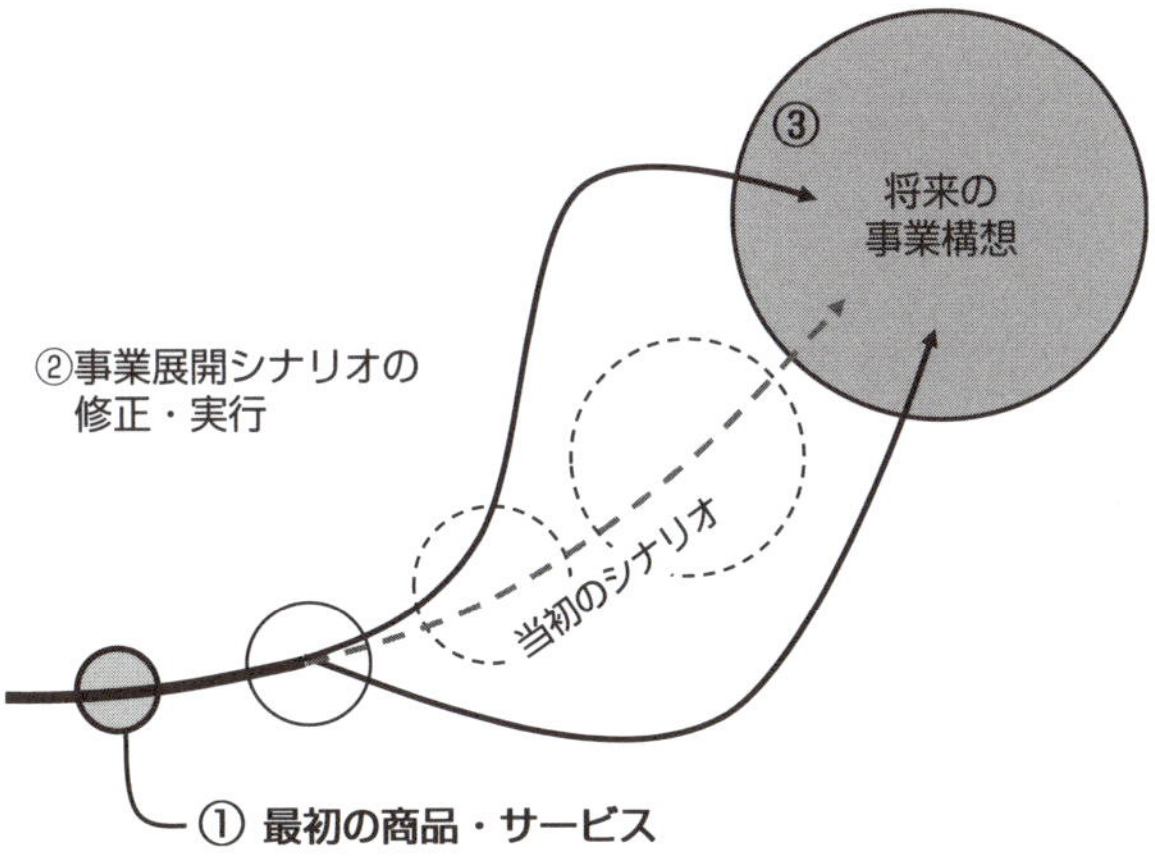

事例－５：ベンチャーG社と協創によりドローンの開発を実現したベンチャーH社の事例

新事業・新商品の展開内容：

本事例は、ドローンの開発において、必要な技術が不足していたことに気づいたベンチャー企業G社が、メイカーズ（ハードのスタートアップ）企業を支援する施設での協創の場を通じて知り合ったメーカーとのベンチャー同士の協業により開発を成功させた例である。

G社は大手メーカーに居た技術者がスピンアウトして作ったスタートアップである。大企業では事業規模が合わず開発ができなかった小型の警備ドローンの開発を進めていた。このドローンは、超音波を用いることで、自らの位置を把握しながら、夜間でも飛行可能にするドローンで、夜間に置ける警備用途に用いられることが想定されていた。

このドローンには位置を把握するために用いている超音波センサーを筐体の中に設けていたが、超音波の透過性が低く裸の状態では問題のなかった超音波センサーの性能が、筐体を儲けたところ充分な性能を発揮しないことが分かった。

一方、同じ3Dプリンタや各種工作機器を設置したハードのスタートアップを支援する施設に入居していたH社では医療用超音波診断機器向けに新素材の開発を進めていたが、使用量が多くなく、採算性が取れない懸念があり、他用途への展開が模索されていた。

この施設では、お互いの技術をオープンにして、入居企業同士がいろいろな協力を行なうイベントが月1回開催されており、両者がたまたま同じ時期のイベントに技術を出したところ、H社が超音波に影響を与えない軽量部材を開発していることが分かった。G社はH社にドローンの開発に目標や課題を開示し、共創、協創してくれるように要請し、短期間に成功した。

実はH社では、G社向けの共創により新たに開発した「超音波用材料」が、従来の医療分野にも顧客価値を生むことがわかり、ドローン用だけでない医療用途向けとしても良好な性能をもつ新素材の上市にこぎつけることができた。

O.I. のポイント：

①従来型の開発では、想定外の技術的な壁にぶつかった時、あくまで自社で解決するかその課題を回避するが、ベンチャー同士のチャレンジにより、共創と協創が一緒に展開することが可能となった。

②メイカーズ支援の施設での共創，協創イベントの場の設定がファシリテーション・マネジメントとして機能した。

③その時のポイントは、開発途上の課題（できていないこと）と最終目標（顧客価値）などをお互いにオープンにすることができるかどうかに掛かっていた。

事例図５：ベンチャー同士の協創によるナイトドローン開発

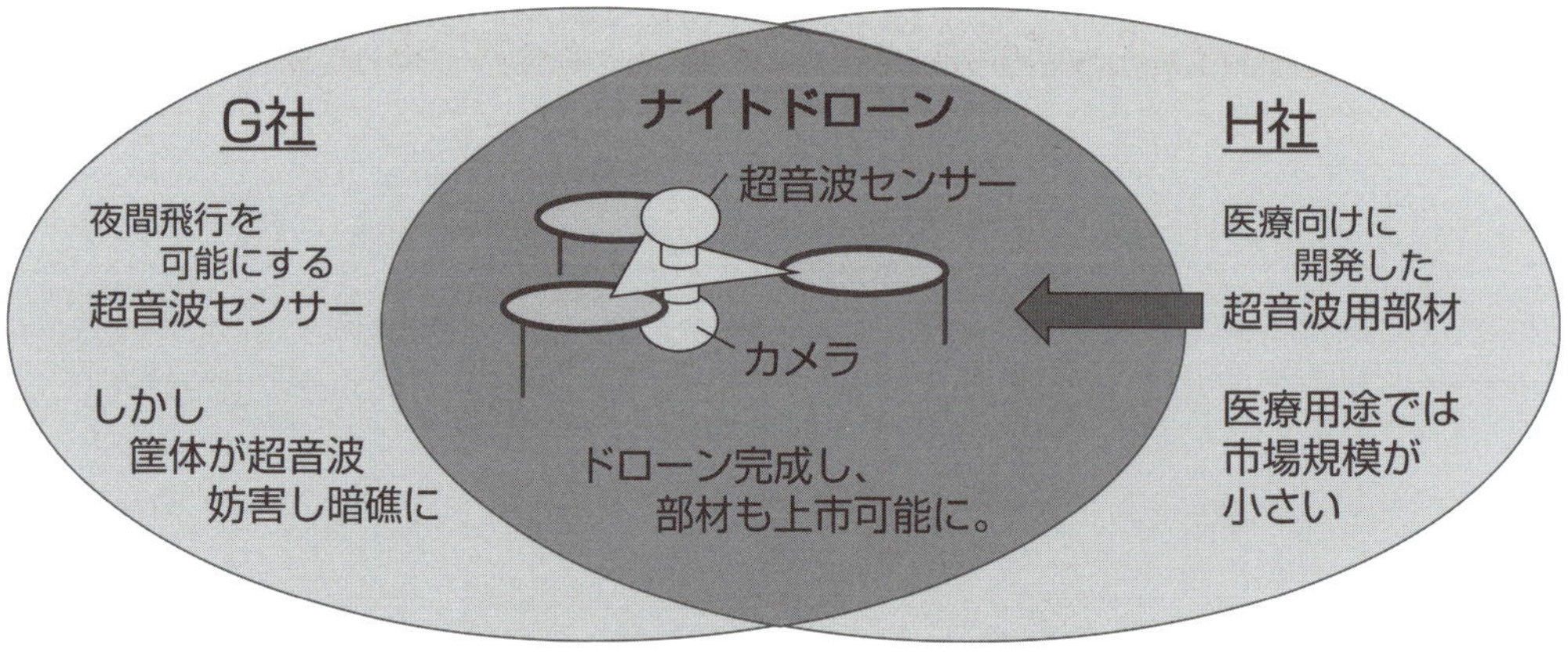

応用編

第６章

O.I.時代の知的財産（知財）マネジメントのあり方

いくら優れた技術に基づいたイノベーションであっても、新技術シーズなどは何らかの手段で保護しておかなければ真似されます。さらに昨今のO.I.時代においては商品価値の源泉が技術から顧客側の価値に移ってきています。

知的財産を商品差別化だけでなく、一緒に価値をつくるアライアンス相手を活用していくための手段してマネジメントすることが大切です。ここでは知財におけるマネジメントの実践的な考え方を知財部門の立場で紹介します。

第６章：O.I.で知財はどうマネジメントすればよいか知りたい

６－１：O.I.時代になって知財の意味がどう変わったのか知りたい

６－２：アライアンス相手との協創における知財の役割を知りたい

６－３：O.I.時代の知財価値の考え方について知りたい

６－４：O.I.時代における知財担当者の役割変化について知りたい

第6章 O.I.時代の知的財産（知財）マネジメントのあり方

1 イノベーション時代の知財マネジメントの変化

プロダクト・イノベーションにおける知財マネジメント

商品価値の源泉が技術から顧客価値に移る中、知財の活用方法も変わってきています。すなわち過去の日本で行なわれていた、改良プロセス特許で独占するビジネスモデルはすでに崩壊しています。

現在の知財マネジメントの目的は、マーケットのニーズを踏まえた知財を保護・活用をしていくことです。プロダクト・イノベーションの知財においては顧客側の価値に近いところを保護することが必要で、技術（特許）だけでなく、デザイン（意匠）、商標、著作権などがますます重要になってきています。

二つ以上の組織が絡んでくるO.I.においては事業戦略に基づく新しい商品や事業を創っていくことに、知財マネジメントは必須で一体のものとなってきています。

知財戦略と経営戦略、事業戦略、技術戦略の関係

従来、経営戦略の中に事業戦略があり、その中に研究・開発戦略（技術戦略）があるというのが、一般的な考え方でした。知財戦略も役割は研究、開発戦略のもとでの戦術という位置付けでした。

O.I.では、経営戦略の下、事業戦略と知財戦略を同列に考えることが必要になっています。事業戦略では客先のニーズに対応した事業化テーマの選定と実行がメインになり、知財戦略も一体となっています。事業化すべき製品や技術における自社の強みと弱みを明確にしていかないと、事業判断を誤ります。弱みは協創で補うことで、乗り越えていく必要がありますが、この判断は事業の未来を共有化した知財マネジメントに基づいて可能です。

財務戦略的にも、近年は知財会計とか知財報告が無形資産の内容開示という意味で必要になってきました。これらからもさらに発展して、知財の証券化、資金化なども将来的には活発化してくると予想されます。

知財マネジメントの戦略的な意味とは

イノベーション時代の知財の意味は、不確実な将来展開の事業の優位性、採算性を確保することです。そのために顧客との共創にも、さらには協創のためにアライアンス相手を先行確保するためにも、知財は重要な役割を果たします。

かつての知財は差別性、独占性などを得るために必要なものという面が強調されていました。知財をイノベーションの手段として戦略的、中長期的な捉え方をする場合には、知財を活用した仲間づくりという側面が見えてきます。

イノベーションの時代には、中長期的な価値の担保としても共創、協創を行なうことが必要です。すなわち知財による、将来の事業展開に伴う顧客価値の先行手配、現在役立っていないが将来役立つ（であろう）技術の確保による技術優位性の先行確保です。知財は「将来価値の資源化」のための大切なオープン・イノベーションのツールといえるのです。

6-1 イノベーション時代の知財マネジメントの変化

図6－1　イノベーションの変遷に伴う知的財産の変遷

（過去）

プロセス・イノベーション時代の知的財産（特許）の意味
〈基本的に造るための権利確保：クローズな自前主義を守る〉
・実用新案、改良特許、プロセス側の生産・製造特許
・これまでの考えを進化させる：改善、改良
・プロセス革命・改善の権利確保、差別化、独占、排他

新しい知財マネジメントの必要性

（現・未来）

プロダクト・イノベーション時代の知的財産
〈基本的に創ったものの権利確保：オープンな顧客主義の共創、協創を進める〉
・特許（発明）による技術シーズの確保から商標、著作権、ノウハウへ
・不連続な革新的アイデアをもとに顧客価値確保へ
・オープン・イノベーションへの手段として：クロスライセンスなどによるアライアンスの実施

図6－2　企業の経営・事業・技術戦略と知財戦略の関係（既存事業から新規事業重視へのパラダイムシフト）

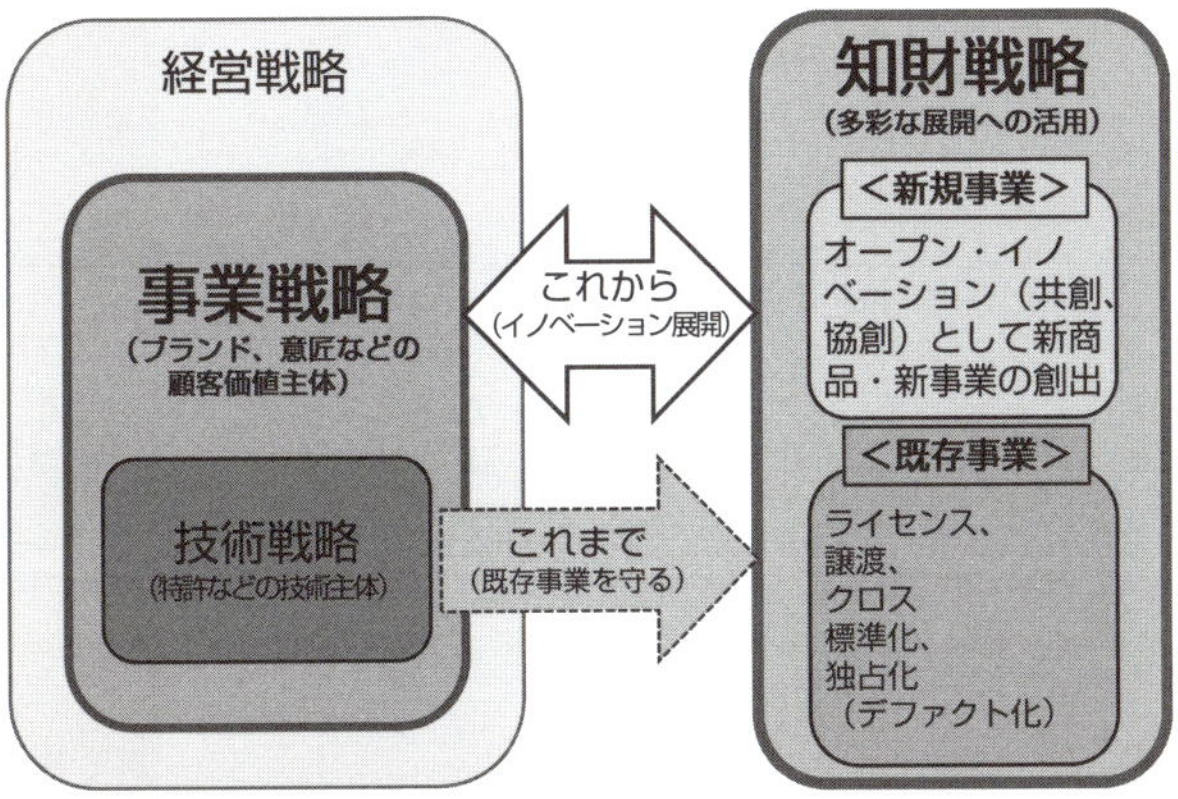

図6－3　知財マネジメントとオープン・イノベーション（O. I.）

視点	達成目的	知財マネジメントの具体例	立場の違い
クローズな視点（これまで）	競争優位性（技術力の調整）	• 技術権利の深さ、広さを守り他社への参入障壁 • 周辺を含めたクラスター拡大による独占化、標準化 • 産業化（コスト、普及）の促進とライセンス戦略	• 自社の立場（クローズ/プロセス・イノベーション）
O.I.（1）共創視点	顧客価値の充足性（内容的な価値）を明確化	• 顧客価値の方向性のカバー性 • マーケットへの展開時期を知財部門でも共有化する	• 顧客の立場（顧客価値の内容） • プロダクトイノベーションの目的
O.I.（2）協創視点	成立・採算性（時間的な調整による価値向上）	• 開発・事業化の促進と アライアンス戦略の確保を知財部門が主体的に行う	• 製造側の視点（提供スピードの向上） • プロダクト・イノベーションの実施

企業経営とO.I.における知財の重要性

特許を出願することの目的には、まず自社技術の保全が挙げられます。しかし、それだけでは経営的な観点からはあくまで間接的な価値であり、直接的な経済的価値としては見えません。一方、技術者からすれば、特許出願は当該技術の発明者としての権利を明記したものであり、モチベーションの維持・向上に繋がります。

O.I.において知財はなぜ重要なのか、アライアンス相手と協創する場合の事業開発と関連づけて整理します。双方の知財は、統合することで、いかに商品開発や事業化に役立つかという観点で検討することが可能です。すなわち知財は、新事業創出に対する重要なドライバーとなります。事業視点でも、特許にはマーケットでの追随者、競合者からのリードを保つという直接的な経済価値としても高いものがあります。

2 共創、協創における知的財産の必要性

商品開発協創における技術と知財のかかわり

ここで技術と知財の関係と、ビジネスとの関連について述べます。技術は企業において、権利化するかどうかは別にして蓄積されるものですが、知財はそのなかで権利として保護されているものをいいます。

顧客価値を実現する商品を作るには、まずは商品実現に必要な技術構成を明確にすることが必要です。さらに、その中で自社で権利化されている知財の範囲を明確化することが必須です。

製品のための技術がすべて自社の知財権利範囲内にあればよいのですが、そうではない場合が多々あります。また場合によっては他社の権利範囲を侵害している場合もあります。この場合、技術的に回避するか、許諾を受けるか、協創により取り込むか判断する必要があります。

このように事業戦略上、対象とする商品について、それを実現する技術と知財の関係について十分な事前検討が必要になります。

従来とO.I.の知財マネジメントの比較

従来の知財マネジメントとイノベーション時代のそれとは大きく異なってきています。研究段階の発明の権利化と実際のマーケットでの権利侵害対応、クロスライセンスなどがこれまでの知財マネジメントの重要点でした。今では開発から事業化、産業化全体のステージで知財が重要になっています。

一方、実際の知財マネジメントでは、業界によって様々な知財に対する考え方があり、一律に論じられない点があります。このため、事業化の目的を明確にして知財という手段を目的化しないようにするマネジメントが大切です。

①業界によって知的財産の重点範囲と意味が異なることがある。

②デジタル化の進化や、知的財産は各国の法律に基づくため、知財だけでは技術が守れない市場もある。

③事業化ステージや競合状況によって、知財をオープン化するか、クローズ化するか、どちらが有利か異なる。

図6－4　O. I.（2）：協創のための特許出願視点

	一般的な出願視点	オープン・イノベーション（協創）の出願視点
開発・事業化の展開への寄与	権利関係による優良な技術の確保による新規事業創出への寄与	アライアンスの確保と相手に対する安心感と広がりを与える
企業における競争力の向上	マーケットシェアの保全、競合者、追随者から差別化、独占化、標準化	顧客への早期商品提供による価値共有化
企業における技術の保全	データ、ノウハウの散逸を防ぎ、企業の中に確保し次のイノベーションのための準備	不用不急の技術の活用による新たなアライアンスの形成
技術者の権利保全	発明者として明記し、社内外へ認知することによる従業員へのモチベーション向上	アライアンス相手の中のキーパーソンの特定

図6－5　商品において利用している特許と技術の範囲

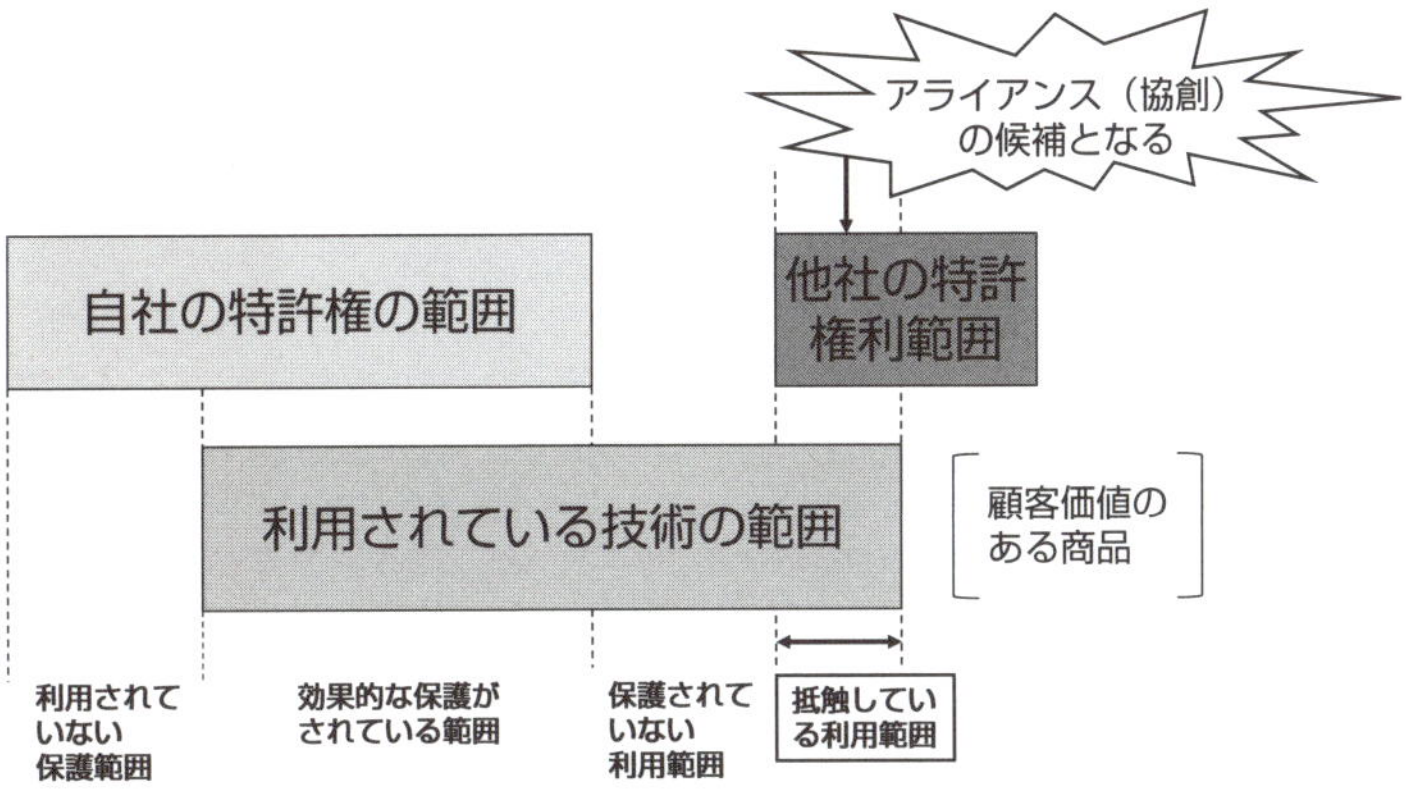

H. チェスブロー著：オープンビジネスモデル、翔泳社刊（２００７）に追記

図6－6　知的財産のO. I.（2）：協創での実践的な課題の整理と対応

課題	実態の整理	対応案
①　業界によって知的財産の意味が違う	・特許より意匠、商標が圧倒的な価値を持つ業界：食品業界など ・スマホなどはエレクトロニクスで多数特許で部品、システムなどが構成されクロスライセンスが当たり前の業界	・業界や商品の特性に応じた知的財産戦略が必要
①　知的財産によって守れない業界がある	・特許の期限切れの技術が量産実用化の主体となっている（基本特許の実用化は１０－１５年） ・生産工場の海外転出により、プロセスノウハウも含めて短期間に移転する	・プロセスのノウハウはデジタル化されないようにすることが必要
①　オープンとクローズドの使い分け	・オープン化が必要な場合は難しい技術や同業者が少ない場合に多い ・クローズド化が必要な場合は比較的技術バリアが低い場合に多い	・PLCのサイクルやステージで適宜使いわけを判断して対応する

3

知的財産の事業上の価値と進捗評価、棚卸

知財の価値評価の基本的考え方

知財自体はどのように価値評価されていくのでしょうか。アライアンス相手とのオープン・イノベーション（協創）では知財評価が必要となりますが、まだ商品化される前は一筋縄ではいきません。仮に開発ステージが完了し、製品ができたとしても、それが売れるかどうか、また利益を生むかどうかが不確定の状況では正確な値段などつけようがないといったところが正直なところです。

それでも、知財はやはり資産の1つですから、何らかの定量的な評価をしていくことになります。その評価のアプローチに少し計算方法を複雑にしたりの味付けはされますが、特別なものがあるわけではありません。基本的には次の3つの方法になります。

①インカムアプローチ：特許をベースに想定されるビジネスプランを作って未来のマーケットからの価値を予測するもの。

②マーケットアプローチ：類似の技術をもとに、どのような商品展開ができたかという過去のマーケットを振り返る方法。

③コストアプローチ：コスト積み上げの実費で積算するもので、やりやすく、結構これが世の中では標準的ケースです。

知財の価値における事業化ステージごとの変遷

事業化進捗に伴う知財価値の変遷イメージを纏めてみます。新しい発明も用途が見えない単なる科学的発明では、その価値は当面無いといえます。しかしO．I．（2）においてはアライアンス相手との共通的な価値理解は必要で、判断を検討する必要があります。

研究ステージとしての知財価値は、なかなか見えてきません。しかし何のための研究かということが明確になればなるほど、その価値はしだいに上がってきます。開発ステージではターゲットが明確になるわけで、格段に知財価値が上がります。それにビジネスプランや顧客が付いてくるとその価値はさらに上がってきます。

一方、発明者側からいうと、発明したときの知財価値は無限の可能性を秘めています。しかし商品が絞れてくるで、その価値は限定されてくるというパラドックスを含んでいることも理解しておく必要があります。

ロードマップとリンクした知財の棚卸の考え方

企業において集積した知財の見直し・棚卸しが進めています。知財は活用しないと意味がないのですが、その権利維持には費用がかかるからです。ではどう要否を判断していくのか、O．I．の流れのもと、ますます知財の棚卸の重要性は上昇しています。

知財を有効活用するためには戦略的な、商品ロードマップや技術のロードマップにリンクした知財棚卸のマネジメントが不可欠です。事業ロードマップに関連した知財は維持していく必要がありのますが、その範囲外の知財については要検討です。そしてその知財ロードマップは、MOTマーケティングにより検証されていることがポイントになります。

図6－7　知財評価への実践的な３つのアプローチ

	アプローチ	内容と現状	備考
①	インカム（収入）アプローチ	将来価値を予測する →事業上の価値をとらえるという 現実的だが、予測精度が課題	無形資産の評価であるが、基本的に有形資産と同様のアプローチ。 しかし不確実性が高いので、出来るだけ複数のアプローチが必要
②	マーケット（市場）アプローチ	類似品の市場価格・規模をもとに推定 →客観的であるが、 革新的なものほど推定は難しい	
③	コスト（費用）アプローチ	これまでにかかった （または再構築）費用から推定 →比較的容易であるが、 将来価値を見極めるのは困難	

図6－8　知財価値の事業化ステージに伴う変化イメージ

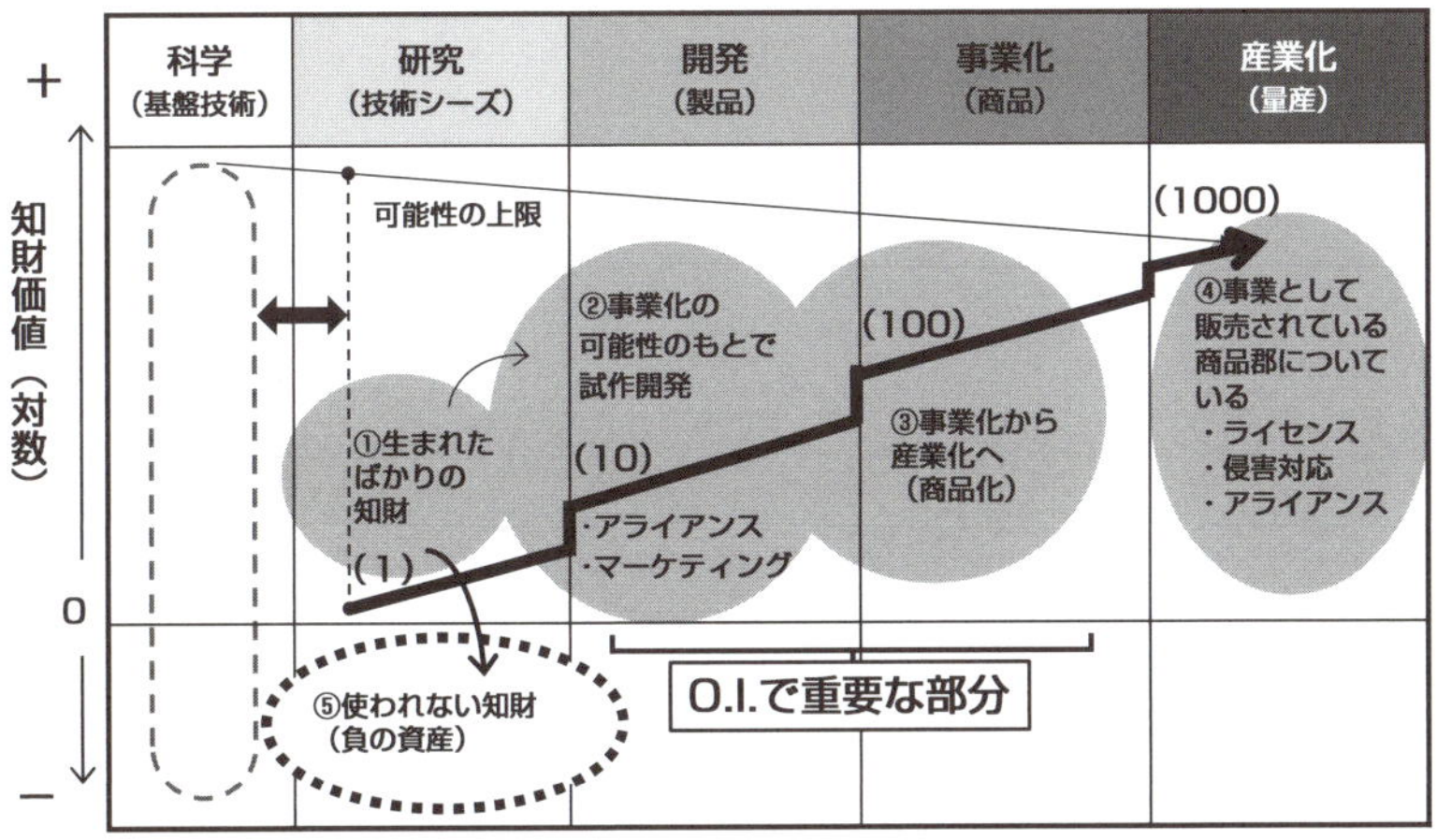

図6－9　知財の棚卸しと統合ロードマップによる検証イメージ

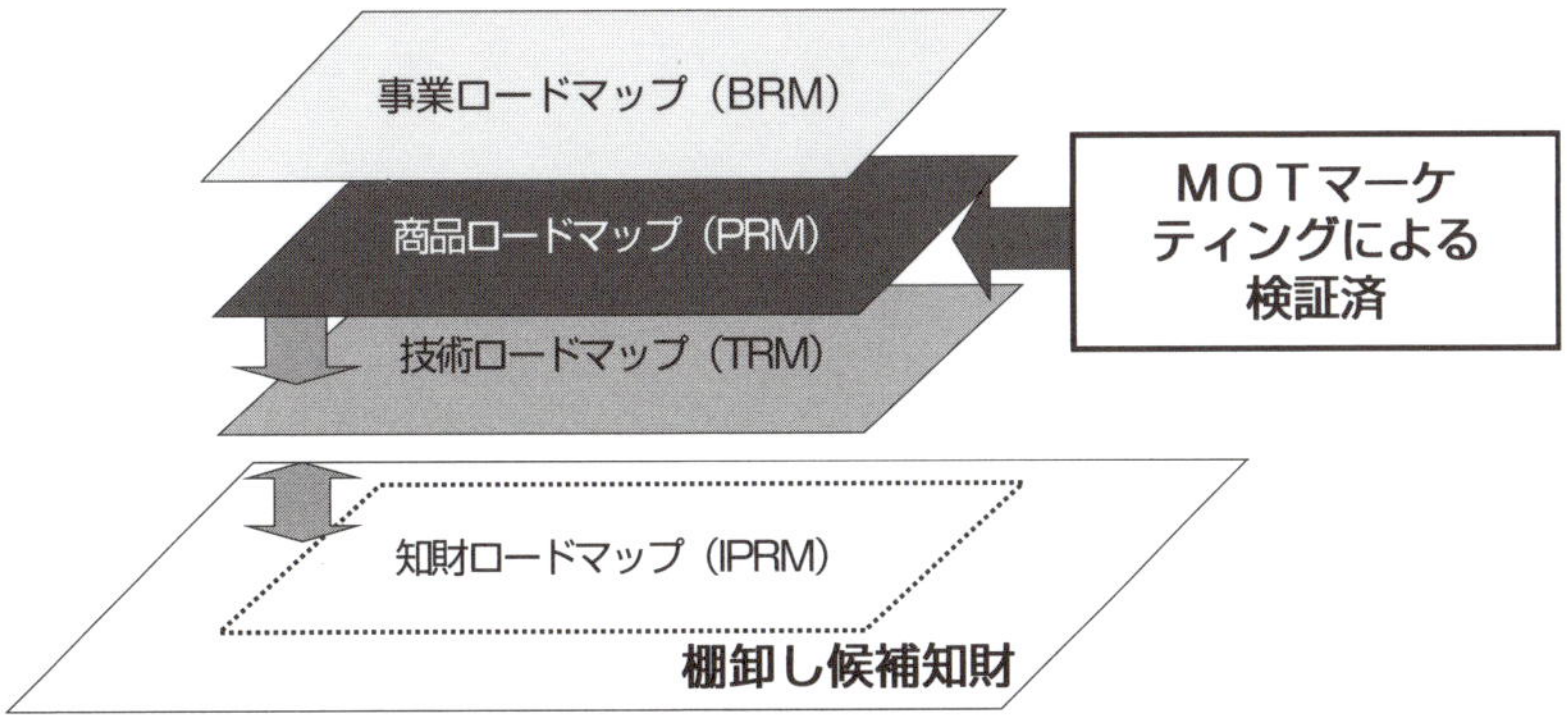

第6章　O.I.時代の知的財産（知財）マネジメントのあり方

4　知財部門の戦略・実践プレーヤーへの期待

事業化成功のための知財マネジメントのプロセス

研究、開発、事業化、産業化のステージにおける実践的な対応を整理しています。まずは、従来の研究と産業化のステージでの知財の役割は外からも分かりやすく、研究ステージでは発明の権利化であり、産業化ステージでは権利侵害とライセンス対応でした。

一方、オープン・イノベーション時代においては、従来での研究ステージ、産業化ステージに加えて、開発・事業化のステージにおいて知財の役割が大きくなっています。それは、①顧客との共創に基づく知財戦略の立案、②知財に立脚した協創戦略立案と、それに基づくアライアンス相手の選択、そして③事業展開に必要な応用発明の展開、競合排除です。これらは外からは見えにくいのが現状ですが、事業化成功のため開発や事業化のステージにおける知財の重要性といえます。

開発と事業化ステージでの知財の役割

開発と事業化のステージに知財部門がきちんと対応することで、知財がイノベーションを成功させる源泉となります。以下にマネジメントの実践的なポイントを示します。

①開発ステージでの知財：一般に製品を完成させるため集束型になります。知財に関しては全く異なり、出て来たアイデアは発散させ、関連する周辺出願として押さえていきます。この知財が継続的な開発候補から新規事業へと拡大再生産ができるベースとなります。

②事業化ステージでの知財：顧客とのやり取りで、製品を商品に仕上げ、事業化に乗りだします。アライアンス相手との提携話が出てくるステージでもあります。

一方で、製品を商品にするこれらの段階では、お客さんからいろいろなアイデアがいただける時期でもあります。これらをうまく知財化してマーケットサイドの可能性を押さえていくことで、競争力のある事業化や産業化の展開が可能になります。

知財にかかわるサポーターからプレーヤー〝人財〟に

開発・事業化ステージにおいて知財関係者に期待されていることは、単なるサポーターから事業開発のメインプレーヤーに変化することです。先に示したように、O.I.時代の主要な知財業務は関連技術をしっかり見極めて先駆的かつ分担と協創を区別しながら特許を確保し、他社の特許との関連をチェックすることです。

実際の開発者がこのような知財的マインドを持って自分で積極的に広げるか、知財関係者が、開発の輪の中にプロジェクトのメンバーとして事業戦略を積極的に見出していくことが必要です。これは、事業化ステージにおけるアライアンスの形成やM&Aなどについても同様です。

事業に積極的にかかわり、知財と事業の両戦略をつかさどるプレーヤーになるということは、知財担当者にとって創造的でチャレンジングな仕事となるでしょう。

図6－10a　知財のこれまでの役割イメージ（既存事業の知財マネジメント）

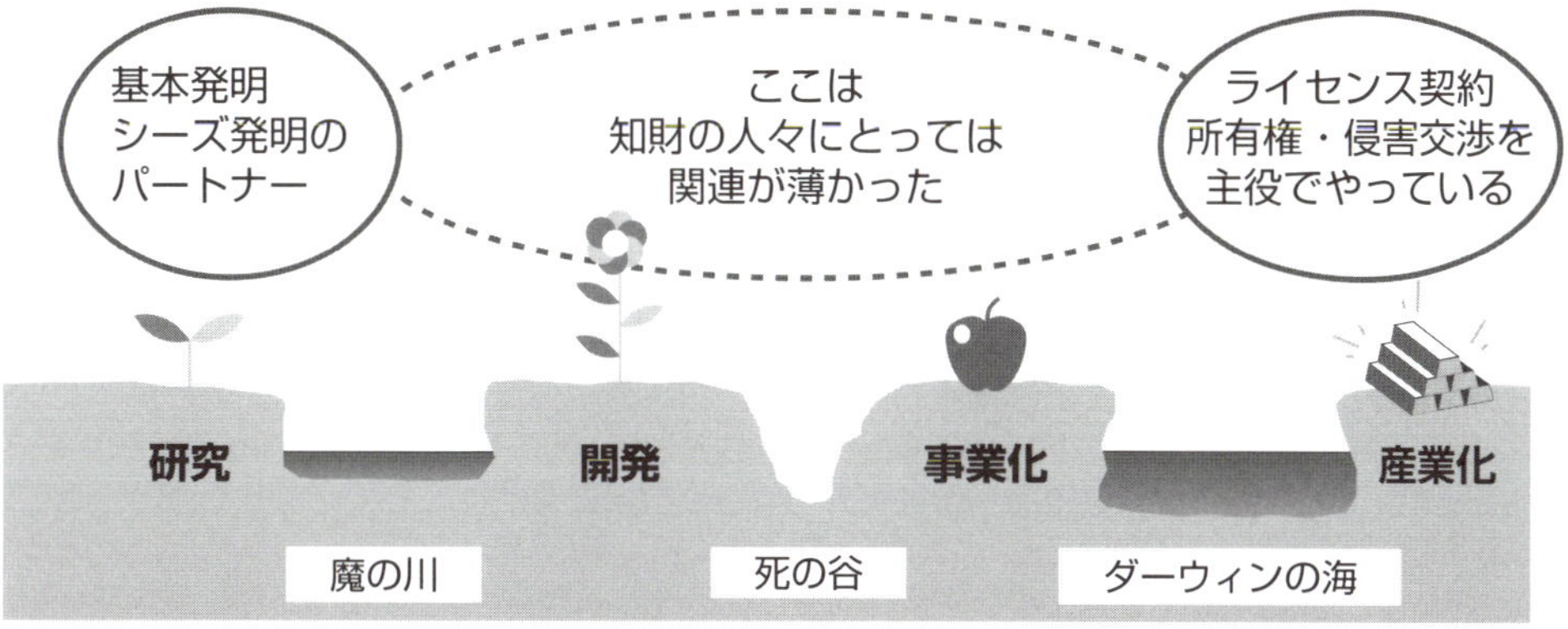

図6－10b　今後の知財関係の役割への期待（O.I.にかかわる知財マネジメント）

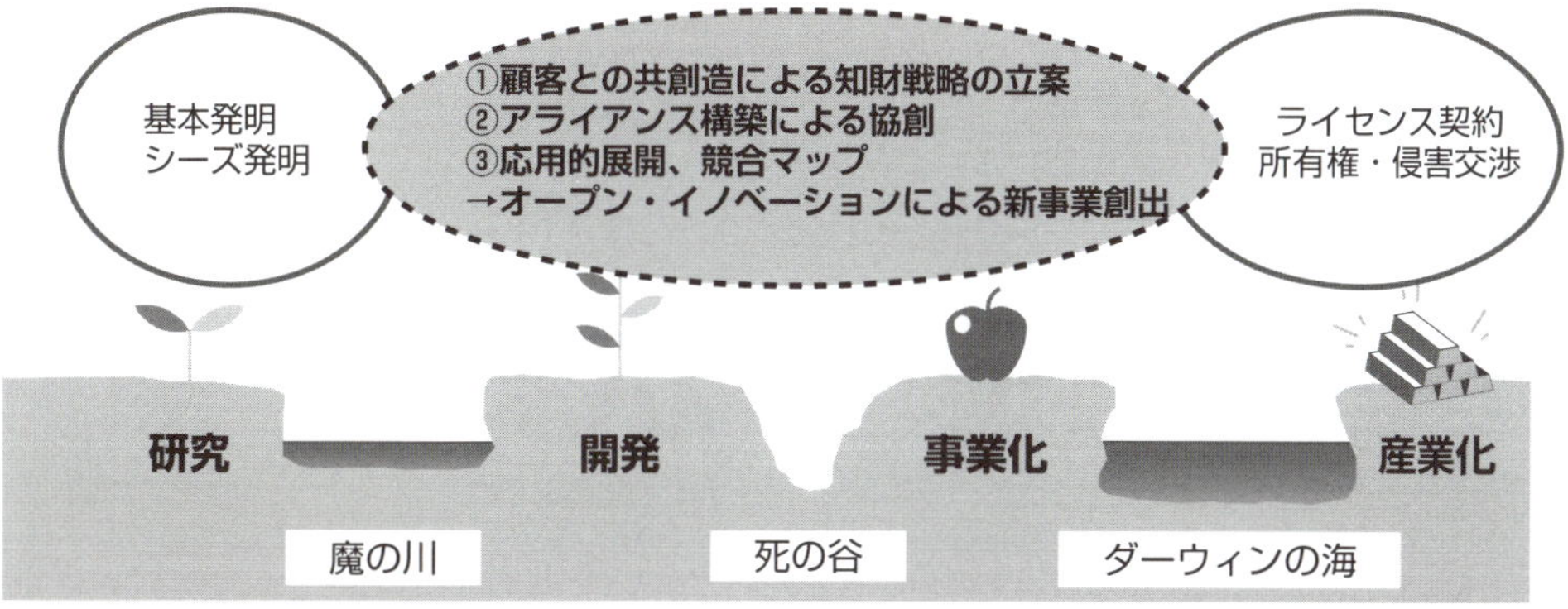

図6－11　開発・事業化ステージでの知財マネジメントの内容イメージ

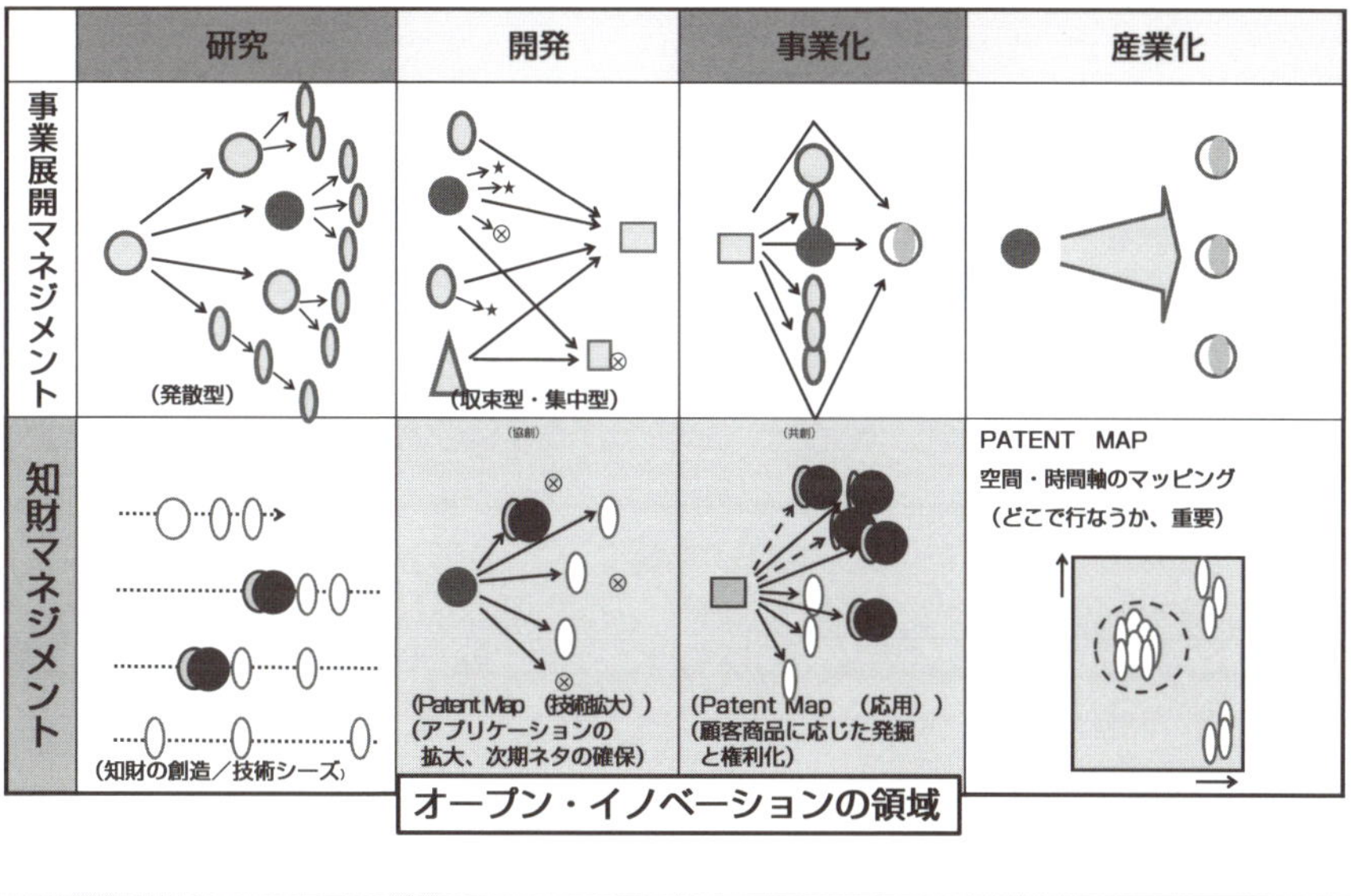

事例－６：知財マネジメントの実践による、大手Ｋ社と中堅Ｌ社との協創事例

新事業・新商品の展開内容：

本事例は大手素材メーカーＫ社の知財部主導の「顧客価値の迅速な充足」「事業の成立性」を考えたパテントマップ利用による協創成功事例である。協創のアライアンス相手企業は、かつてＫ社と競合する技術も多かった中堅メーカーＬ社であった。

有機ＥＬ市場の急激な立ち上がりに対応して、Ｋ社では重点開発項目として有機EL関連商品の開発を長年行なっていた。多数の特許も取得して事業化を推進していたが、新規事業立ち上げは極めて苦しい状態が続いていた。この原因は、主要得意先の期待ニーズとＫ社製品仕様とのミスマッチがあった。知財部門ではすでに研究開発部門からの依頼で、詳細なパテントマップを作成していた。それによると得意先ニーズを実現するためには、Ｌ社の競合特許を回避する必要があった。その技術課題解決に研究開発部門は四苦八苦していた。

Ｋ社知財部門もO.I.の流れの中で、新世代の知財マネジメントすなわち「守りから攻めとして顧客価値第一への転換」に意識が変化しつつあった。そこで、得意先ニーズをベースに、自社での完成を阻害している特許持つ中堅Ｌ社と協創したらどうなるかを検討、いくつかのシナリオを作成し、提案したのである。

紆余曲折はあったが、Ｌ社と想定顧客の顧客価値を第一としたアライアンス（協創）を行なうことが合意できた。両社の合同プロジェクトを１年半の時限で作り、目標達成に向かって活動を行ない、上市に成功することとなった。

このプロジェクトでは、最初は技術者たちも、どこまで自社の技術を出せばよいかなど戸惑っていたが、経営層と一体となったプロジェクト・マネジメントにより顧客価値を第一としたマイルストンの達成を積み重ねて成功することができた。この活動により両社の経営層、技術者の間にも信頼関係が生まれ、現在はこの分野の製品の独占が得られている。

O.I.のポイント：

①知財部門が積極的に顧客価値を検証・必要技術を絞り込み、パテントマップで分析し、阻害技術を明確化することで、競合との協創を提案できた。
②知財の価値と重要性の変化を両社の経営者が的確に見抜き、適切なマネジメントを行なった。
③競合する二社で将来のロードマップを共有化しWIN－WINを明確にすることで、共創プロジェクトを継続して運営できていた。

事例図６：技術と市場のマトリックスによる既存事業の棚卸しとO.I.展開

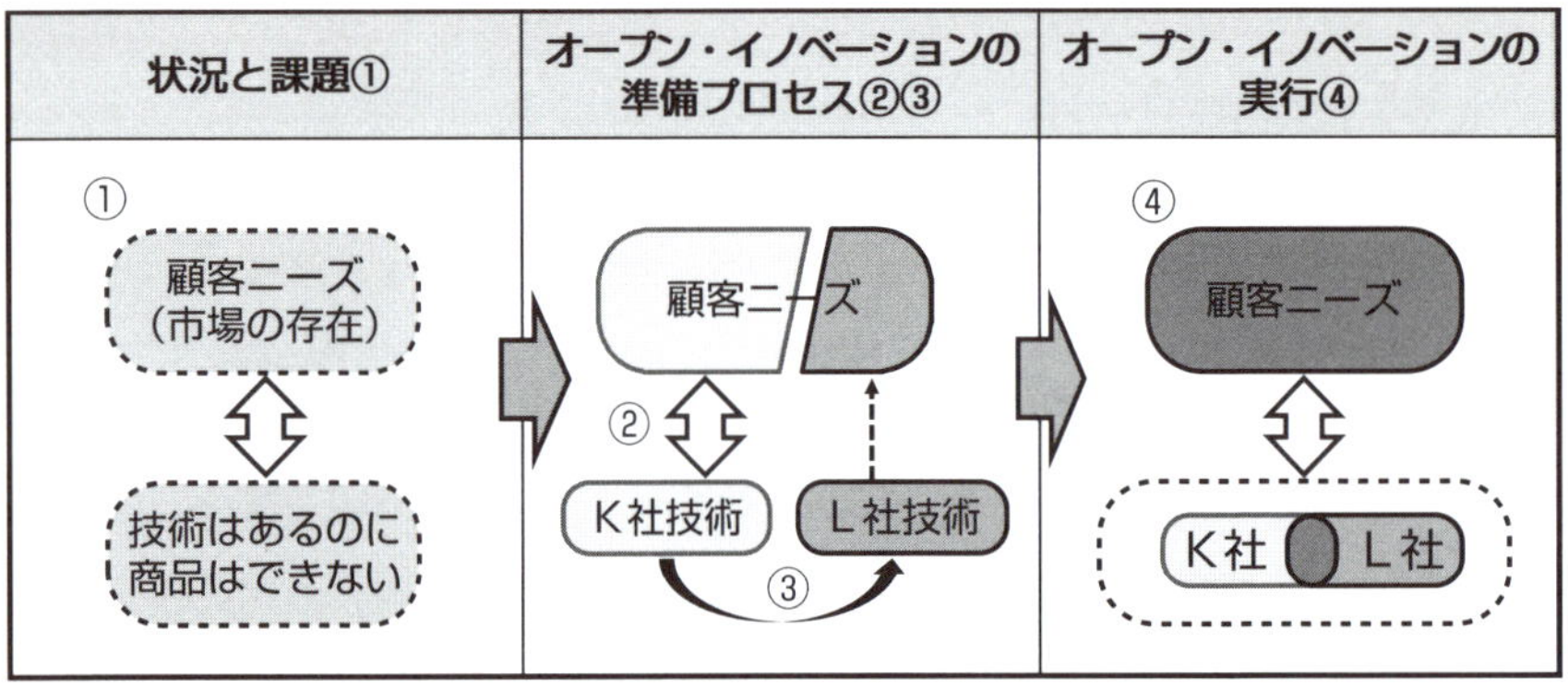

①自社の事業化進捗（市場、技術）を相対比較（特許マップ　図６ａ）
②顧客ニーズとのミスマッチ（不足）技術を知財マップで調査とＡ社の抽出
③事業化ロードマップによる仮説と検証、ＷＩＮ（Ｋ）－ＷＩＮ（Ｌ）－ＷＩＮ（顧客）の協創交渉
④（Ｋ社とＬ社の）オープン・イノベーションによる商品・事業開発による顧客満足完了

第 7 章

産学官連携における O.I. のマネジメント

知の集積場所が大学等の研究機関であることは広く認められています。そのため、技術シーズ獲得の有力な手段の一つが産学連携となりますが、単なる技術や知財の移転だけではなく一緒に事業化していくのが O.I. の考え方です。

実際に産学の連携により事業化を成功させるためには、産側では顧客価値を明確にし、学側では協創作業を通じて教育、研究の再生産につながるというＷＩＮ-ＷＩＮの関係、すなわち受け身の分担から積極的な協創への展開が重要です。

第７章：O.I. 時代において産官学連携はどうすれば良いのか知りたい

↓

７－１：O.I. 時代の産官学連携はどうあるべきか知りたい

↓

７－２：産官学それぞれの異なる発想から、どう O.I. するのか知りたい

↓

７－３：産官学連携はどう変化してきて、どうなっていくのか知りたい

↓

７－４：大学 TLO への役割期待が、どう変化しているのか知りたい

第７章　産学官連携におけるＯ．Ｉ．のマネジメント

1　産学官連携の変化とマネジメント上の課題

産学官連携の意味とイノベーションと組織の役割

　企業と大学が目的を共有化して欠落空間を補うのが産学連携（協創＝アライアンス）の基本です。企業が新事業展開としてある領域に踏み込んだ場合、革新的な分野であればあるほど技術シーズが不足します。この不足を効率よく大学から調達できれば企業は事業化への開発スピードが上がり、結果として顧客価値も上がるというメリットが生じます。

　この考え方は外部リソースを使うという意味で単なる役割分担と考えると昔からの共同研究と変わらないことになります。分担型の共同研究や開発でイノベーションを起こそうとすると、必ずといってよいほど双方の間の相克が発生します。もともとの組織のミッションが異なるため、新たに共有の目的を定義しなおす必要が生じるからです。

　このため、学側、産側双方において、オープン型のイノベーション（協創）発想を持つこととプロセスの理解が必要となります。

産学連携として役割分担から協創へ

　従来の産学連携は、どちらかというと役割分担の連携でありＯ．Ｉ．とはいえないものでした。役割分担ではない協創の連携イメージについて、ＭＯＴの進捗ステージを用いて整理します。

　イノベーションの最大の障壁である企業側の「死の谷」は「製品」を「商品」として開発ステージから事業化ステージに入るところにあります。アライアンスを形成し、ここを一緒に乗り越えるのが、オープン・イノベーション、協創です。顧客ニーズを見据えながら役割分担ではなく一緒に知恵をだしていくことが必要です。

　大学側への企業からの期待は「事業化を視野にいれた開発ステージでの連携」です。事業化ステージに入れば、事業は社内中心の活動となります。企業にとってここから先はビジネスの世界となるので、ここまで一緒にくれば産学連携協創は大成功です。

　ちなみに米国の大学での産学連携は、この開発から事業化のステージに踏み込むところまでいく例が多く、このことが企業から巨額の共同開発資金を入手できる一つの理由となっています。

産学官におけるＷＩＮ-ＷＩＮの意味

　連携のときに大切なのは、その双方が「やってよかった今後もやろう」と思うことですが、これをＷＩＮ-ＷＩＮの関係といいます。連携は成功したが、もう二度とごめんだとなると、ＷＩＮ-ＷＩＮとはなっていません。

　産学官それぞれのＷＩＮはそれぞれの属する組織のミッションと強いつながりがあります。産業界のＷＩＮは売り上げ・利益です。大学のＷＩＮは教育・研究成果であり、官のＷＩＮは国・地域・県・市などの産業振興となりますが環境条件などで優先順位は異なる場合もあります。

　産学官連携においては、このような出口を目指しながらもイノベーションから派生する学官側におけるＷＩＮの成果を明確化しておくことがポイントです。

図７－１　学・産業界とのＯ.Ｉ.の役割と官公庁の支援イメージ

ミッション／組織	役割（優先順位）	オープン・イノベーションとの関係
大学	教育→研究→（地域）共同産業支援	イノベーション時代の新しい発想での教育・研究体系の構築
産業側	生産（販売）→開発→（地域）共同研究	新商品・新事業の創出（顧客側の場合と提供側の立場の双方がある）
官公庁	産業支援として補助金、助成金などの資金の配分	日本・地域のイノベーションによる産業振興

図７－２　時間軸（ステージ）から見たオープン・イノベーションと産学連携の協創範囲

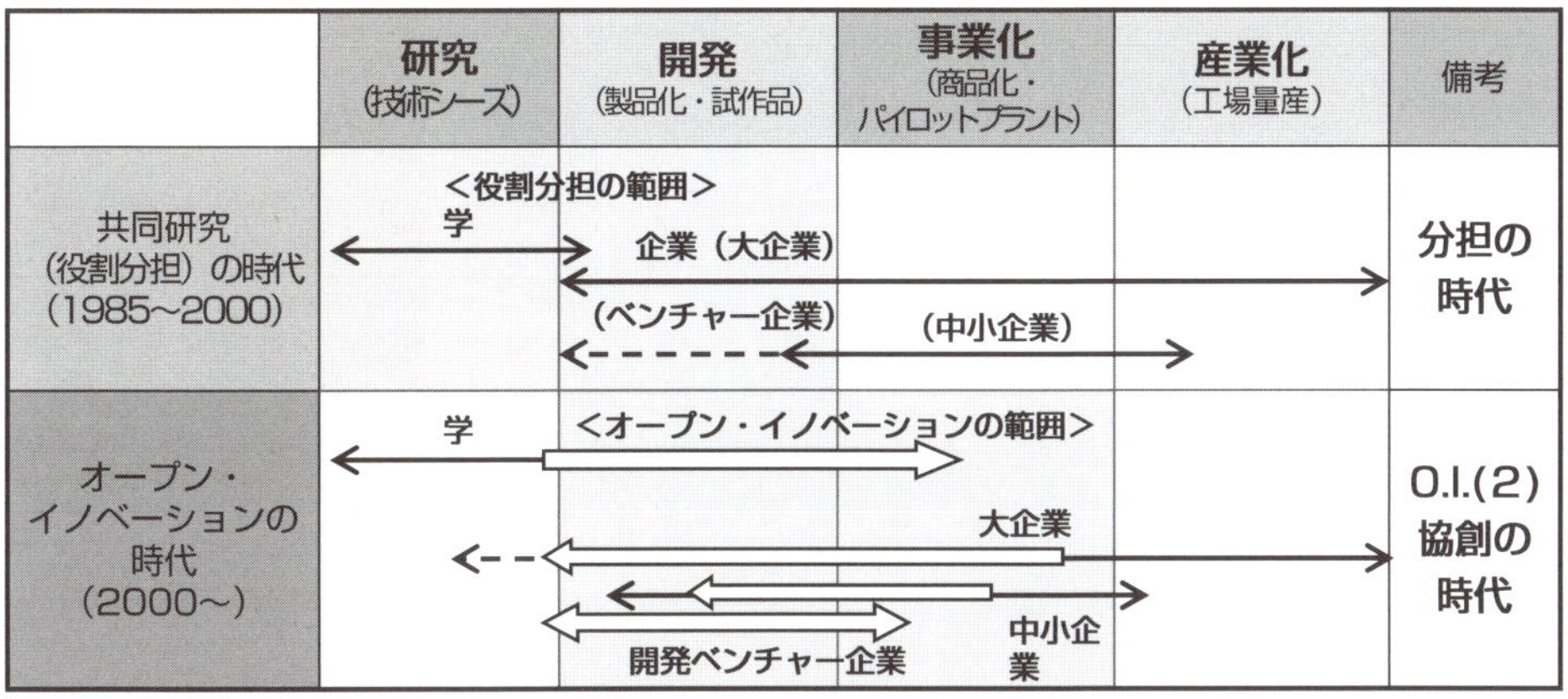

図７－３　産官学の求める成果（win-win-win）とは？」（経済原理がすべてに優先しない！）

	成果（ＷＩＮ）の例
産業界のＷＩＮ	部分的進出、新規製品・商品開発、新技術シーズ獲得、売り上げ・利益増大
大学のＷＩＮ	教育成果（学生、学位授与）、研究成果（論文、特許）、産学連携（企業指導、地域貢献、研究費の獲得、学生の獲得・・）
官のＷＩＮ（国、自治体の産業振興関係）	国・地域・県・市などの産業振興、人材の定着、ネットワーク形成、産学連携の振興・・・

第7章 産学官連携におけるO.I.のマネジメント

2 産学官の異なる発想とO.I.への対応

産学官の発想法と判断基準の違い

産学共同展開の現場においては、往々にして相互の理解は進んでも、思考形態や判断基準に相互に違和感を感じることも多くあります。

これは産官学における論理と判断基準が違うことによると考えられます。それぞれの思考と判断基準を示します。

①学：「正否」の判断が主体です。科学・技術の世界として理論的、または現象的に正しいか、実証、弁証できるかなどが重要になります。

②官：「当否」の判断が主体です。法務、法律関係と合う判断、過去の蓄積、事例の集積による前例主義の判断が管理事項として重要です。

③産：「適否」の判断が主体であり、不確定な状況のなかでの最適な経済原理の判断となります。最適とは、経営目的に対する「ずれ」の最小値をもとめる判断です。

産業界での思考と判断基準について

産業界では社会や顧客の価値創出、すなわちイノベーションの実現が最大の課題となります。産における開発・事業化についてのマネジメントは、前例はない場合が多く自分でリスクを取りながらの判断が必要です。利益、雇用確保というＣＳＲ（企業倫理）に基づく社会的責任（雇用）の問題もあります。

企業にとってはオープン・イノベーションとしての協創は、実践的な未来の不確定性への担保（リスク回避）の有力手段ということです。このため戦略的（長期的）な視点で、大学をリスク回避の手段としてだけ見るのではなく、産学双方の視点でどう協創活動の目的・目標と実際の活動内容とを設定していくのかが大切になります。

まさに何が自分だけでなく相手のＷＩＮにも適しているかがO.I.をうまくマネージメントするポイントです。

現実の産学官連携時の課題

産官学連携では、（先端）技術＋経営（事業）＋管理（法律）のように発想と判断基準に違いがある分野の統合が必要になります。しかし、一つの発想と判断基準に統合されることは稀で、現実にはそれぞれの立場での考え方が混合、融合している場合がほとんどです。たとえば連携の目的が「事業化」の場合には、最後は産側の判断基準が優先され（正否判断でも当否判断でもなく）「適否」判断となります。思考法はそれぞれの立場で異なるのが当然ですが、目標を明確にし共通化することで、乗り切ることが可能となります。

例えばベンチャー企業を産学で立ち上げたときを考えましょう。協創として何をもって成功というかが共有化できていないと、学側は自分の技術を使うことが目的になってしまい、事業化されないという失敗事例には事欠きません。O.I.の取り組みを協創として理解せず、役割分担としてしか考えていないと、問題が起きやすいのです。

図7－4　産学官の発想と判断基準の違い

分野	関連語	判断は	判断基準
産	事業・経営	儲かるか	適否
学	科学・技術	論理的か	正否
官	管理・法律	ルールに合っているか	当否

図7－5　産業界における「適否」の判断とO.I.の視点

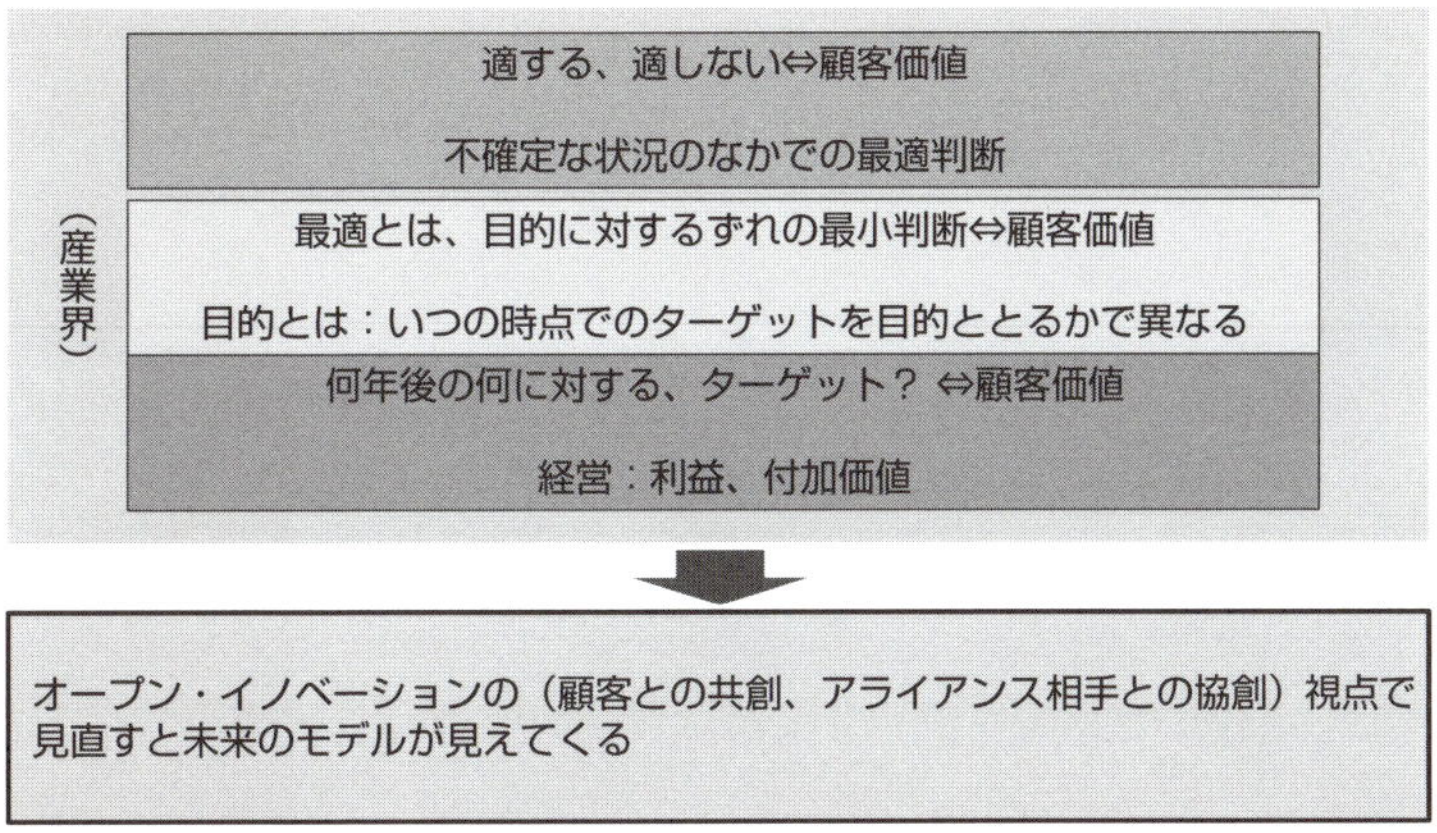
（産業界）
適する、適しない⇔顧客価値
不確定な状況のなかでの最適判断
最適とは、目的に対するずれの最小判断⇔顧客価値
目的とは：いつの時点でのターゲットを目的ととるかで異なる
何年後の何に対する、ターゲット？ ⇔顧客価値
経営：利益、付加価値
オープン・イノベーションの（顧客との共創、アライアンス相手との協創）視点で見直すと未来のモデルが見えてくる

図7－6　官製ベンチャーの危機と対応視点

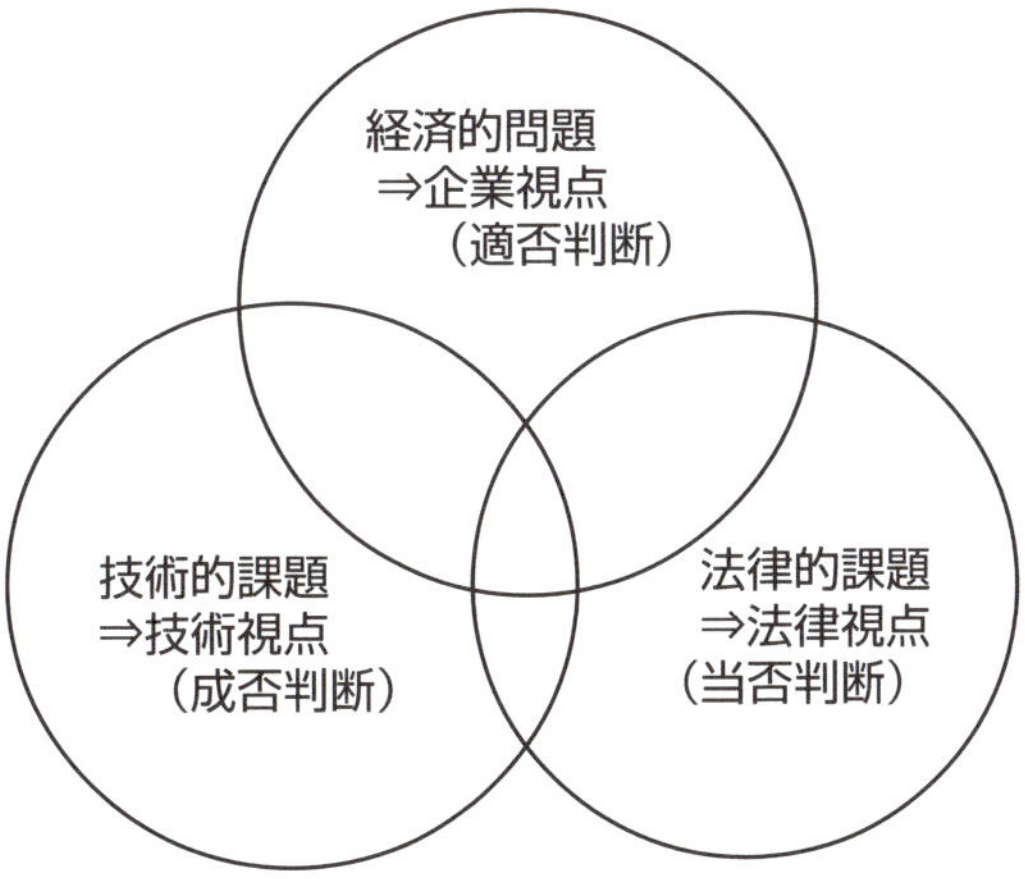
経済的問題
⇒企業視点
（適否判断）
技術的課題
⇒技術視点
（成否判断）
法律的課題
⇒法律視点
（当否判断）

第7章

産学官連携におけるO．I．のマネジメント

3 産学連携の歴史と未来への期待

産と学の守備範囲の変遷：企業の役割と時代的変化

歴史的に日本の企業と大学が、研究から開発、事業化、産業化の各ステージでどのようにかかわってきたかをイメージで示します。

日本の近代化は、明治維新を経て、「西洋製品」の導入により始まったといわれます。

すなわち実際には技術というよりは、すでに欧米で産業となっていた商品群を導入したわけです。このため日本の近代の物作りは、基本的に工場で物を作るところからスタートしています。

その後、日本が古来からもっていた職人芸や教育・技術基盤と相まって、急速に日本の企業の守備範囲は広がっていきました。製品を商品にしていくステージである事業化ステージでも積極的に展開が始まり、欧米の各種の技術を導入しながら、開発ステージでも展開していきました。

近年になってようやく、研究や開発については共同研究という分担型の形で、事業化のところはO．I．としての協業から協創への模索を行ないはじめています。

日本の大学の守備範囲の変化と役割

日本の大学における守備範囲の変遷は、前項で示した企業の守備範囲の変遷に連動してきていると思います。この連動傾向は長い目でみれば継続しておこる動きと考えます。

大学の守備範囲は、もともとは開発・事業化ステージを含むものでした。しかし日本の製品が世界に溢れていた1970年から80年代において日本の大企業は「大学は人材の供給と学位の授与だけでよい」「教育は企業でやる」「大学は基礎研究をしっかりやってくれ」といっていました。

この結果、工学部でさえ事業化を目指した開発を軽視した研究一色になり、以後20年以上にわたって閉鎖空間となりました。多くの大学は90年代にはいって、急速に製品開発や事業化への体制へと変化しつつある状況です。

技術と知的財産の移転からイノベーションの移転へ

産官学の連携の現実について、移転という視点からみていきます。企業にとっての理想的な連携としては、まさに大学の知や技術を取り込んでイノベーションを起こすということです。このことを共同作業と移転・分担という視点で整理してみましょう。

何を目的に連携するのかということで異なりますが、ここでは知的財産移転、技術移転、イノベーションの三種の移転について整理してみましょう。

従来の技術移転は技術視点、知財移転は法律・契約視点を主にした役割分担で行なっており、それが終われば成功となっていました。

これに対してイノベーションの移転の成功は事業成功までを一緒に行なう（協創する）ことになります。この意味でO．I．においては産学とも顧客視点までを視野にいれるという難しさがあります。

図7－7a　日本の企業ベースの事業化ステージの変遷

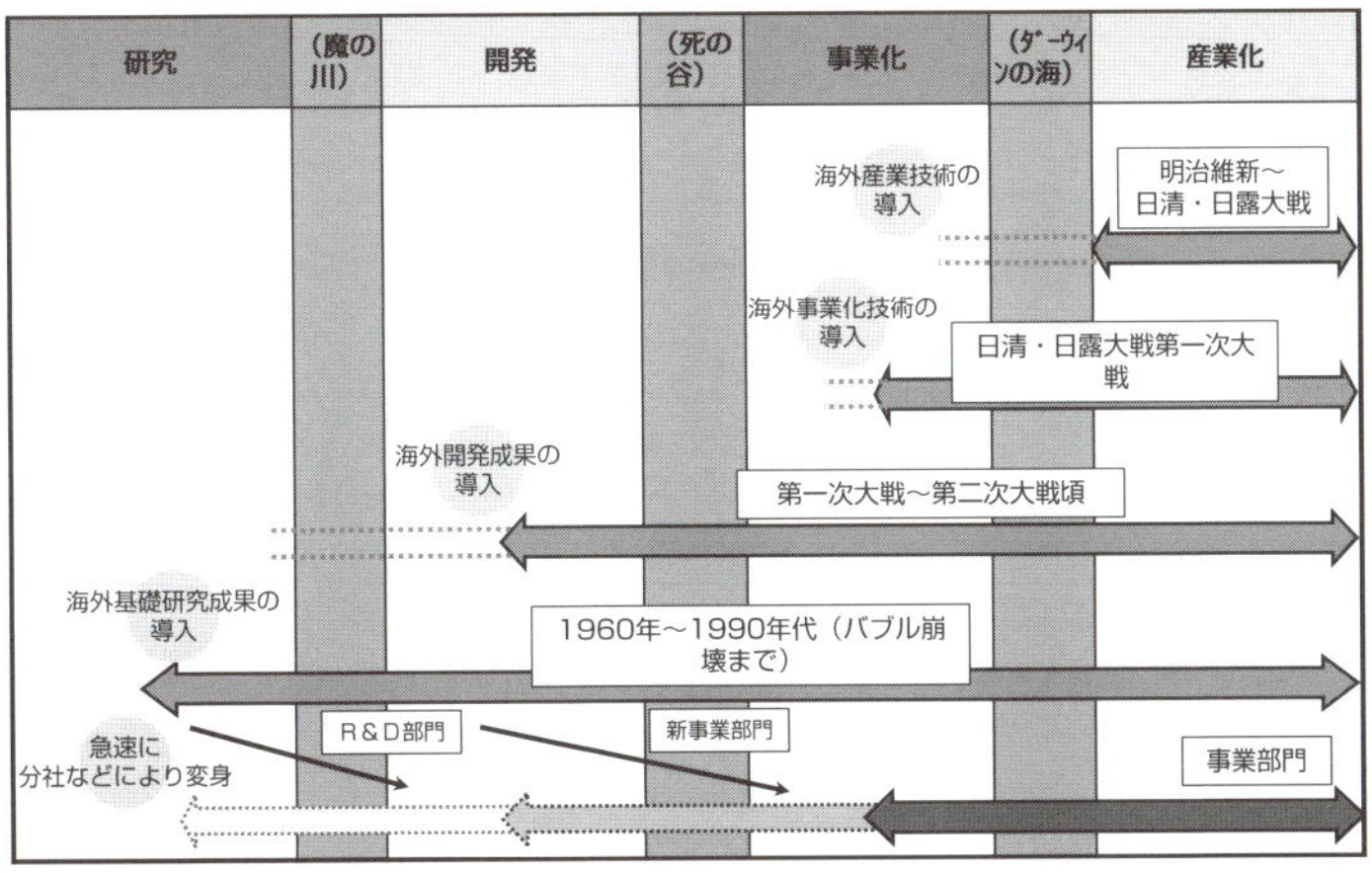

図7－7b　日本の大学（工学系）ベースの研究開発体制の変遷

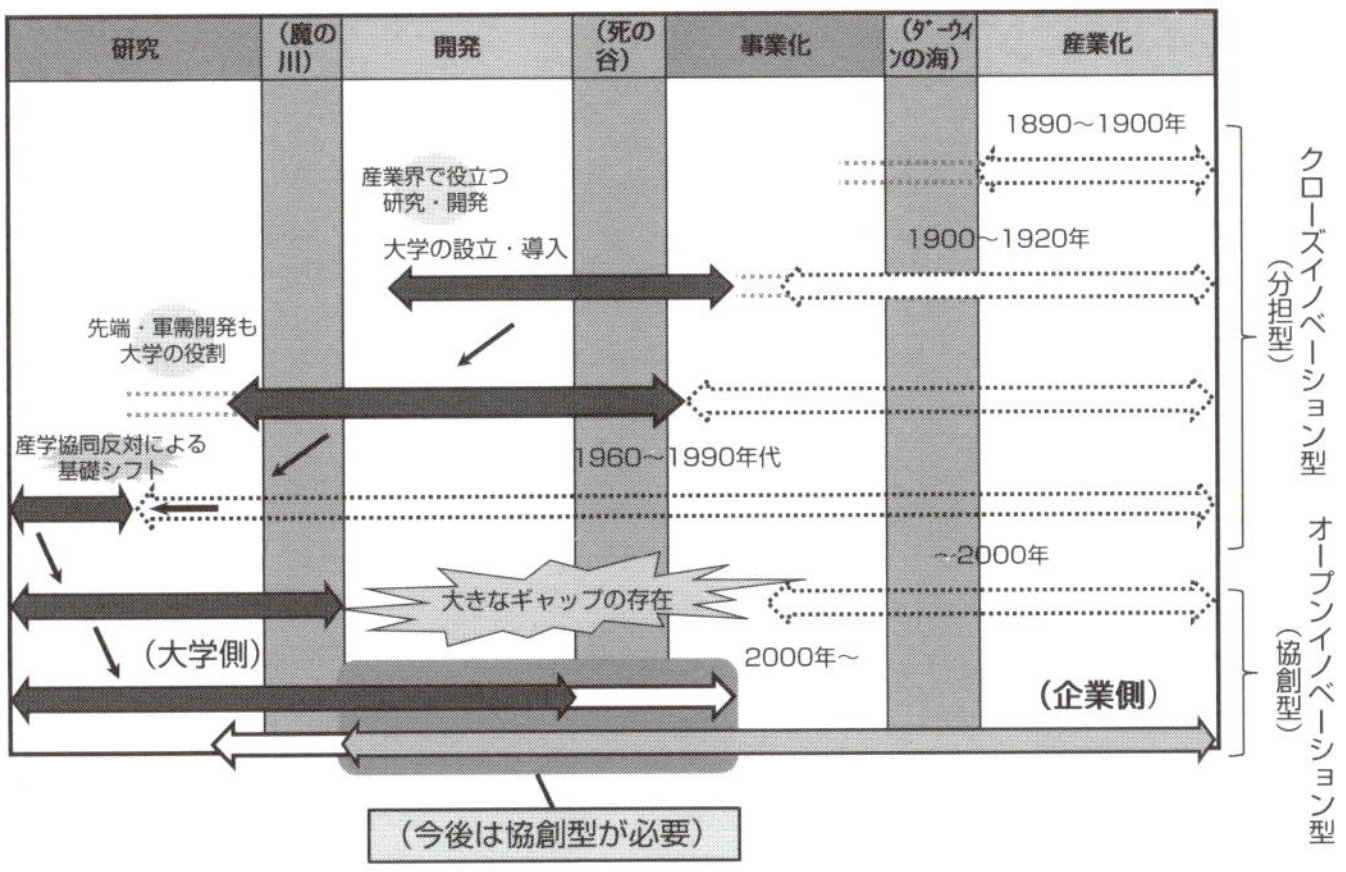

図7－8　知財移転と技術移転、イノベーション移転（協創）の視点と価値

	内容のイメージ	主要な価値
知財移転	知財の何らかのライセンス契約完了まで （技術移転がうまくいくかどうかは別）	法律、契約の金銭的価値
技術移転	技術内容の移転完了まで （知財移転がある場合とない場合あり）	技術価値 （技術者の移転もあり）
イノベーション移転（事業の協創）	**価値は事業が成功すること 知財移転、技術移転も含む場合が多い**	**顧客価値 （オープン・イノベーションが手段となる）**

第7章 産学官連携におけるO．I．のマネジメント

4 大学TLOの役割と産官学への期待

大学と企業におけるよくある間違いと対策

産学の連携においては企業と大学側双方の勘違いが多いのも特徴です。以下、その課題と処方箋とを解説します。

（1）企業人は皆、ビジネスを知っているか?：大手企業の内身は大変効率的な役割分担型の組織・体制になっているのが普通です。研究や開発一筋の人も珍しくはなく、これらの人は大学人以上にビジネスには無智なことも多いのです。

（2）リーダー的な大企業と一緒にやることが事業化への最速方法か?：製造系の大手企業ほどリスク管理がキチンとしています。このため、新しい技術シーズや市場ニーズを取り上げるには企業内での検討に時間がかかるのは肝に銘じるほうがよいと思います。

（3）共同研究とオープン・イノベーションとは何が違う?：通常の共同研究は大学と企業の役割分担であり、共通の顧客側の価値創造という将来目標を持った協創型のイノベーション創造ではないので、要注意です。

産業界と大学のお互いの期待とマッチング

技術シーズをもとに商品を開発することは技術者のひとつのゴールですが、産業界の立場からすると、イノベーションのゴールというわけではありません。大学側は企業側の状況を理解し企業側も大学側の持つ本質的な機能をよく理解することが肝要です。

産学連携のためのO．I．のポイントをまとめると、信頼関係が基本はいうまでもありませんが、連携ポジショニングの明確化と一致、将来におけるそれぞれのビジョンの設定が重要となります。

①空間的ポジショニング：技術や事業領域との整合性と社会・顧客の価値の設定

②時間的ポジショニング：現在時点での技術の成熟度、先端度の一致とそれぞれの未来における技術価値や意義が見えていること

③将来のWIN-WIN関係：うまくいったときの配分と権利関係などが自分たちのミッションと一致していること

大学TLOの立場からのO．I．の活用

大学のTLOの立場の最終目的は単なる技術移転のための知財移転による仲介業務ではなく、オープン・イノベーションのための協創のマッチング機関であるといったほうがよいでしょう。単なる知財の移転ならば、大学の知財リストをベースに技術内容を説明すればよいのですが、それだと役割分担にしかなりません。産学の連携をオープン・イノベーションで行なう意味は、それぞれの違った視点を組み合わせて従来にない価値を生み出すことです。

企業にとってはイノベーションの初期は不確定性さが大きく自社だけでは進みにくいのです。TLOは大学と企業双方に信頼関係を構築しつつ、イノベーションの移転まで踏み込むことができます。事業の移転に近いところまでO．I．で踏み込めば価値が高くなります。

図7－9　産学連携によるオープン・イノベーションとよくある間違い

	よくある問題点	問題の本質	対応策
（1）	企業人は皆、ビジネスを知っているか？	大手企業は大変効率的な役割分担型の組織・体制になっているのが普通であり、既存事業の狭い視点以外の経験はない	企業規模にかかわらず、新規事業などの一気通貫の新しい活動を行った企業人を探して共創、協創のパートナーとする
（2）	大手一流企業と組めば大学は安泰か？	製造系の大手企業ほどリスク管理がキチンとしている。新しい技術シーズを取り上げるには時間がかかり、イノベーションは起きにくい	大学側としては本気で意欲ある中小企業の経営陣と話をつけるか内容をきちんと評価できる、共創、協創のパートナー企業を探す
（3）	共同研究とオープン・イノベーションの違いを理解している？	共同研究は大学と企業の役割分担であり、共通の価値創造という将来目標を持った共・協創型のイノベーション創造	産学それぞれの立場での価値を共有化していき、それの実現手段としてイノベーションを位置づけて、共創、協創の発想と意識を明確化する

図7－10　オープン・イノベーションを目指した産学連携におけるチェックポイント

第一のチェックポイント
空間的ポジショニング：創出商品
⇐顧客、社会価値とコア技術：「共創」の必要性

第二のチェックポイント
時間的ポジショニング：提供価値
⇐技術価値と学術価値：「協創」の必要性

第三のチェックポイント
将来のＷＩＮ－ＷＩＮ：双方のミッションの満足
⇐経済価値と教育価値：「将来の分配」の必要性

図7－11　ＴＬＯにおけるオープン・イノベーションの位置づけのイメージ

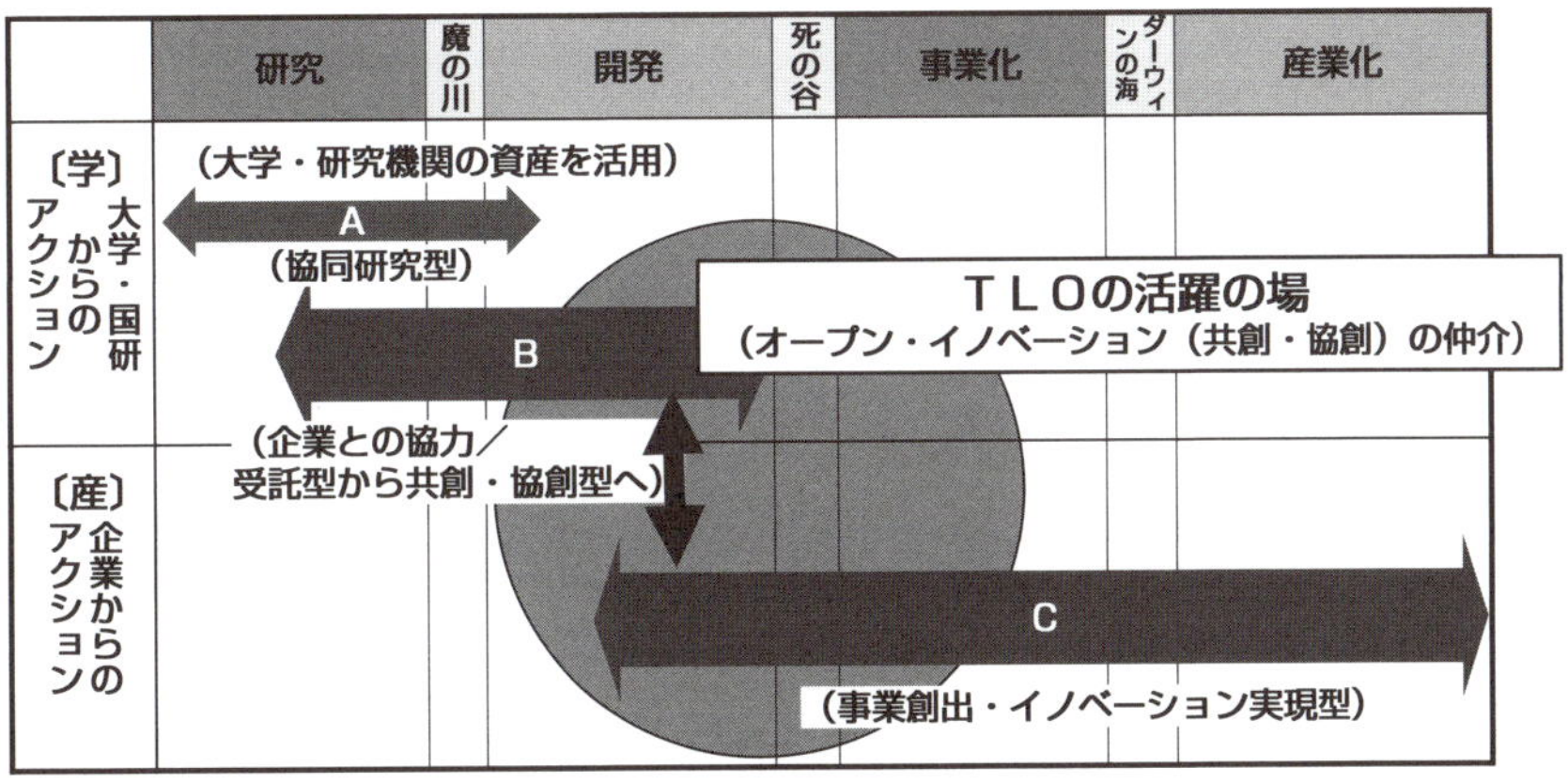

事例－7：TLO による、大手N社へのイノベーションの仲介事例

新事業・新商品の展開内容：

M大学 TLO は、大学での発明による知財の移転仲介が主業務であった。本事例においては、TLO 担当者が従来の業務範囲を越えて、新事業を目指していた大手N社のビジネス展開と大学研究室の将来ビジョンを仮説として描いたことがスタートである。

旧帝大系のM大学のある研究室の発明技術は、TLO によって特許出願され権利化されていた。また TLO での詳細な技術評価と市場評価により、その技術が将来のエネルギー機器にとって画期的な高性能をもたらす可能性があることが明らかとなった。そこで、この分野に本気で新たに取り組む可能性のある数社にこの技術を紹介した。担当者ならびに経営者の熱意が最も感じられたN社に絞って、協創を協議した。そこで、大学 TLO 側でプロジェクト全体のマネジメントを受け持つことになった。

ＴＬＯがその中立の立場を利用して各組織の相互理解・調整・目標の共有化まで関与することで、オープン・イノベーション（協創）に成功した事例である。そこでは合同プロジェクトが発足し協創が比較的順調に進むことができた。開発製品は複数の顧客での試験を合格し、上市できることが明確化になった。これをうけ N 社では新しい事業（部）体制を構築中である。

この成功でN社の大学側に対する付き合い方の理解と期待も高まり、追加のプロジェクト提案が数件進行中である。また大学教員にとっても、本気で事業化を行なってくれる企業のパターンが見えてきたようで TLO の活用も増えてきている。TLO にとっては、イノベーションの仲介に積極的に関与することで、仲介手数料についても従来の 10 倍のレベルの収入（価値創造）が得られ、またロイヤリテイ収入の可能も大きく高まっている。

O.I. のポイント：

① TLO における、知財移転からイノベーション移転への意識変革と、納得できる未来の WIN-WIN として可視化、共有化できた。

②具体的には大学側における社会貢献の実績を明確にし、ビジネスについてもN社経営幹部とコミュニケーションしコミットする姿勢を示した。

③N社の経営者も本気でイノベーション（新規事業）を起こす必要に迫られていて、ＴＬＯの担当者を信頼して動いた。

事例図７：TLO によるイノベーションの仲介

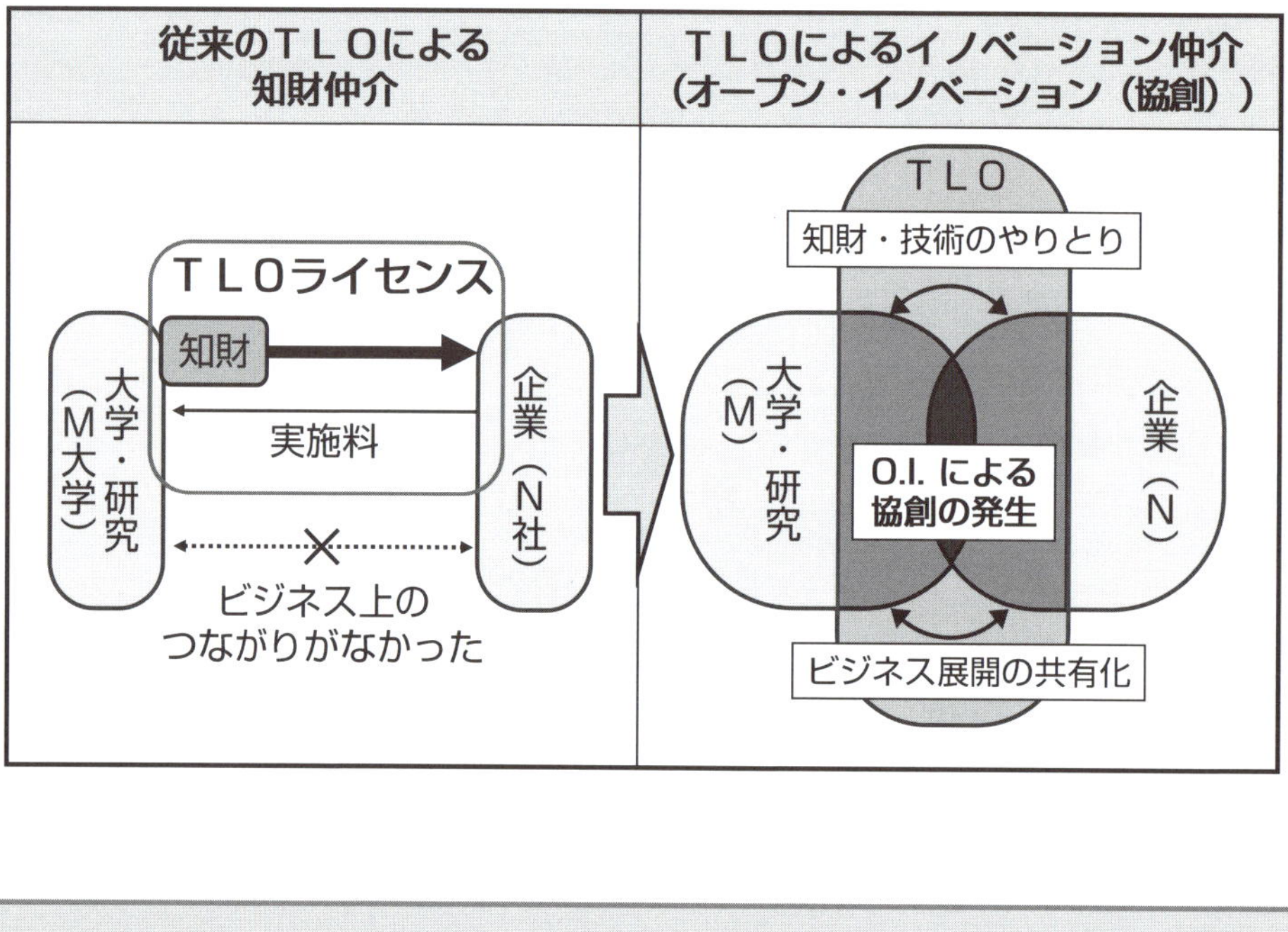

第 8 章

中小・ベンチャー企業におけるアライアンス・マネジメント

日本の物つくりの足腰を支えつづけてきた中小製造業の視点で O.I. を検討します。まずは中小企業の特徴を振り返り、それぞれ単体組織での可能性と限界を示します。

次にパートナーとなる場合、顧客との共創やアライアンス相手との協創の可能性を中小企業の立場で検討します。最後に中小企業側から見てどのように WIN － WIN につながるか、下請けからパートナーへの転換には何が必要かに言及します。

第 8 章：O.I. 時代において中小企業はどうすればよいのか知りたい

8－1：O.I. 時代における中小企業の現状を知りたい

8－2：中小企業が目指す協創を活かしたニッチ戦略について知りたい

8－3：中小企業から見たアライアンス相手との協創について知りたい

8－4：中小企業が目指す O.I のパートナーになれる可能性を知りたい

第8章 中小・ベンチャー企業におけるアライアンス・マネジメント

1 日本の中小企業の現状・課題とO．I．

下請け型から自社製品型中小企業へ

中小製造業における経営環境を、大企業のそれと比較し、中小企業体においてイノベーションが求められる現状を述べます。中小製造業にとっての理想はニッチでも世界的に通用するトップシェアを持つ高収益で安定な商品を持つ企業となることです。

これまでの現実的な多くの中小製造業は、プロセス・イノベーション型の大手企業の工場分社的な下請け製造型ともいうべき環境にありました。自らは特別な商品開発努力は必要なかった代わりに主要な生産技術は指導が受けられたことが挙げられます。

しかし最近の既存製品における①大幅なコストカット、②短期の新製品、新モデル展開の要求、③短納期での納入実施、④多品種の製品展開と利益率の低下が現実の事業環境となりました。このためすべての中小製造業にとって、下請体質の脱却のために開発型、すなわち自社固有製品の展開への指向が急務となっていました。

自社固有製品型からイノベーション型へ

製造下請け型から自社商品展開に移った結果、中小企業は2極化していきます。開発を行なうにあたって成功する企業と失敗する企業が生じています。

中小企業で成功するところは顧客を巻き込んで（顧客価値を十分に理解して）イノベーションを起こしているところで、B2C型の共創型のO．I．を実践しています。

一方では、開発を主体的に行なうというよりも、大企業などからの開発を委託されて始めることもあります。B2B企業に多いのですが発注先が本当の顧客価値を知っていればよいのですが、そうでなく開発ターゲットとして顧客からの開発仕様のイメージだけをもらう例です。

この場合は通常、開発の下請けとなり大きなリスクを伴うので新たな（リスクを下げる）契約が必要です。

中小企業とベンチャー企業、大企業の違いと特徴

新製品・新事業展開は、中小製造業にとっては第二創業にも等しい「エネルギー」と「スピード」が必要となります。しかし実は集中的なエネルギーとスピードは中小企業の得意とするところです。

「新しい切り口」については、どの企業体でも必死で同様なことを考えています。同業の仲間で、同じような情報源だけでやっていたら、決して得られません。特に従来から下請け体質的にやってきたところでは、新しい技術や製品は発注元の大手企業からきており、独自な切り口は見つけにくいのです。

自社の下請け的な経営から脱皮して、持てる技術をベースに、顧客と一緒に新たな価値を見つけるのがO．I．における共創型です。このような独自の製品・商品展開を中心にしている中小企業も数多く存在します。また大企業などとアライアンスを一緒にうまく行なうO．I．の協創型の企業も多く存在してきています。

図8－1a 中小製造業の現状からの転換（1）：製造下請から自社製品型へ

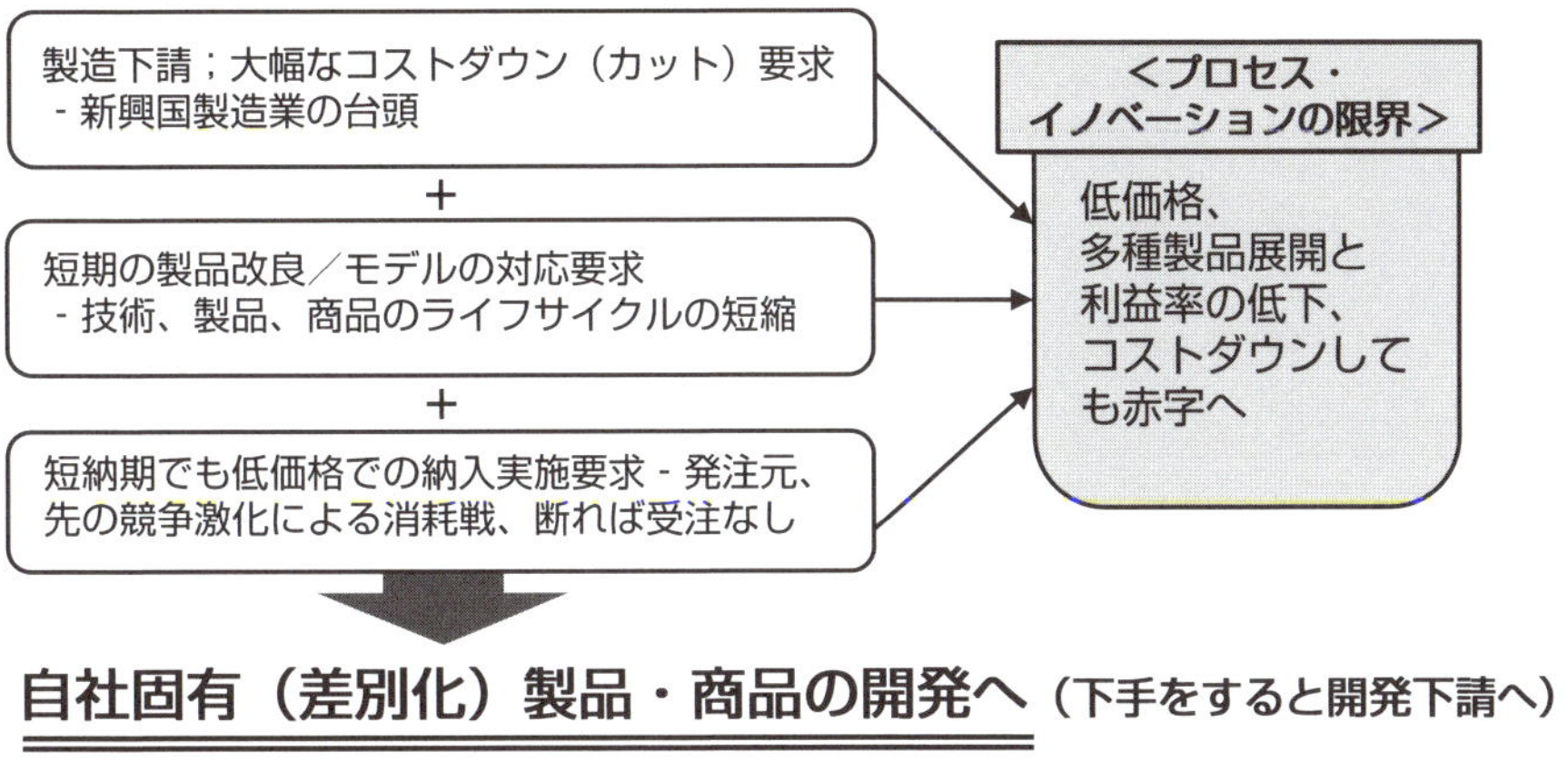

図8－1b 中小製造業の現状からの転換（2）：製造下請から自社製品型へ

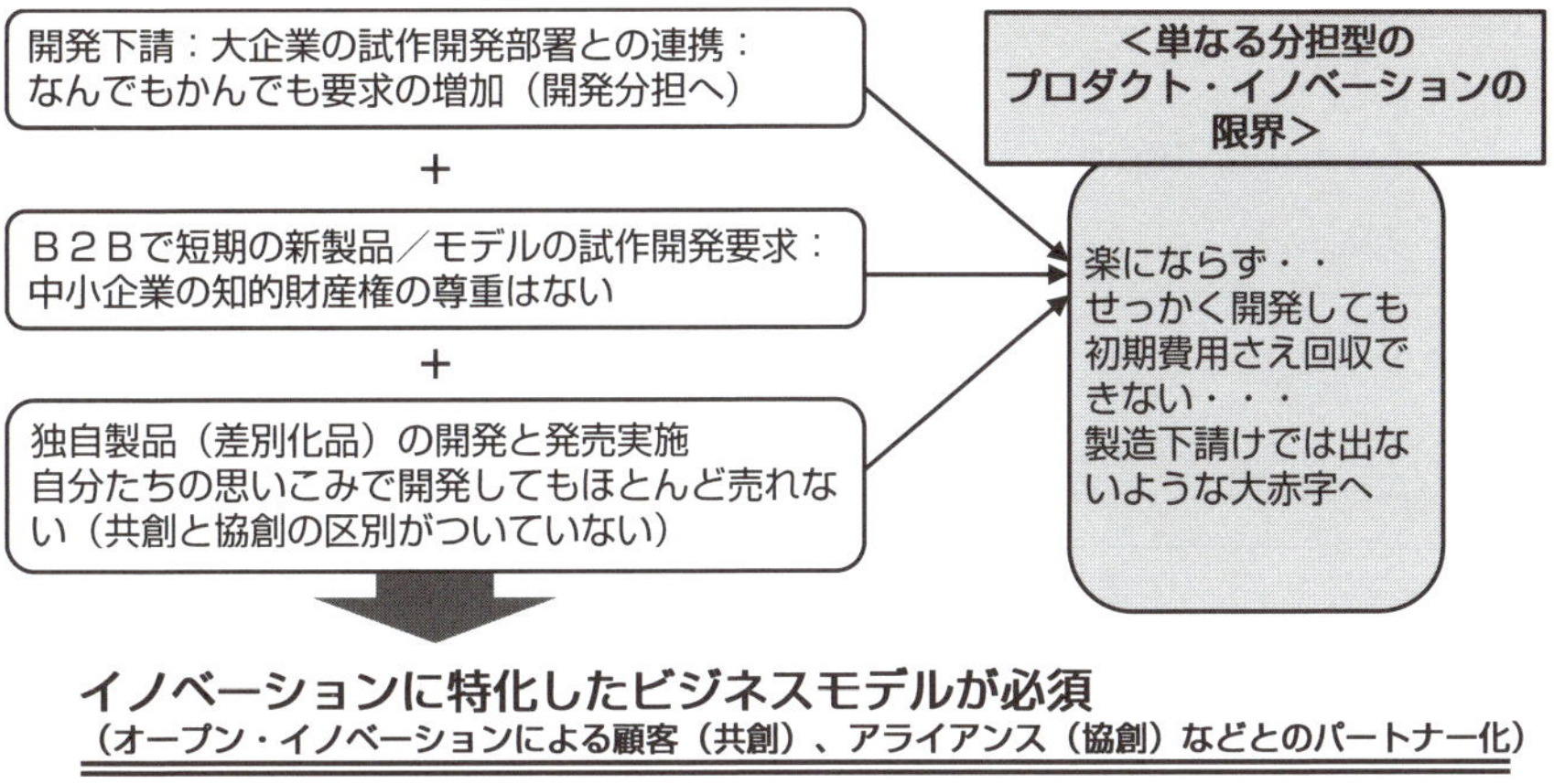

図8－2 大手製造業と中小製造業などの得意なステージ（イメージ）

		研究	開発	事業化	産業化	オープン・イノベーションの視点
大手製造業※1		◎	△	×	◎	・中小ベンチャーとの協創が無いと小回りがきかない
中小製造業	開発型※2	△	◎	◎／△ （共創）（協創）	△	・製造への技術力、資金力が足りない ・小回りとスピード
	下請型	×	△	△	△	・スピード （開発型への転換が必要）
理想的なベンチャー企業		○	◎ （協創）	○	×	・試行錯誤と新しい切り口 ・自律で開発・事業化は得意で小回りがきく

※1 伝統的な大企業の例　　※2 共創型と協創型がある

2 中小企業の強みと協創によるニッチマーケット展開

イノベーションの初期のニッチマーケット戦略

O．I．の新しい切り口は顧客の新しいニーズを一緒に創るという共創型となったときに必要です。これは従来の延長上の発想からは生まれてきません。よく行なわれているのが、既存技術や製品をベースに顧客もまだ気が付いていない製品マーケットを展開するというやり方です。

ここでの中小企業の特徴は、ニッチマーケットへのすばやい展開です。理想的に言えば決定権がある社長が直接マーケットと一緒になって動くことで、顧客価値創造はさらに加速される場合が多いのです。もともと組織がフラットであり、世の中の動きに敏感であるなど、開発・事業化ステージの必要条件を備えているのが中小企業の利点です。課題は知的財産、法務関係の戦略的取得と維持、活用（契約書の作成も含む）などになります。

中小企業の夢とオンリー・ワン可能性

中小企業に期待されるのは、大企業では難しいニッチ市場において素早く顧客価値を実現する共創のところです。ベンチャー的運営の発想を持つことができれば、会社として方向転換は、そう難しくなく実行できます。

大企業の新規事業部門においても、中小企業やベンチャー企業と同様にニッチな顧客価値を目指さないとなかなかうまくいきません。そのために必要なものは以下を組織内に持つことです。

①大幅な権限委譲による企業風土の革新
②仕事のサイクルタイムの短縮によるコストダウン
③顧客の望む新しいニッチ商品の提供と開発スピード向上

これらのうちの①と②はすでに中小企業ではなされており、あとは③をいかにして達成するかにかかっています。

それにはまずは、異質の環境のなかに身を置くことです。このことによってO．I．に必要な不確実性の高いなかで新たな考え方や発想に触れ、多方面の視点から顧客やパートナーの考えを先取りし理解するようになります。

協創による技術的組み合わせからみたアライアンスのパターン

世の中では異分野の交流、融合がさかんに叫ばれています。これはビジネス全般において既存事業にない知恵を活用して、新しい切り口を見つけて一歩先をいくということです。

顧客価値実現のために使うことができる技術は1つではなく、複数の可能性があります。その中で既存の技術と相性がよいと考えられるものを選択するのが重要です。

ここに中小企業の知恵の存在とO．I．の価値と実現可能性があります。例えば具体的には「自社の既存技術を90％以上、新技術を1～10％導入」入れることです。従来の発想とは全く異なるものを並行的に選定し、国内はもとより世界中からマーケットを探していく共創や協創を行なえる可能性を秘めています。

図8－3　新商品における市場構成仮説と中小企業の狙う最初のマーケット

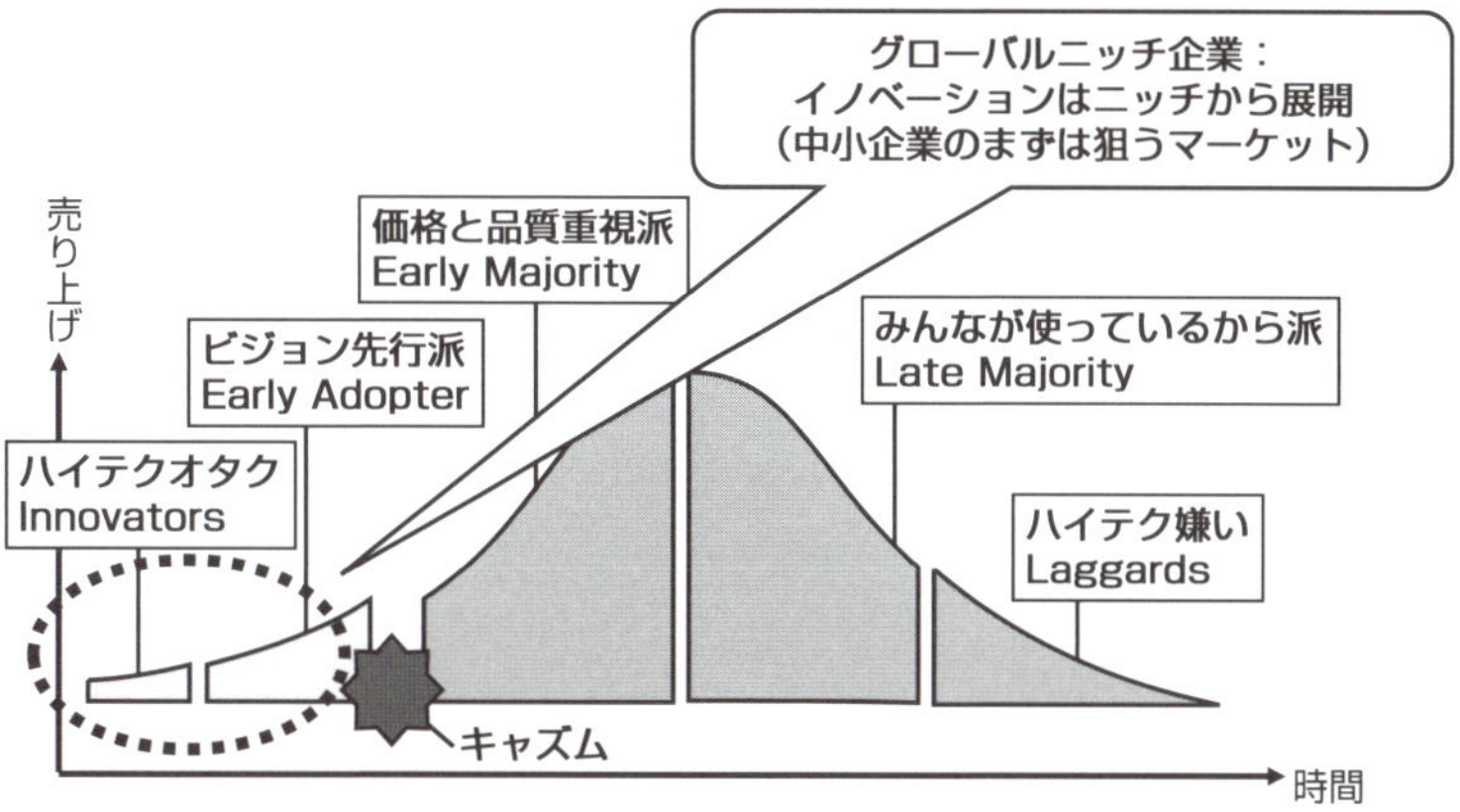

図8－4　中小企業におけるオープン・イノベーション（O.I.）戦略例とビジネスモデル（BM）

	O.I.	戦略の考え方	イノベーションの視点
1（市場）	O.I. ① 共創	伸びるマーケットの中の超ニッチ→ニッチへ（プロダクトライフサイクルの初期狙い）	初期市場が狙えるのでイノベーションが成功しやすい（顧客との共創ができやすい）
2（技術）	O.I. ② 協創	自社の強みとのマッチング（自社の製品営業、製造、技術基盤の明確化）	自社の強みがフォーカスしやすい（アライアンス相手との協創）
3（ビジネスフォーメーション）	BMの明確化	上記とつながる先端技術・異分野技術の導入・組み合わせ（アライアンスとしての獲得、大学、大企業、ベンチャー企業などとの連携）	オープン・イノベーションとして行うことがリスク・マネジメント

図8－5　自社の基盤技術を理解した協創のパターン

新規製品・事業展開への協創によるアライアンスの考え方			参考：既存技術基盤を使わない例（大企業や大学発ベンチャーのパターン）
A：自社既存＋α	B：自社既存＋他社既存	C：自他既存＋α	
○	○	◎	×
	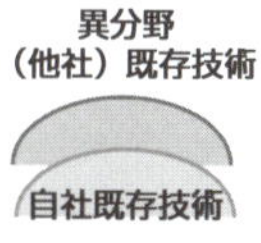		
95%既存＋5%新技術	60%既存自社＋40%異分野他社	50%既存自社＋35%異分野他社＋5%新技術	50%既存自社＋50%新技術

3　アライアンス相手との連携の各種パターン

製品から商品へのアライアンスの組み合わせ

オープン・イノベーションにおいてアライアンス相手との協創は製品化・商品化のために必須ですが、どの時点で、どの特徴があるかを理解した上で役割をだれと組むかという判断が重要です。

　具体的なアライアンス相手の探索は、開発ターゲットの選定プロセスで製品仕様を達成するために必要な技術シーズを持っているところを探すことになります。中小企業でのアライアンス相手としては以下の5つです。

1．大学との連携
2．受託研究機関との連携
3．ベンチャー企業との連携
4．大企業との連携
5．中小企業同士の連携

アライアンスにおける組み合わせのメリットと課題

　顧客からの価値、すなわち開発すべきものが明確になっている場合、中小企業の小回り力をベースに実用近くまでサンプル試作という製品開発が可能なことも特徴です。欧米などの実績ある中小企業の既存技術による製品に新しい技術により顧客価値を付加する方法として多くの組み合わせ事例が存在しています。

　例えば大学との連携については、どちらかというと不足技術がピンポイント的である場合に限られます。技術移転に豊富な経験をもつ先生や研究室との連携の場合には問題は少ないのですが、通常の場合には研究成果の技術シーズというものは再現性や拡張性に乏しいピンポイント的なものです。

　三番目のベンチャー企業との連携というケースは、ベンチャー企業として製品開発の能力はさまざまです。自社だけでは死の谷をわたるためのリソースが不足している場合に企業が協創のアライアンスを組むことで両者がＷＩＮ-ＷＩＮの関係になります。

大企業と中小・ベンチャー企業のＷＩＮ-ＷＩＮの関係

　新製品開発における実力とリソース（資源）に乏しい中小企業においては、新規事業化への展開は第二創業的な覚悟と意味をもちます。大企業における複数の新事業展開とは大きく違います。

開発を行なう中小・ベンチャー企業側にとって避けなければいけないのが、大企業からのあいまいな分担型の開発委（依）託提案を受けることです。また、逆に中小企業からも安易な開発受託提案という分担をしないことです。

　本来、大企業の発注側は複数企業に対しスペックで競争させますが、特殊な技術は自前で取り込もうとします。アライアンスを組むときに似たような技術を他社に対して提案させないように、できれば禁止させたいという基本的な欲求を持っています。

　受注側にとっては、せっかく開発した技術を失うというリスクを生むことになります。このあたりはパートナーとなる大企業側もしっかり認識しておかないと、中小企業のやる気、結果としての成果に大きな差を出すことになります。

図8－6 イノベーションに対する企業規模別特徴の比較

		起業家精神	スピード・体制		イノベーション（プロダクト）	オープン・イノベーション戦略（アライアンス協創の発想）	知財戦略	ニッチマーケット対応（～30億位）
			意思決定	開発				
大手製造業※		×	×	△	△	×	○	×
中小製造業	開発型	◎	◎	◎	○	△→◎	△→◎	◎
	下請型	○	○	△	△	△	×	○
ベンチャー企業		◎	◎	◎	◎	◎	◎	◎

※　伝統的な大企業の例

図8－7 中小企業からみたアライアンス（協創）の条件と課題

パターン	アライアンスの条件	課題と注意点
（1）大学との連携	不足技術がピンポイント的でビジネス展開が明確である場合	漠然との連携はお付き合い以外の意味がない。
（2）受託研究機関との連携	開発すべきものが明確になっている場合、既存製品ベースに新しい技術を導入、試作まで	研究機関もうまく使われたがっているのでビジネス主導を。
（3）ベンチャー企業との連携	中小企業といえども既存事業が強く死の谷をわたるためのリソースが不足している場合	中堅、既存事業がしっかりしている中小は意外と管理型となってイノベーションが起きにくい。
（4）大企業との連携	・大企業で市場が小さすぎて継続できないものを引き受ける ・大企業のネタだしのお手伝いとしてビジネスとする	・大企業、中小企業双方に気づきが得られる場合が多い。 ・市場規模でどちらがやるか決めれば成功確率は上がる。
（5）中小企業同士の連携	技術に限りがあり、イノベーションに到達しない場合の得意分野の持ち寄り	得意分野の強者連合であるが、ビジネスモデルをもって来た人を中心にお互いゆずることが肝要。

第8章 中小・ベンチャー企業におけるアライアンス・マネジメント

4 役割分担から開発パートナーへ

開発下請から開発パートナーへのビジネスモデル

受託側の中小企業の立場でいうと、開発仕様の不明確さがあると開発義務範囲が際限なく拡がり、開発中に発生する関連発明などの成果も全部発注元のものになってしまう場合もあります。

このことは実際に開発の成功を得ても、そのあとの生産受託、受託しない場合のロイヤリテイなどの契約をしっかりしておかないと、試作レベル以上の受注を得ることができません。これではO.I.の意味がなくなり、もともと持っていた技術・ノウハウを含めて全部、発注側に移動することになりかねません。

開発の基本的な考え方として、どのようなスタンスで受託するか、その内容について、開発下請けとパートナーとの違いがあります。開発委託を製造委託と同じように考えないことが重要です。

企業規模とO.I.における新規事業の成功と失敗

ここで企業規模別に、新規事業の失敗と成功の判断はどのようなものであるか整理します。

大企業の場合、売り上げ規模(例えば)100億以上で利益率も高くというように成功のハードルの高さが際立っています。このため、大企業ではM&Aという事業買収も選択肢となります。

中小企業ならば、売り上げは伴わなくても利益が上がれば成功という新規事業も多数存在します。そこのところに注目し協創することが、ニッチ戦略、オンリーワン戦略となります。

一方、日本の大企業は事業部門ごとにみると中小企業の寄せ集め的な要素がある場合も多いものです。マーケットが大きくなったら当然、同業や各種協業の企業が進出を検討してきます。このとき、中小企業はどう自分たちの強みを理解して展開すべきか、これも実際のアライアンス上の大きな課題のひとつになります。

開発パートナー型のアライアンスで考慮すべきビジネスモデル

大企業の豊富な人材と資金力に飲み込まれずに対抗するのに必要なのは、究極的には知財と契約のマネジメントです。補完関係のある大企業とWIN・WINのパートナーシップ関係を築くためにも、中小企業ベンチャーにおいても知財戦略を確立していくのがもっとも有効で双方に益がある方法となります。

顧客(この場合の発注相手)からの短期的な受注にこだわって用途開発部分を軽視すると、開発パートナーというよりは、わずかな費用で開発成果を全部持っていかれる「開発下請け」になってしまうという事態が生じます。

特に新規事業展開のときは、ライセンス相手の会社がいかに大企業、一流企業であっても新規の分野では(新製品の開発という面では)中小・ベンチャー企業と同様であることを充分認識することが必要です。内容はコア技術に関するもの、マーケットに関するもの、また開発に関するビジネスモデルに分けられます。

図8－8　アライアンスにおける開発下請けから開発パートナーに

開発下請けとは：役割分担による部分参加（金銭対価）
- あいまいな開発指示による下請け契約
- すべて発注元による技術・製品・ノウハウの取り込み
- 作業が完了しないと、原則的に支払いなし

開発パートナーとは：イノベーションの協創によるWIN-WIN
- 明確な開発内容・用途限定による共同開発契約
- コア技術の用途限定範囲への提供（あるいはライセンス）と今回の開発用の範囲での提供
- マイルストンによる進捗管理と前払い方式

図8－9　イノベーション（新規事業）の成功と失敗（金額はイメージ例）

企業形態（規模）		成功とは	？	失敗とは
ベンチャー企業	IPO型	IPO（株式の市場公開）	M&A（価格による）、合併	解散（資金ショート）
	開発受託	継続的利益確保	M&A	//
中堅・中小企業	**零細型**	**利益大（売り上げは問わない）**	**（利益±0）**	**利益なし（赤字）**
	中堅型	**売り上げ大＞10億 利益あり**	**売り上げ中 利益小**	**売り上げ小 利益なし**
大企業		売り上げ大＞100億 利益あり（生産ラインが駆動）	売り上げ＜50億 利益あり	売り上げ小＜50億 利益なし

図8－10　開発主導型中小企業の協創ビジネスモデルの考え方

コア技術に関する前提条件	**○：自社のコア技術が特定されている場合 ×：自社のコア技術が不明確な場合**
マーケットにおける顧客価値の把握	**○：最終顧客のベネフィットを自分で確かめている場合 ×：目先の市場だけ（B2B）見ている場合**
開発受託に関するビジネスモデル	**○：自社のビジネスモデルが明確な場合 ×：自社のビジネスモデルが不明確な場合**
⇒従来のサプライチェーンのビジネスモデルでは価格の要求がほとんどとなり、変える必要がある。	

事例－８その１：
開発系中小Ｐ社と大手Ｏ社との協創・共創事例

新事業・新商品の展開内容：

半導体分野の製造・検査装置の量産・販売を行なっている製造系大企業（Ｏ社）における新商品開発に関し、半導体製造企業のプロセスを知り抜いている開発系中小企業（Ｐ社）と協創した事例である。大企業が陥りやすい試作開発の遅れを、中小企業が得意のスピードと技術で補うことで、顧客価値を外さずに次世代の新製品開発に成功している。

さらに新機種では、試作開発は中小企業のＰ社提案を中心に共同で行ない、量産と販売をＯ社で行なうパターンとして協創型、共同型（分担型）の組み合わせであった。

O.I. のポイント：

①単に強みの分担だけでなく、協創のスタンスを両社が持っていた。
②製造台数が出ないときはＰ社でつくることで、Ｏ社は時間的な余裕を得た。さらに製造量の多い新機種では量産をＯ社が行ない継続的にＷＩＮ－ＷＩＮとなっている。

事例図８－１：大企業と開発系中小企業社とのオープン・イノベーション

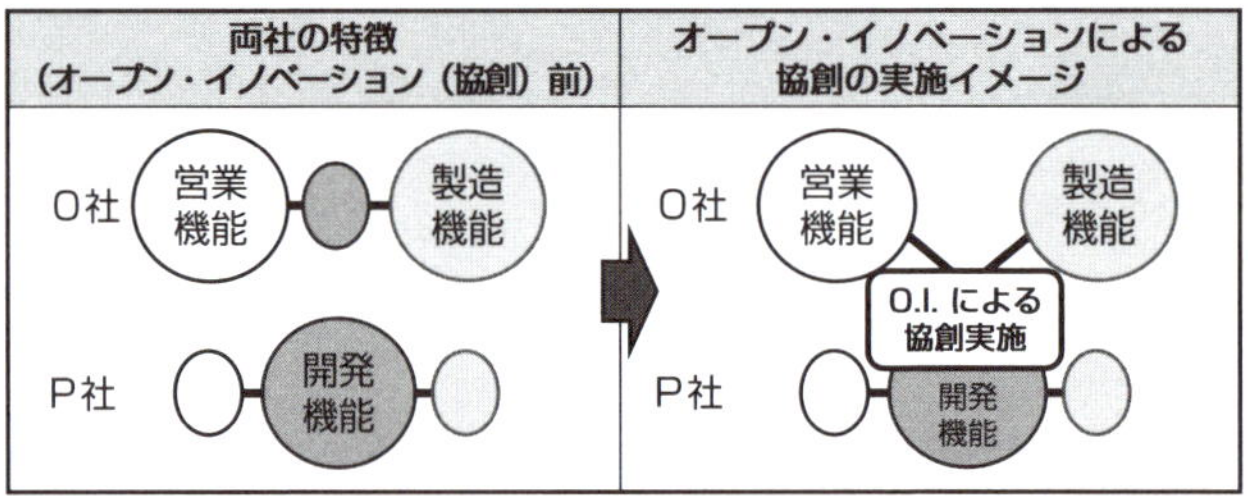

事例－８その２：
米国ベンチャーＲ社と伝統的大手Ｑ社との協創事例

新事業・新商品の展開内容：

歴史のある大手製造企業（Ｑ社）における異分野新事業への進出にあたって、米国のベンチャー企業（Ｒ社）とのオープン・イノベーション（協創）を行なった事例である。Ｑ社は液晶関連装置の一般的な製造インフラはあるが、コア技術と顧客価値についての知見が少ないことを自覚していた。このため次世代液晶関連装置の開発・事業化にあたっては提案型の開発ベンチャー企業（Ｒ社）と組むこととし、開発に成功した事例である。

大企業Ｑ社はこれまでの失敗事例などから、異分野の新規事業を短期間に立ち上げるため、大企業の組織体系から切り離した別会社（当初は独立プロジェクト）をつくり、米国のベンチャー企業と組むこととした。これにより自社リスクを低減しながら、顧客価値にあった製品をタイムリーに提供でき、新事業展開を可能にした。

O.I. のポイント：

①これまでの新事業の失敗経験が、Ｑ社経営層と技術者双方に理解され、外部リソースの活用の重要性について共有化していた。
②顧客価値ある新規製品を作る協創プロジェクト内容を明確化し、集中的に協創を実施した。
③大企業とベンチャー企業の異分野の技術と経験という強みを持ちよって一体として協創できた。

事例図８－２：大企業と開発ベンチャーとのオープン・イノベーション

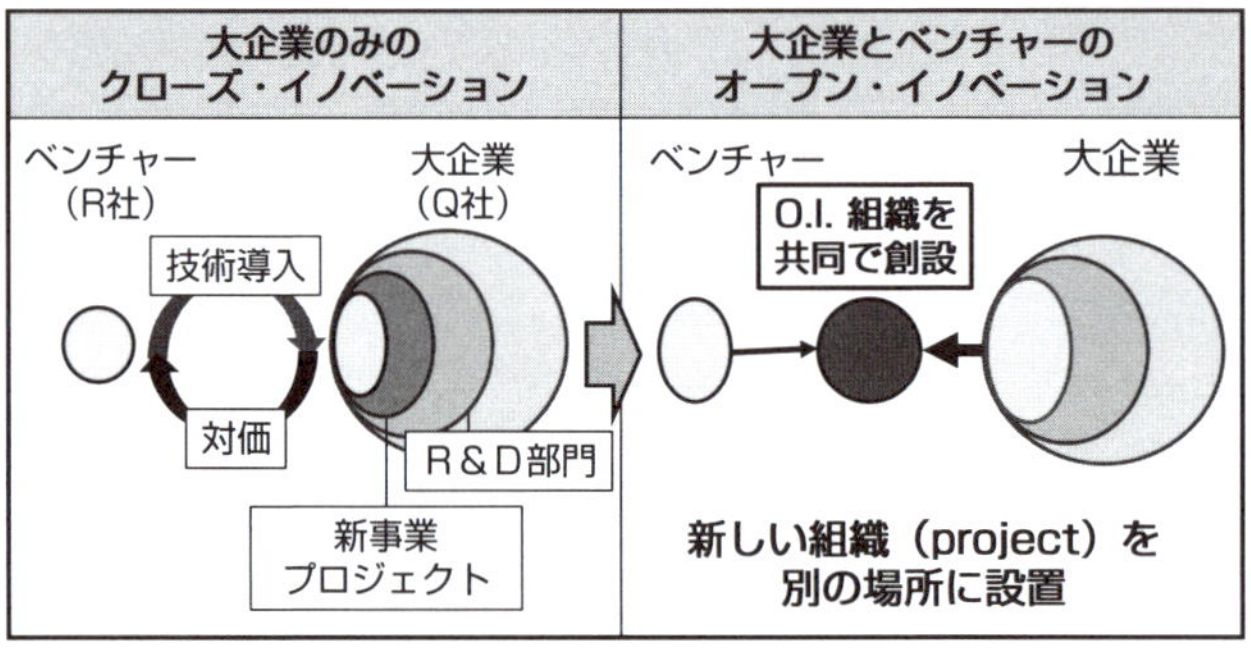

第９章

共創と協創の実現をサポートする仲介機能

本章では、イノベーションをサポートする仲介サービスについて述べます。O.I. では、顧客との価値共創や、その商品実現のため共協創が欠かせません。しかし各種の取り組み形態が多様化しているなかで、その相手を探しうまく組んでいくことは容易ではありません。

従来日本においては「商社」がその担っていた面もありますが、現在活用されている様々な共協創の仲介サービスとその機能を紹介します。

第９章：O.I. で共協創したいが、相手をどう探せばよいか知りたい

９－１：共創する顧客相手をどう見つけるか知りたい

９－２：協創するアライアンス相手をどう見つけるか知りたい

９－３：事業を共にする相手をどう見つけるか知りたい

９－４：元々日本にあった「商社」という共創・協創の仲介機能を知りたい

1 顧客との共創の仲介機能

顧客ニーズの観察・調査を仲介するサービス

顧客の真のニーズ獲得に活用可能なのが、ニーズ探索を仲介してくれるサービスです。従来の顧客調査は、一般消費者をデモクラティックデータ（性別・年齢・家族構成・職業・居住地など）で分類した会員をピックアップし、アンケートやインタビューを仲介するものでした。最近では嗜好性や考え方などのエモーショナルなデータでピックアップすることも可能です。しかし、聴取だけでは真のニーズが得にくい問題があります。

そこで、第三者が対象顧客の行動を観察するリアルの場や、ネット上の場を提供する「エスノグラフィー」仲介サービスもあります。そこでは、対象商品についての価値受容性や課題を客観的に観ることができます。

また、潜在ニーズを掘り起こすために「リードユーザー」と言われる将来一般的になる課題を現時点で課題として持つ高齢者や身体障害者の観察を仲介するサービスもあります。

クラウド・ファンディングという共創仲介

クラウド・ファンディングとは、出資を募る人（個人・グループ・企業）が企画したイベントや商品（試作品）・サービスなどに対し、共感・出資してくれる人を募り、資金を調達、企画を実行する仲介サービスです。この仕組みを利用し、新規商品の商品企画が十分な顧客価値を持っているか検証することが可能です。企業からの①商品提案に対し、個人（顧客候補）の②共感・出資を得ることで、商品への共感が得られてから、商品・サービスを開発することが可能なので、③ニッチな商品、尖った商品を成功確率高く上市することを可能にします。

最近では、その先に、共感を多く得られた（または得られるであろう）商品を、小ロットで生産し直販する「試作製品販売」の仕組みを作るところも現れています。

各種ワークショップの活用による仲介

顧客ニーズと解決の糸口を得るため、ワークショップも活用されます。想定課題を抱える人々を集め、ディスカッションの中で課題の真の問題点を見いだし、その解決手段を探すものです。

この仕組みは複雑な課題の解決に活用できます。例えば、「駅前の自転車放置」という問題に対し、行政・地域住民だけでなく、駅を利用する通勤・通学者、鉄道事業者、駅前商工業者、駐車場業者、ＮＰＯなどが一堂に会し、何故その問題が発生しているのか、本質的な課題発掘とその解決とを一緒になって議論するものです。その際、問題を立場の異なる相手に押しつけるのではなく、一緒になって課題の深掘りをすることが必要で、ファシリテーターの役割が重要です。この中で実は「バス路線の設定、運行の見直し」が課題の解決になることが見えるなど、全員が納得する解を見つけることが可能となります。複雑な課題の解決手段は他社にない価値提供を可能とし、重要な事業機会の創出となり得ます。

図9－1 顧客のニーズをネット上で観察・調査する

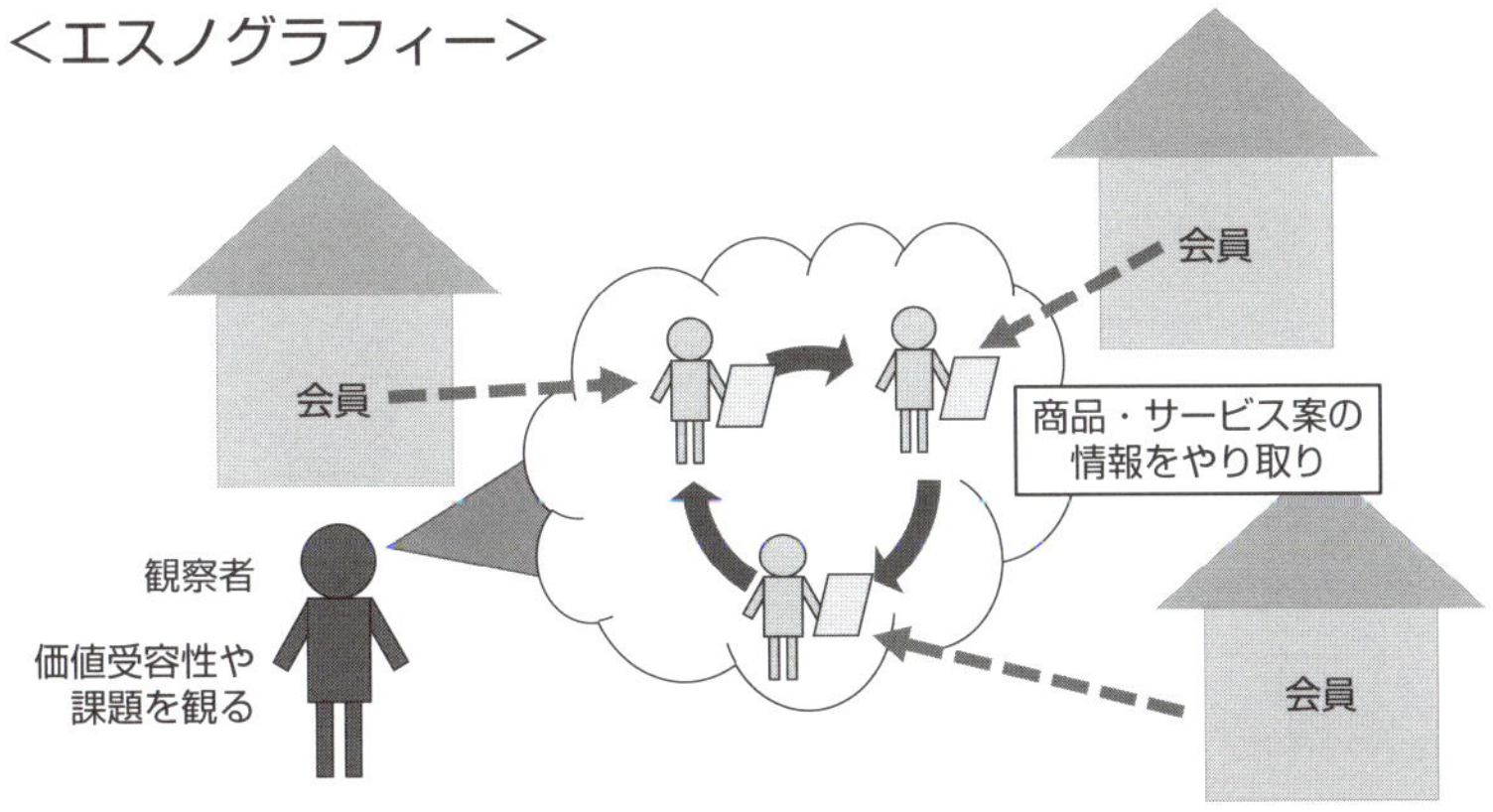

図9－2 クラウド・ファンディングにより顧客の共感を得、開発する

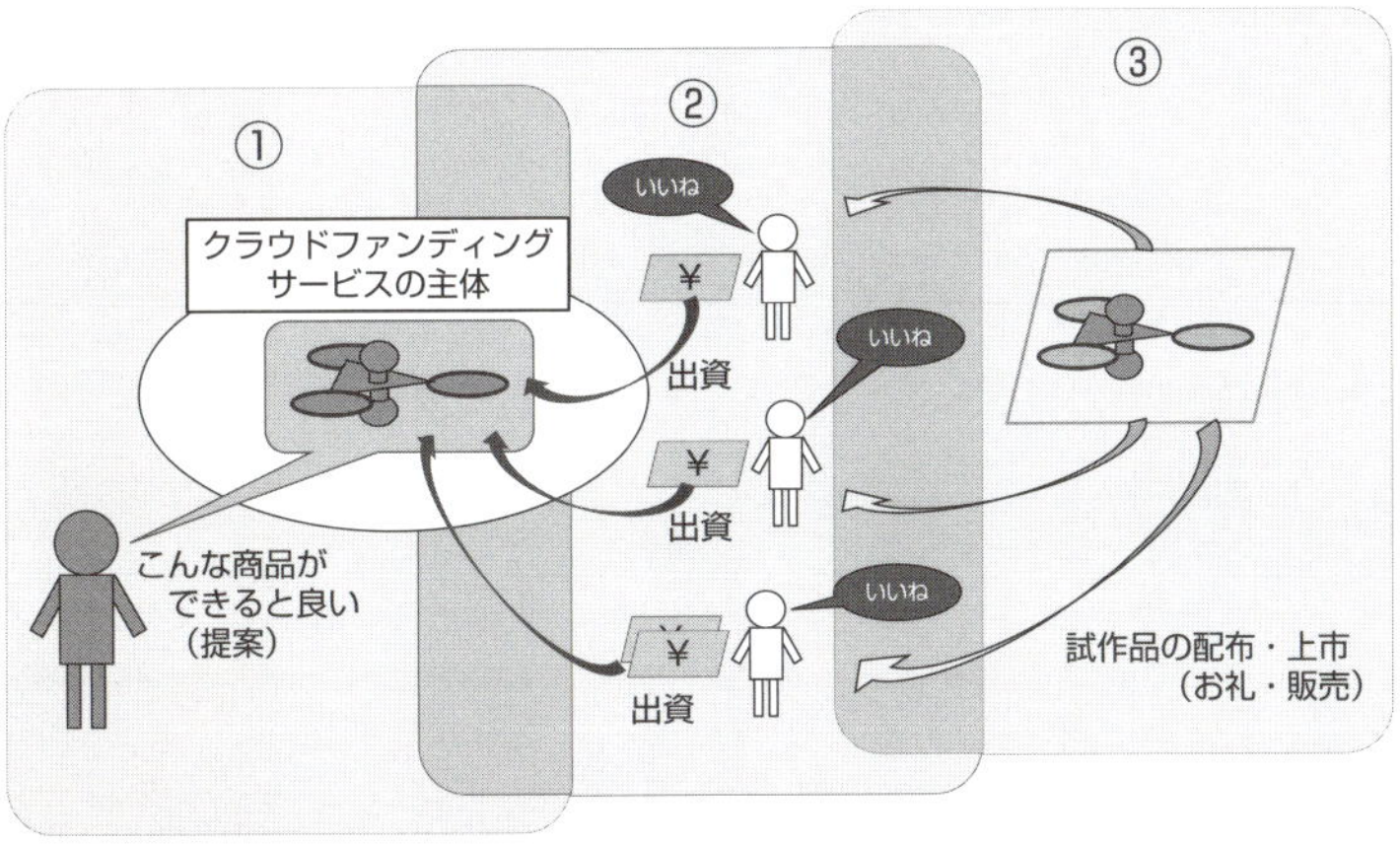

図9－3 ワークショップを活用し、解決の糸口を得る

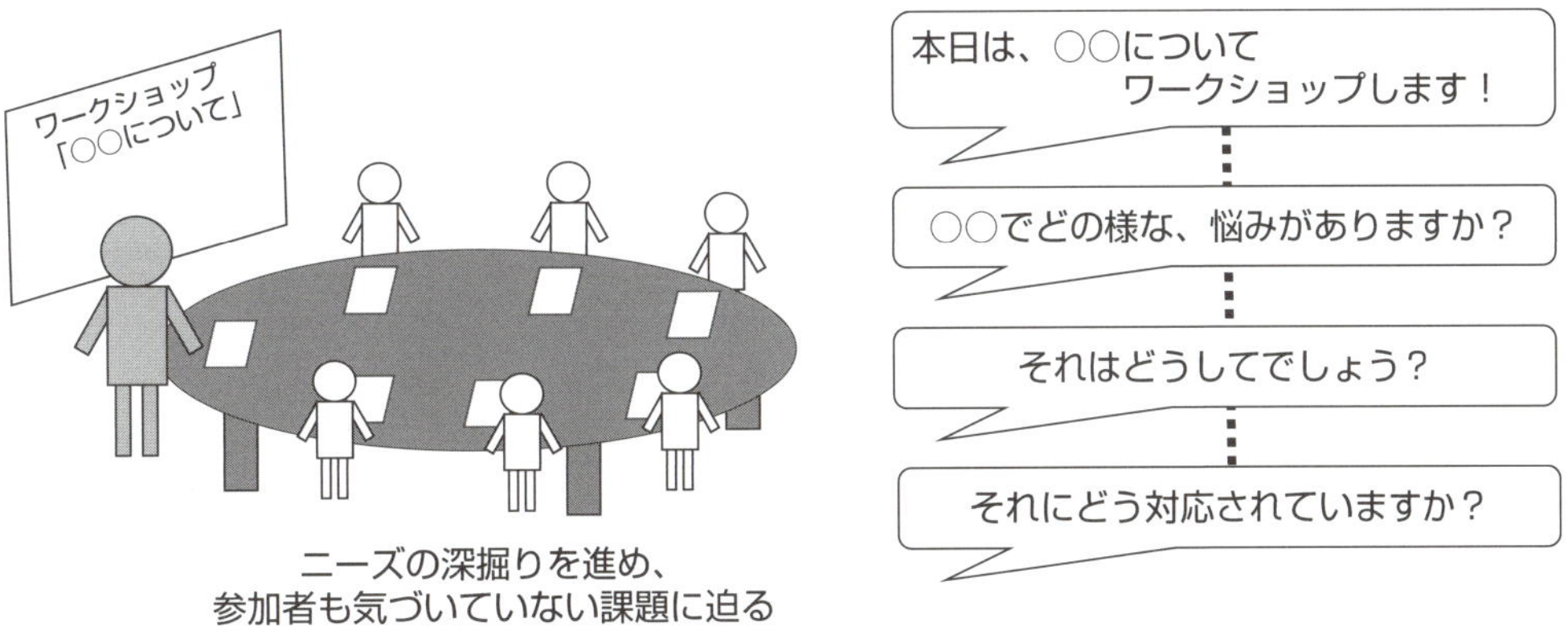

2 アライアンス相手との協創の仲介機能

公的共同開発による協創（コンソーシアム形成など）

作るべき商品がきまり、それを具現化する際には、様々なアライアンス相手と協創が重要です。

従来から公的な機関（国などの研究・開発部門）により、技術主体による共同開発の枠組み設定や、資金供給が行なわれてきました。ある技術が重要になることが見えているが、開発困難であったり、大きな資金や年月を要することが想定され、リスクが大きい場合などに有効です。

例えば、①多くの企業にとって開発が重要であるが、リスクもあり、単独での開発が困難な状況にあるとき、②その開発を共同で行なう仕組みを作り、③そこに公的な資金を投入し、協創による顧客価値実現を促進します。

しかし最近は、大企業間の協創はあまり採用されず、むしろ中小企業やスタートアップに対する支援として行なわれます。また大学や公的研究機関の研究成果を実用化する枠組みとして活用されています。

技術仲介による協創の例

商品具現化に際し、技術が不足している場合、従来は外部委託していました。その場合、委託内容を委託元で明確にする必要があります。できるものは委託元の設定同等以下のものとなります。

しかし、そもそも技術が足りない領域を委託する場合、よく分からないまま内容を設定することになり、思ったようなものができないというリスクがありました。そこで、外部の技術・知恵を活かすためには「協創」の形が取られるようになってきています。

しかし、自社でよく分からない技術領域の協創相手を見つけることは容易ではありません。そこで「技術仲介サービス」を活用することになります。技術仲介サービスでは、独自に持つネットワークや、技術などを熟知したコーディネーター（個人）を介して得られる情報を、企業からのリクエストに応じて提供するものです。公的な機関（地方自治体や商工会議所など）が仲介を行なっている場合もあります。

工房的な協創の場の活用

最近のメイカーズブーム（ハード系のスタートアップ活動）を受けて、様々な工作機械（３Ｄスキャナー・プリンタ、ＮＣ機器など）を備える工房的な「場」が多く設けられるようになっています。また、都心などの利便性が高いところにスタートアップが安く借りられるオフィスを地方公共団体などが用意し、公的な支援窓口を置くなどしている場合もあります。

これらの「場」は、新しい事業を始めようとする資金的に余裕のない個人や組織にとって有用であるだけでなく、企業にとっても活用の意味があります。すなわち、それらのメンバーの交流から、さらに新しいことが発生する可能性が高く、協創へとつながるからです。この協創の場としての実績が、さらなるスタートアップや協創の集積を呼びつつあります。

図9－4　コンソーシアムにより開発が困難な技術を協創する

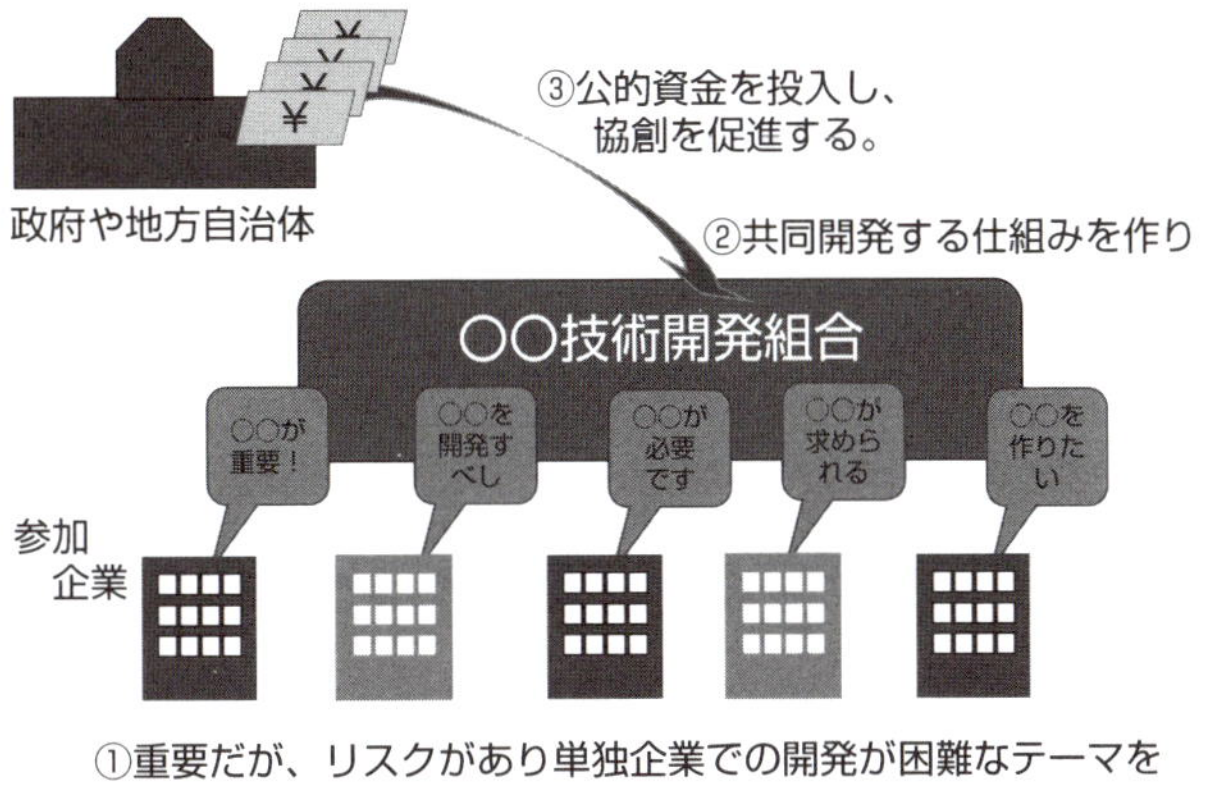

図9－5　技術仲介サービスにより協創先を探索する

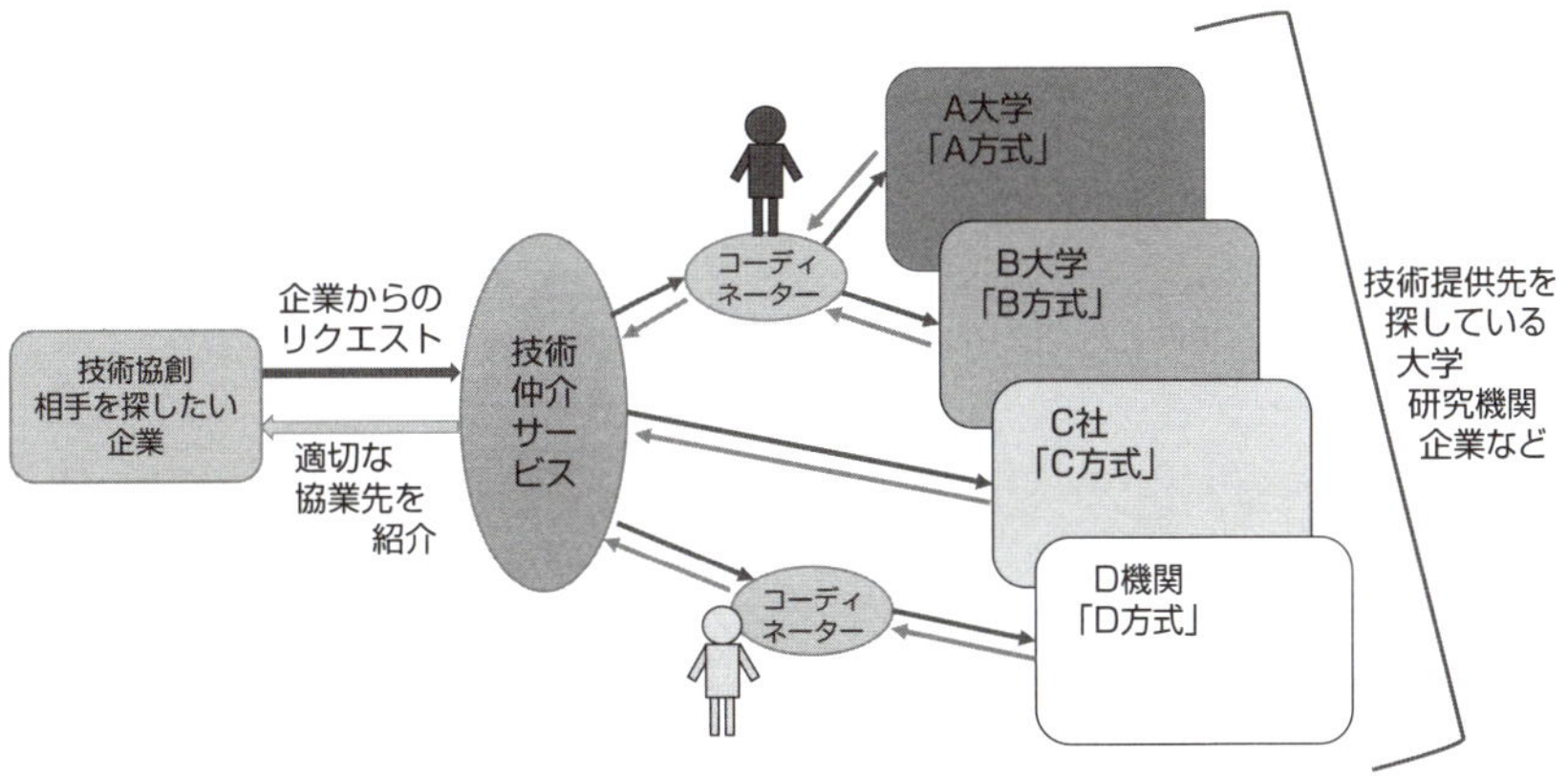

図9－6　メイカーズ『協創の場』を活用し、新事業を協創する

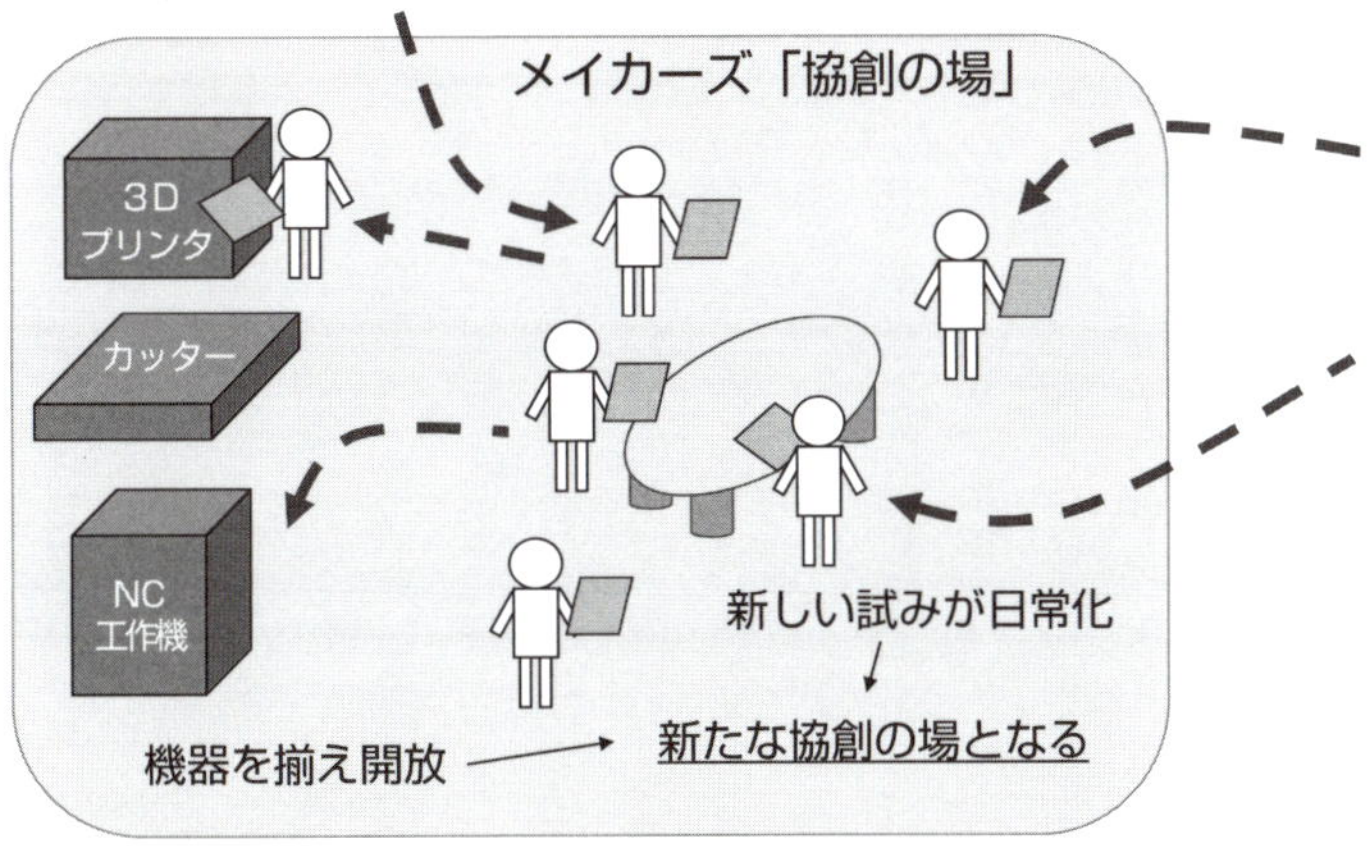

3 ビジネス主体の共協創の仲介機能

垂直型連携（サプライチェーン連携）型ファンディング

公的機関により、技術共同開発への資金供給が広く行なわれてきました。しかし、同一目的を持つ企業群での共同開発では、技術完成後の企業間商品開発競争が想定され、同床異夢の傾向にあります。そのため、重要な技術共有が行なわれなかったり、技術開発が推進されなかったりします。

そこで一つの技術だけでは解決できない課題に対するサプライチェーンに沿った企業群による共同開発に対しファンディングされることがあります。原材料・部材メーカ（例えば生体適合材料メーカ）、それらを用いる商品メーカ（人工臓器メーカや、同製造装置メーカ）、そしてサービスを実際に使用するプロフェッショナル（人工臓器を患者に適用する大学病院）による共同開発です。

この形態の共同開発は、開発完了後そのメンバーがそのまま連携し事業化できるので、開発の成果を社会還元することが容易です。

ビジネス公募によるビジネス仲介サービス

ある技術や、商品、顧客、ブランドなどのアセットやリソースを持つ企業が、その活用方法を模索する中、それらを活用するアイデアをスタートアップに求める「ビジネス仲介サービス」が立ち上がってきています。

仲介サービスには、ビジネスを始めたい多くのスタートアップが参加し、自分たちのアイデアやアセットと組み合わせることで、ビジネスの提案を行ないます。企業側は、提案の中から自社として取り組めるビジネス案を選択し、協創を始めることになります。

ただし、このサービスは、現時点では単純なマッチングの仲介をするサービスです。その後の協創の支援、例えばさらなる協創相手（例えばチャネルを持つ企業など）の紹介や、資金的な支援などは期待できません。したがって、ある程度自分たちだけでビジネスを立ち上げることが可能な体力を持つ大企業が対象となります。

ビジネスマッチング・ファンド

新規ビジネスに活用可能なアセットを持つが、それを活かしたビジネスが創出できていない企業に対し、協創先や、販路、資金など、広く必要な協力をするビジネス・マッチングファンド（ＢＭＦ）があります。

自社のアセットを活かした新しいビジネスを企画したい企業がＢＭＦに相談、ＢＭＦが持つ「技術を持つ組織の情報」や「ニーズや顧客を持つ組織の情報」から協創先を紹介、必要に応じ開発資金の供給、ビジネス創出を促進します。ＢＭＦはキャピタルゲインや商権で利益を受け取る仕組みになっています。「ＶＣ（ベンチャー・キャピタル）」もこの範疇とみることもできます。

様々な技術情報や、新たな取り組みなどに精通した人・組織が活躍することになるので、そのような新しい情報・人・組織が集積しているシリコンバレーや、イスラエルなどで多くのサービスが存在します。

図9－7　垂直型連携（サプライチェーン連携）にファンディングする

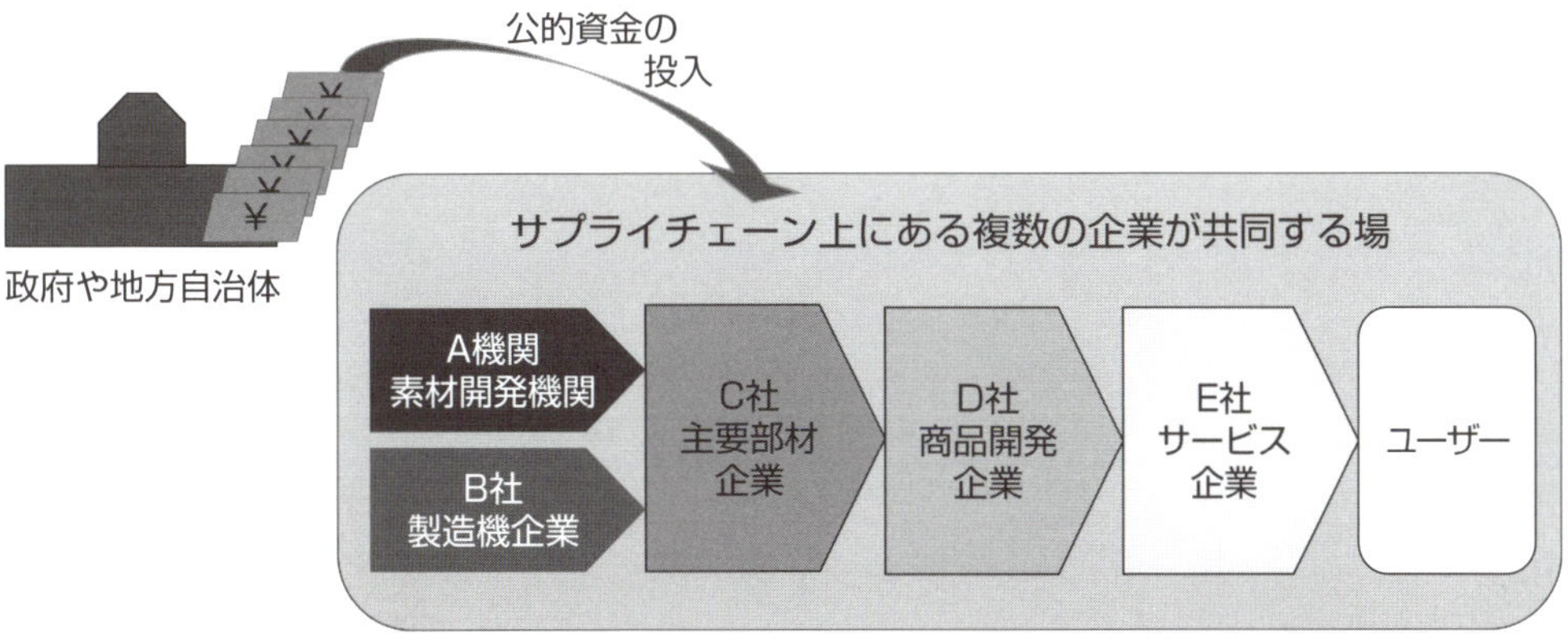

図9－8　ビジネス仲介サービスにより、ビジネスを公募する

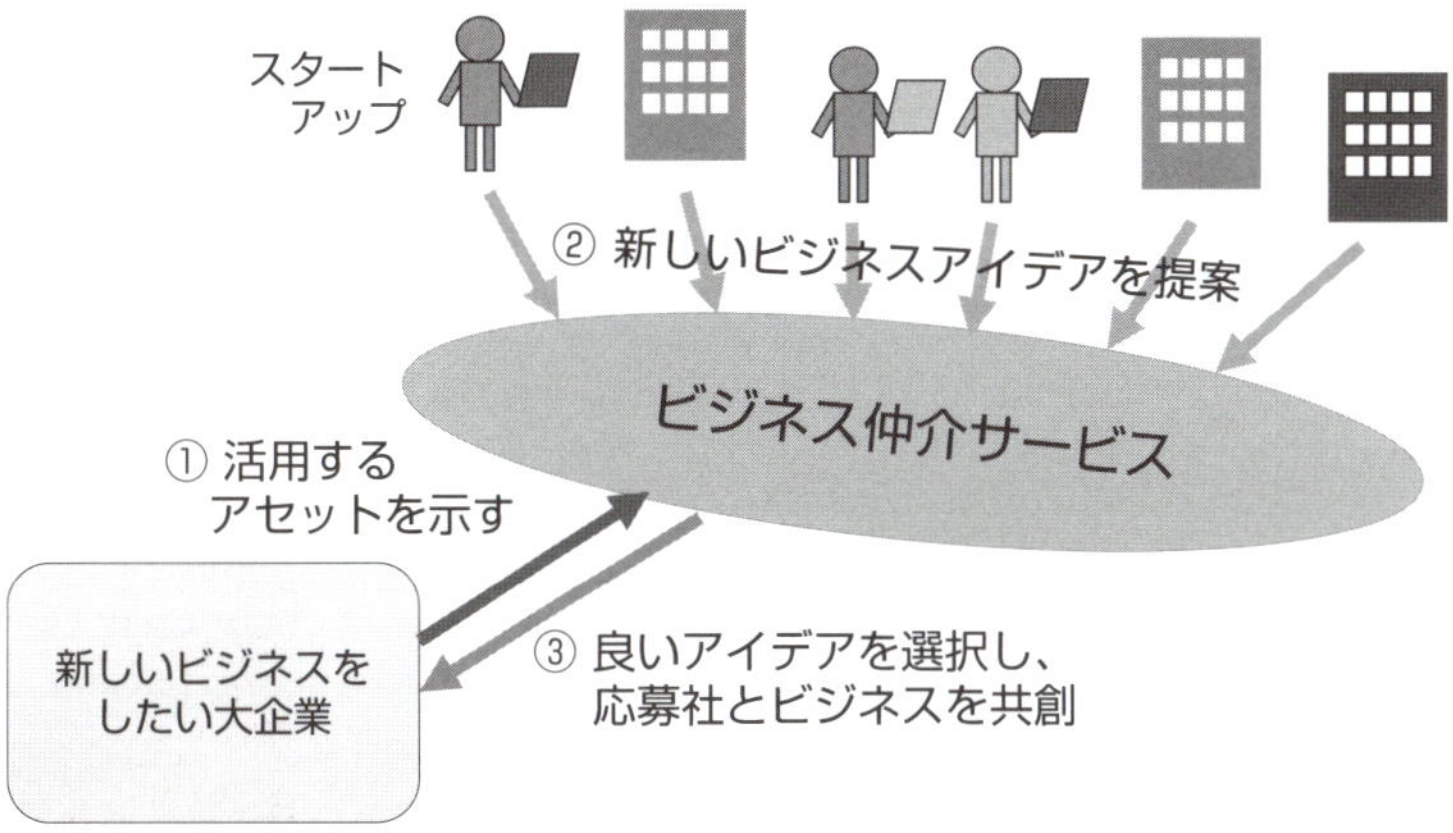

図9－9　ビジネスマッチング・ファンドとビジネスを始める

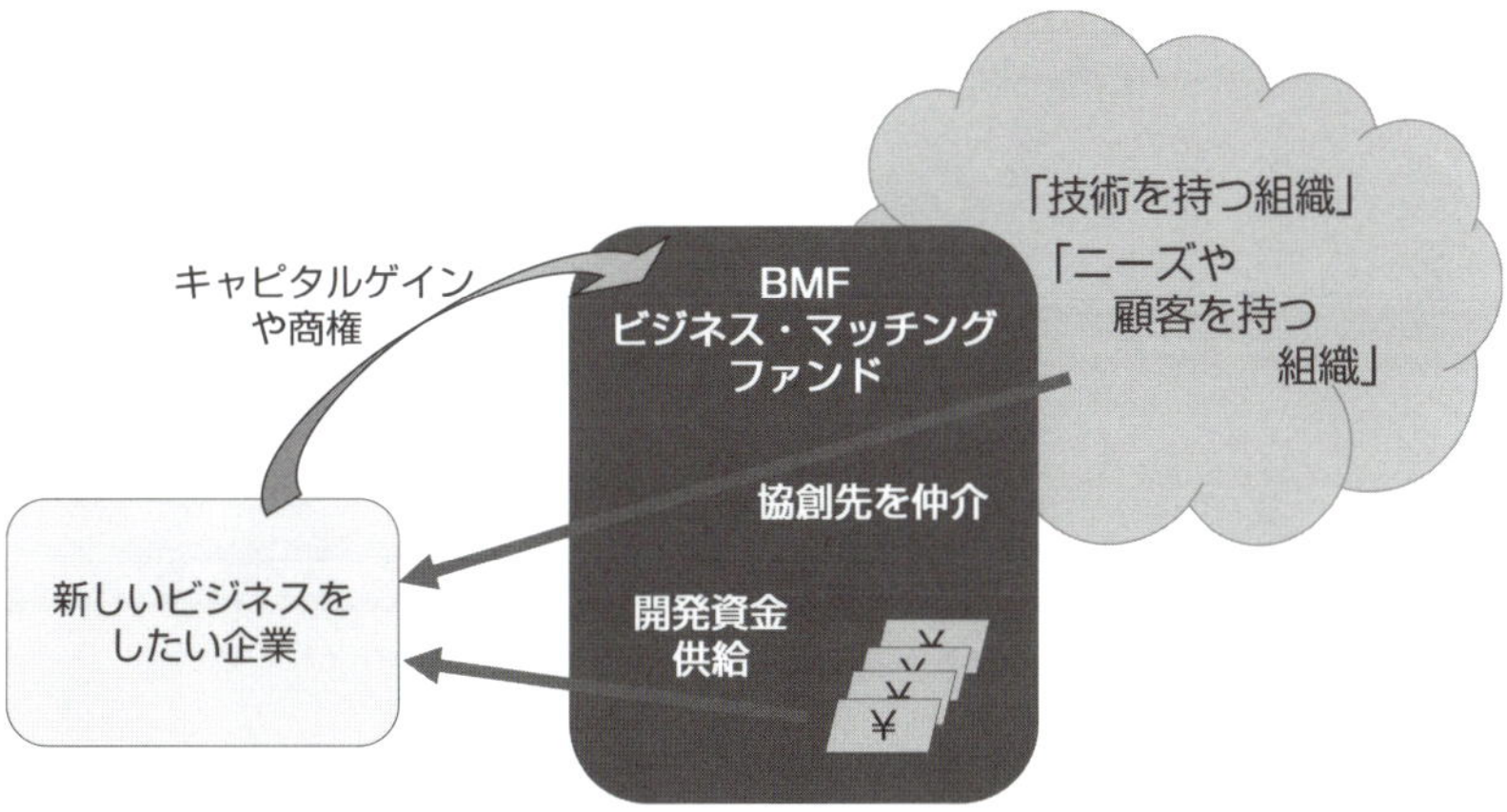

第9章 共創と協創の実現をサポートする仲介機能

4 日本的イノベーションの仲介としての商社機能

日本企業の製造分社型特徴とO．I．

日本の伝統的な大企業の成り立ちは、一部の戦後急発展した製造業（大企業の例でいうとＳＯＮＹ、ＨＯＮＤＡなどのメーカー）以外の財閥系の会社などは製販分離、工場分社型のスタートをしています。そのため１９７０～90年の高度成長期はプロセス・イノベーションの時代であることから、非常に効率的な成長が得られ大企業化できたのです。

しかし、逆にみると製造に特化してきた日本の大手製造業は、プロダクト型のイノベーションについては苦手で、顧客対応面を商社機能に頼っていたともいえます。この欠点を補う仕組みが商社における仲介機能となっていました。

このような歴史のなかで、日本独自に発達したといわれる「商社」の存在が、欧米の先進国と違うイノベーション構造を作っていたといえます。

イノベーション仲介業としての日本の商社機能

我が国の製造系大企業では「研究・開発から事業化・産業化まで」の一貫スタイル、自前主義を目指してやってきました。しかし、実際には産業化ステージのところ、中でも「高品質・量産の製造」に重点的に注力してきた傾向は否めません。

このようなクローズで自前主義の開発や製造にこだわってきた結果、異分野、新しい開発、顧客へのアプローチの進め方などのノウハウが大きく不足しています。これを補う方法論の一つが日本的な商社の活用です。実際に商社による事業評価、市場・事業（ファイナンス・マーケテング）は昔から当たり前のようにされていた面があります。

特に総合商社と呼ばれる企業の中には、例えば技術部などと呼ばれる今日の商売でなく明日の商品を創り出す機能を積極的に持った活動を行なっていました。

このように元々あったビジネス共創の例としての日本型総合商社の新事業展開のやり方は、海外では見られないタイプの、いまでいうO．I．としての共協創です。

商社の選択とポイント、期待される効果

商社には、その規模や事業範囲から、大きくわけると3つのタイプがあります。①総合商社、②中堅専門別商社、③個人・小規模商社です。これらのどのタイプを仲介、共創、協創に使うかは新規事業のビジネスモデルしだいでしょう。ここでは新規事業開発におけるステージをもとに商社の役割をパターン化してみます。

特にイノベーションでは他社と差別化された技術をもとにした、開発ステージから事業化ステージへのスピーディーな移行が最重要のポイントです。このステージを加速するためのO．I．方法として使用されているのが商社の仲介機能です。商社側からは、仲介を乗り越えたファイナンスや営業機能を提供するという共同ビジネス展開となることが期待されています。

図9－10　日本における商社とメーカーの変遷とイノベーションの仲介

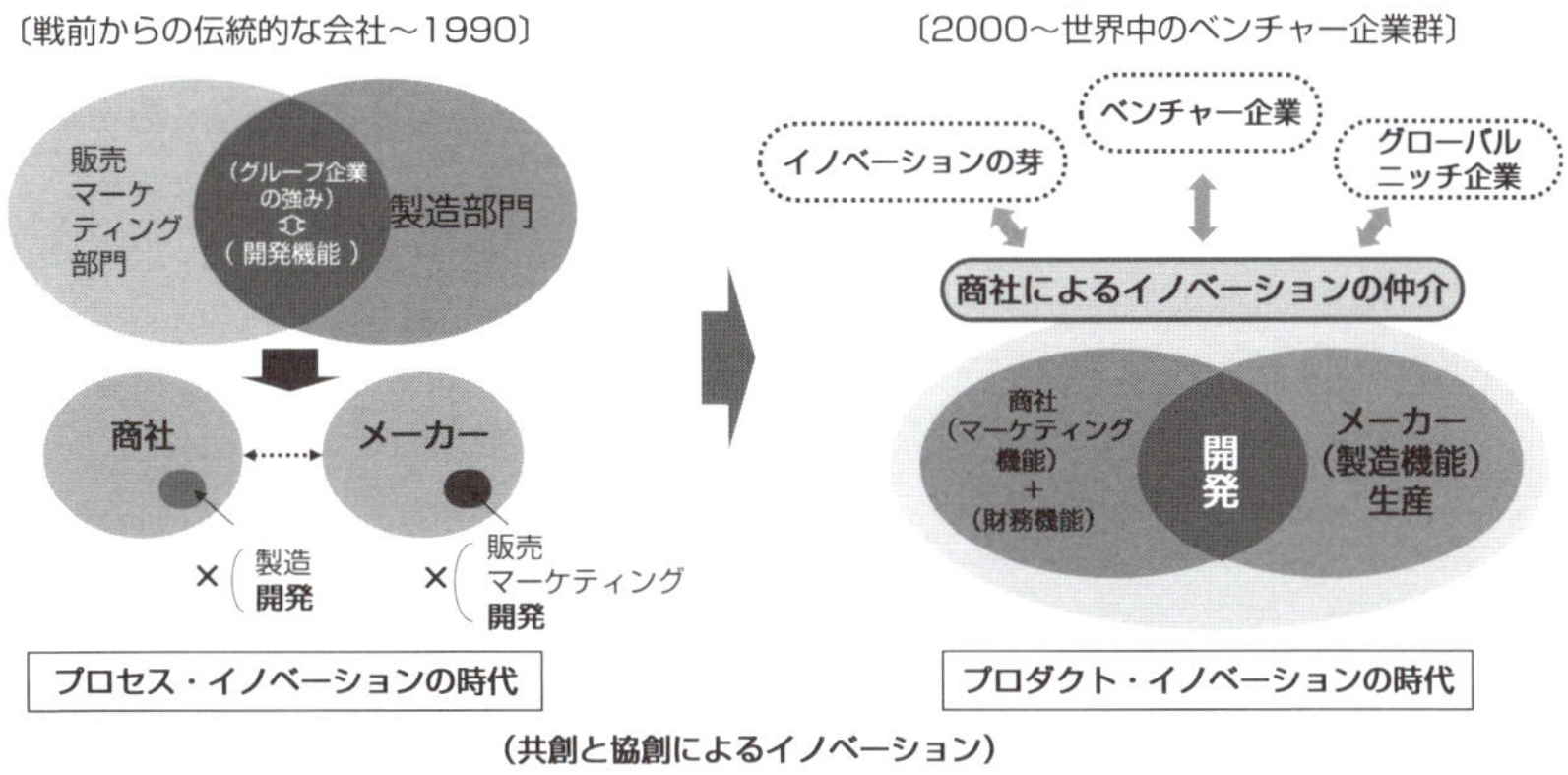

図9－11　イノベーション機能としての商社とメーカーの補完関係

イノベーションのサポート機能	市場（マーケティング、営業）	ビジネスモデル（BM）	技術（開発、生産）	資金、投資	リスク・テーキング
商社側（仲介・協創相手として）	◎（本来の機能として顧客対応、財務機能としても持っている）	○（さまざまなBMに対応しているが、特に専門的ではない場合が多い）	△-×（本来、研究開発機能、生産機能は持たないが、基礎研究に関与する場合もある	○（資金力はある、儲からない事業からは撤退がすばやくできる）	○（未知のものに対する許容度は高い、成功すればよい）
（参考）メーカー側	△-×（製造分担型での創業が多い）	△（既存事業関係のBMには強い）	◎（研究開発、技術力維持、向上は本来の業務）	○（順調な時は大きな資金力があるが、本業以外にはなかなか廻せない）	△（既存事業で成功している会社は×）

図9－12　商社の取り組み基本形と O.I. の可能性範囲

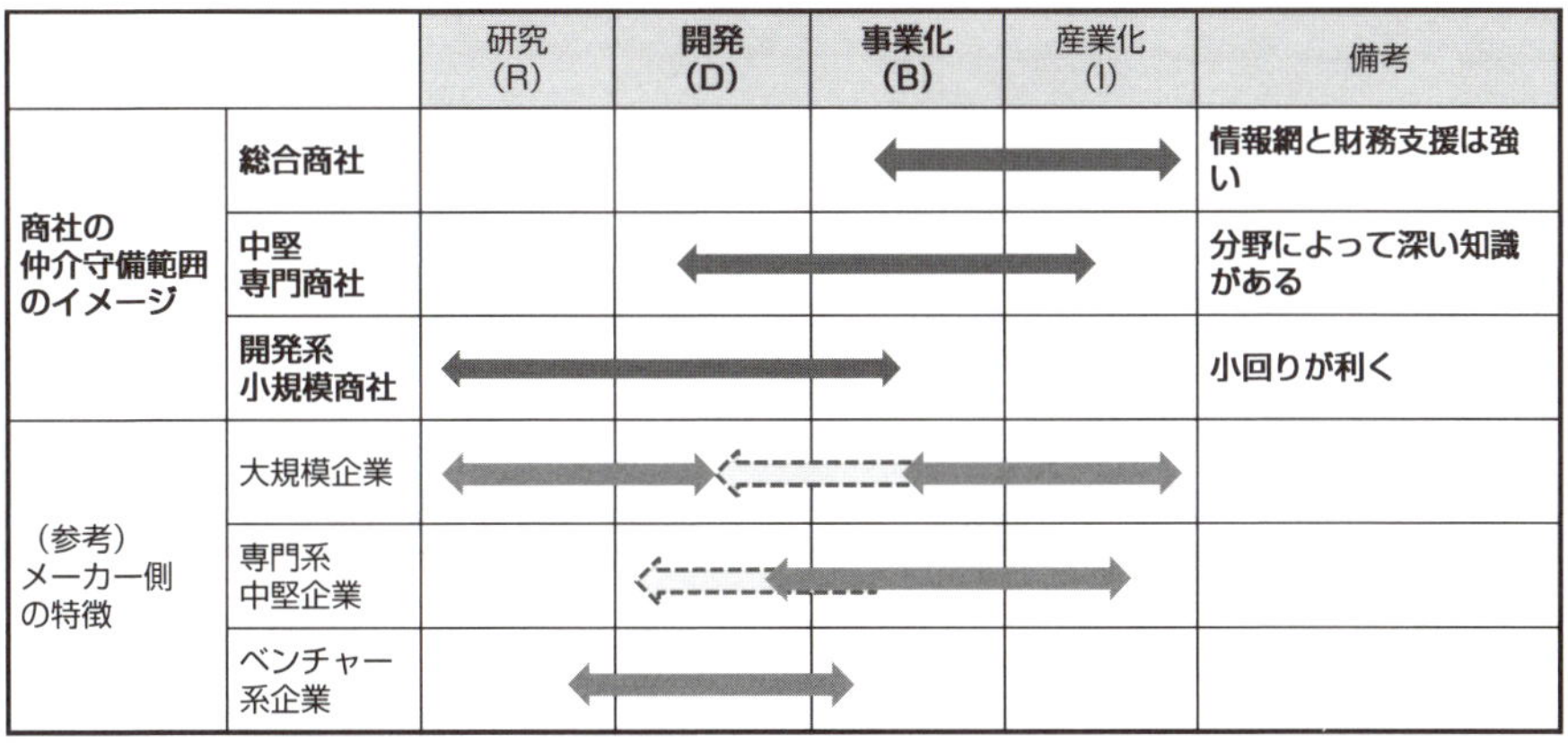

事例－９その１：
仲介業Ｔ社による中小Ｕ社技術との協創で大手Ｓ社の商品化事例

新事業・新商品の展開内容：

大手Ｓ社では、常時健康状態を把握するヘルスケア用ウエアラブル端末の開発を新規に進めていた。しかし採用を検討していたα方式では、安定したセンシングが難しいことが判明した。社内で他方式の検討もすべきではないかとの議論が起こったが、担当者としては、２つ以上の方式を並行し検討する余力はなく、困っていた。

そこで、大学や多くの会社にネットワークを持ち、実績もあるＴ社「技術仲介サービス」を利用することとした。他方式でセンシングを検討している機関を探してもらい、その実力を把握するとともに、改めて各方式の特質を見極め、よりよい方式があればその機関と協創を検討するということであった。

当初の依頼は技術紹介だけであったが、担当者がＴ社と議論を深めていくうちに、Ｕ社のβ方式がＳ社端末に合っており顧客価値も上がる可能性も分かってきた。このためＳ社は、Ｔ社を仲介としてＵ社と最終ビジネスまでの交渉を行ない、Ｕ社のモニタリング技術をベースに、一緒になって端末まで組み込む協創を行なうことになった。測定法開発とデバイス組み込みとを別々に分担して進めるのではなく、協創することにより、他社に先駆けて新たな測定項目を加えたヘルスケア用ウエアラブル端末が上市できている。

O.I. のポイント：

①様々な仲介サービスが利用可能であるが、それぞれ得意なこと、できることが異なることに注意。
②自社の困っていること（顧客ニーズ？、課題の解決方法？、試作品作成？など）に応じたサービスをうまく使いこなした。
③仲介業者を選ぶときに、自社のスタンスと将来像を明確にして、単なる技術導入、分担でよいか、共創、協創が必要かをあらかじめ明確にし、どこまで依頼するか検討しておいた。

事例図９－１：大企業と開発系中小企業社とのオープン・イノベーション

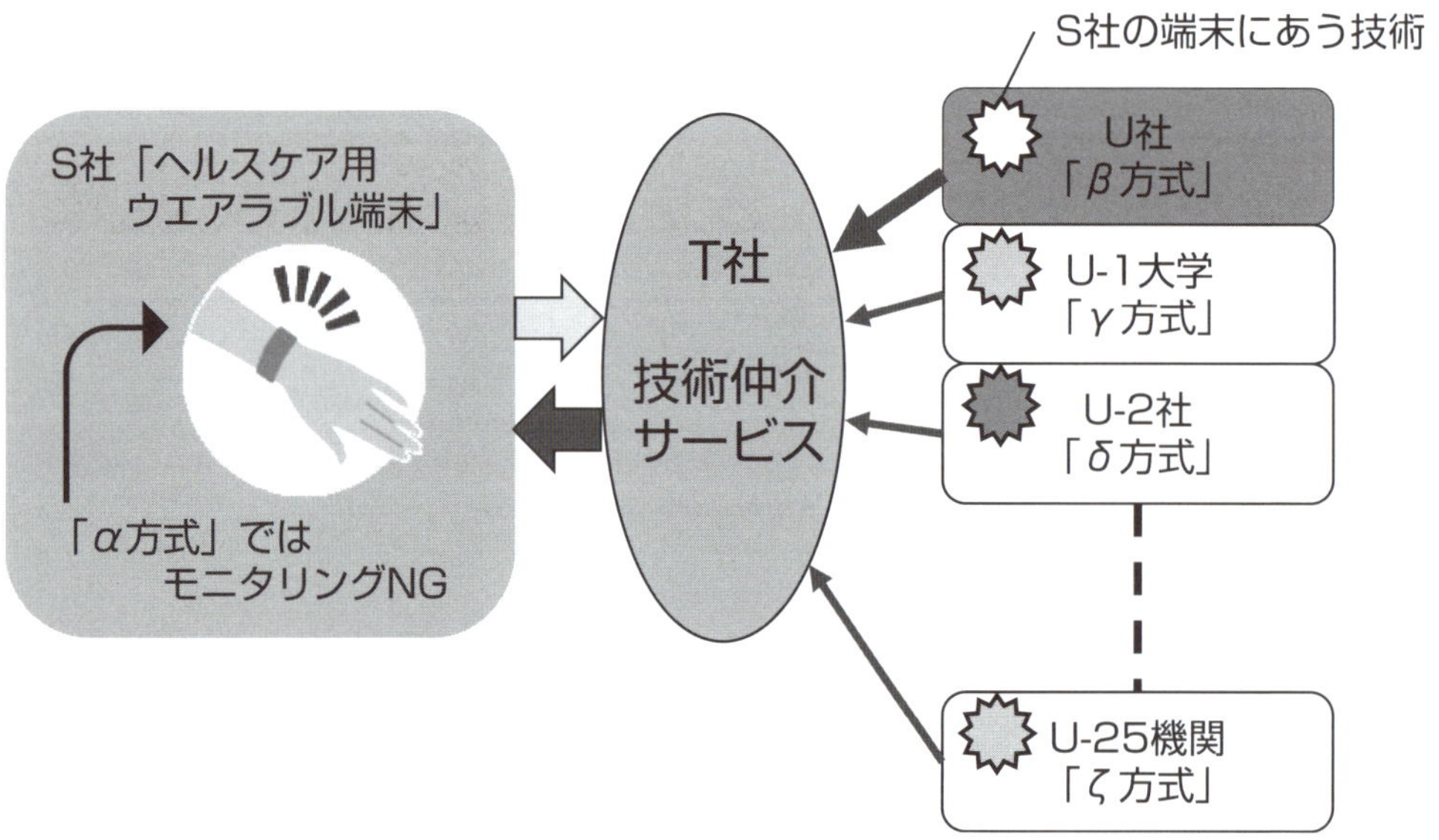

事例－９その２：
大手商社Ｖ社による大手Ｗ社への仲介と共同事業事例

新事業・新商品の展開内容：

製造系大企業Ｗ社では（分野は問わないが）異分野対象とした新規事業開発を模索していた。大手総合商社のＶ社はもともとＷ社と良好な関係を持つ財閥系の大手商社で、新規事業の開拓部門として専任の技術部をもっていた。両社の信頼関係の下、Ｗ社の研究所からは先端的な新技術と共に技術基盤の紹介と各種製品展開への可能性を、Ｖ社からは新分野として伸長中のエレクトロニクス分野の市場可能性が紹介された。両社では経営判断もうけて合同プロジェクトが発足し、それを受け共創的な新規事業開拓が行なわれ、新規事業を立ち上げることができた。

事業を立ち上げた後は、次の商品はＷ社が独自の開発・製造を分担し、Ｖ社が販売を分担した。トラブル発生時やさらなる開発が必要なときは両社担当が同席することで、ルーチン作業は分担、不確定な事項は協創するという、パターン化がされ関係が継続された。２年間の共同プロジェクトの間に、Ｗ社の予算不足などもあったが、その時は市場を熟知しているＶ社が将来の共同事業（総代理店）契約を担保に資金提供を行なうことで、次々とビジネスが順調に立ち上がった。

O.I. のポイント：

①当初は顧客価値創出が得意なＶ社が主導、顧客と共創してニーズ開発を立ち上げた。
②ニーズが明確になった段階でＶ社はＷ社と一緒に協創により事業化の目処をつけた。
③事業が見えてきた段階でＷ社に分担型として移行し既存体制をうまく活用できた。
④新技術開発は大学の研究所と行ない、全体の調整と資金提供はＶ社が行なった。

事例図９－２：商社（Ｖ社）によるメーカーＷ社の仲介・共同展開事例

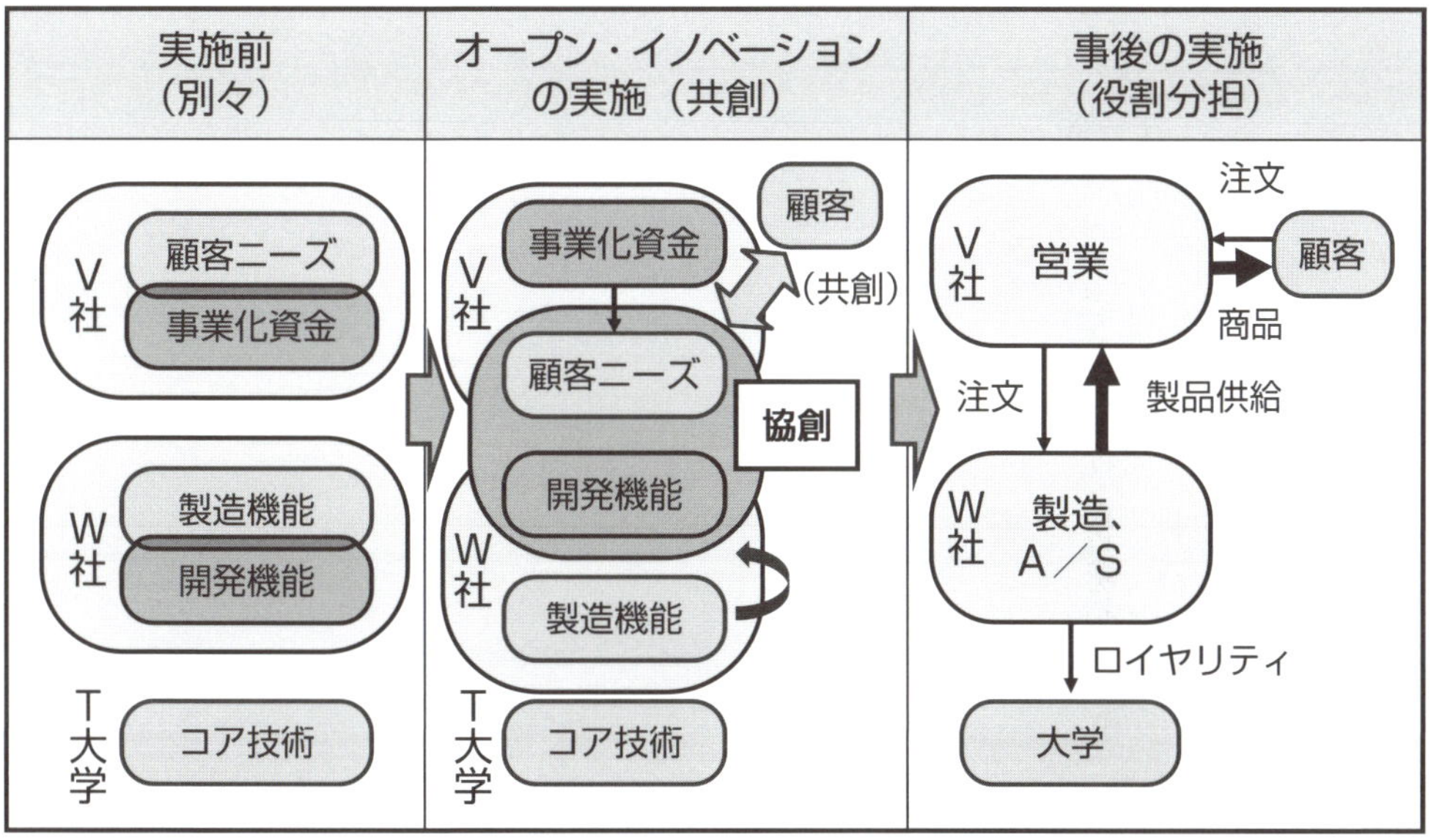

人材編

第10章

O.I.における マネジメントと人材

O.Iのプロジェクトは、不連続かつ不確定な上に、異なる二つ以上の組織がからみます。そこには共・協働するプロジェクト型の組織が必要でそのマネジメントには、戦略とコミュニケーションが必須です。

最後にO.I.におけるマネジメント全体を実践的にまとめるとともに、それらを実行・推進する人材に求められる資質と育成についても述べて本書全体のまとめとします。

第１０章：O.I時代のマネジメントと人材を知りたい

１０－１：イノベーションのプロジェクト・マネジメントを知りたい

１０－２：O.I.におけるプロジェクト・マネジャー（P.M.）の役割を知りたい

１０－３：O.Iを支える人材育成について知りたい

１０－４：O.I時代に求められるイノベータ人材について知りたい

第10章　O.I.におけるマネジメントと人材

1 プロジェクトのマネジメントとO.I.

イノベーション・プロジェクトの特質とO.I.

イノベーションのプロジェクトに求められているのは、革新度の高い不連続のイノベーションです。

O.Iでは、この革新度の高い不連続・不確定さを低下させるための共創・協創ということができます。しかし相手が存在するので、別の意味で不確定要素が増え、複雑になります。

この新たな不確定性を抑えるためには、信頼関係とコミュニケーションが重要です。その達成のために共通の理念や目的などをロードマップなどで共有化することが必要です。また、共創・協創に伴う不連続度の減少レベルも把握し、先手を打ってリスクヘッジを用意しておくことも必要です。

そのため、予期しない出来事が起こるという「不確定のマネジメント」の発想が必要となってきます。

不確定なプロジェクトのマネジメントとイノベーション

最近まで日本では、明確な目標に向かって成果達成を効率的に進めるため、役割分担を明確にしたピラミッド型組織をとり、管理が優先されていました。しかし、イノベーション（ここではプロダクト・イノベーションをイノベーションと呼ぶ）を起こすためには、フラットなプロジェクト体制が必要となります。

これは不連続・不確定なプロジェクトでも、スピードをあげて目標を達成するためです。迅速な意志決定と、それに基づきプロジェクト全体の方向性を素早く変えることが必要であり、それに最適な組織形態だからです。

このとき、意思決定をするリーダー（プロジェクト・マネージャー（P.M.））が不連続点（方針を変えるべき状況の変化）をプロジェクト内外から、いかに早く感じて、次の手を打てるかが重要になります。

イノベーションのプロジェクトにおけるマネジメントの本質

イノベーションのプロジェクトは、従来の分担型、管理型におけるものとは異なり、目標が不明確な不連続の中で成果を実現するものです。そのため、常に状況が変化します。

したがって、そのプロジェクトでは、めまぐるしく変化する目標や状況を、全体感を共有化しながら、メンバーそれぞれが自立・自律的に判断していくことが必要です。状況に応じて（変化に対応して）フレキシブルに変化できる「サッカー型」のマネジメントが求められます。

特にO.Iのプロジェクトにおけるマネジメントには、臨機応変にプロジェクトを進める上で、プロジェクトメンバーが共同（一緒になって）し、協働（役割を越えて考え・動く）することが重要です。

そこでは、従来型の「Ｈｏｗ型」ではなく、「Ｗｈａｔ型」が求められます。そのためにはリーダー・メンバー、メンバー間のフラットで双方向のコミュニケーションが欠かせません。

図10−1　プロジェクトの定義とイノベーションのマネジメントの視点

プロジェクトの定義(※1)	イノベーションのマネジメント（※2） （実践プロジェクトの視点）
・一時的（臨時） ・有期限（始まりと終わり） ・フェイズ（ステップ） ・単発性（繰り返しなし） ・集中責任（PM） ・緊急性（スピード） ・チームワーク（一時的集団） ・限定的なリソース（有限資源） ・スケジュール厳守 （時間コントロール）	・正解の存在がない世界で共同・協働による解決 ・支配、従属からパートナーへ ・上下関係から役割分担へ ・階層構造から、フラット構造へ ・プロジェクト内部でもアライアンスでも一緒 ・一方向のコミュニケーションから双方向のコミュニケーションへ ・指示命令型（指示待ち型）から コミュニケーション型（質問・自立·自律型）

※1　PMI（Project Management Institute）による　※2　図解・実践MOT入門（言視舎）による

図10−2　オープン・イノベーションの対象のプロジェクト・マネジメントタイプ

	内容	備考
分担型（HOW型）	プロジェクトをいかに効率的に進めて、予め決められた目標を達成するか	（プロセス・イノベーション型）役割分担のクローズ・イノベーション
共創、協創型（WHAT型）	先例のない世界で、いかに新しい目標を企画、評価、実行し、結果を出すか	（プロダクト・イノベーション型）オープン・イノベーションの対象

本書で扱うプロジェクト・マネジメント

図10−3　イノベーション実現への不連続なマネジメントのイメージ

不連続の部分は既存事業体制（連続的なマネジメント・管理）とは全く異なる視点が必要

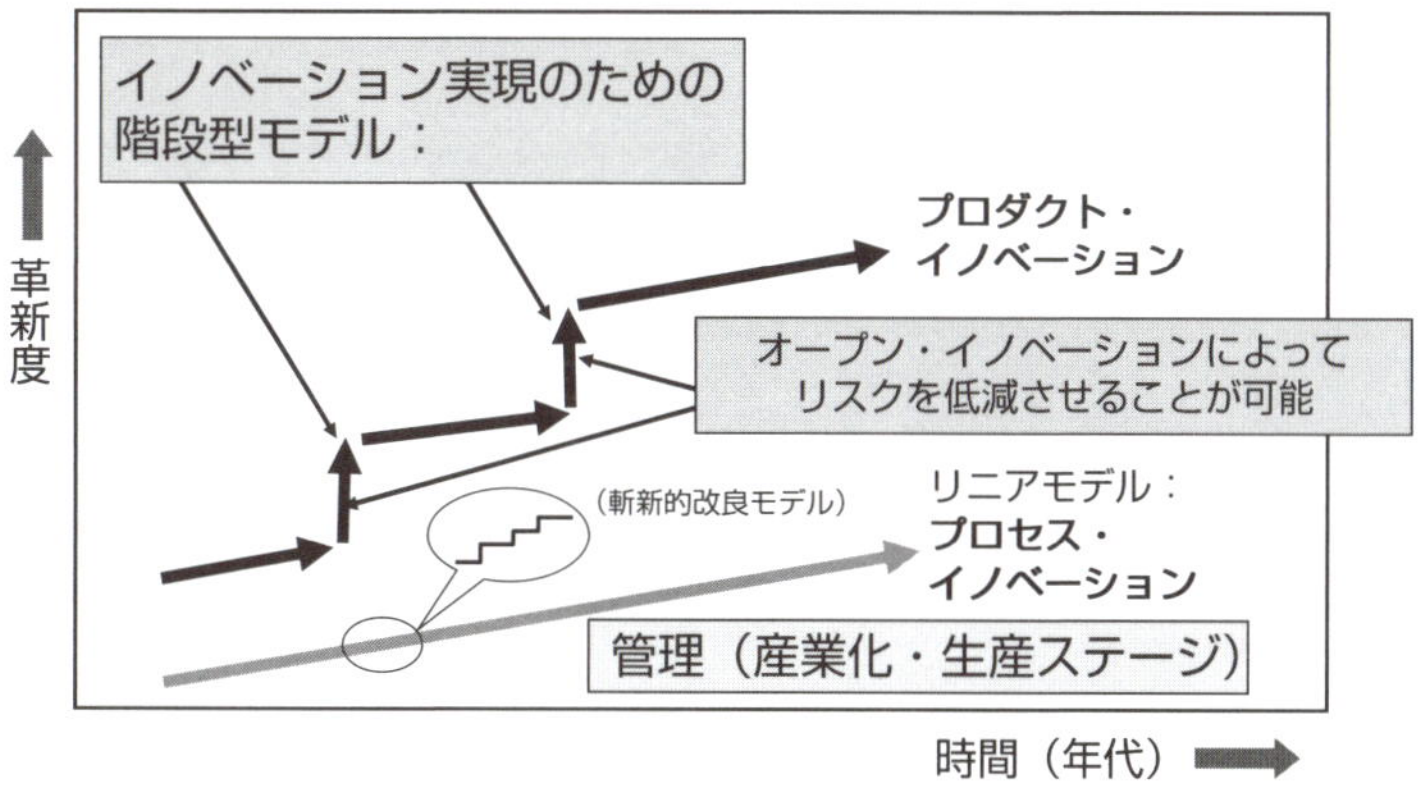

プロジェクト・マネージャー〈PM〉の役割とO．I．

プロジェクトには、3つの不透明性（市場、技術、関係性）があります。プロジェクトはもちろんメンバーの仲間と共に考え、行動していく必要があります。

O．I．のPMはその上で、間をとりもち、プロジェクトを実現するための共創・協創できるフラットな体制を作ります。その際、双方の課題について責任者には、当然ながら自分でリスクをとる覚悟が必要です。もちろん「責任と権限が一致した体制」を獲得することも重要です。

その際、PMの最も大切な仕事は、プロジェクトの目標と行動の方向を明確にすること、すなわちビジョン・戦略の策定です。戦略を見極めるため、自分で顧客の生の声を聞き、市場から情報を得ることが大切です。

2 O．I．におけるマネージャー（リーダー）の資質と役割

共創・協創のためのオープンなインターフェースを作る

O．I．のプロジェクトを進めていく上で重要な体制は、社内だけでなく、共創していく顧客との間や、協創していくアライアンス相手（企業）との間において「つなぎ」をつくることです。これを2つの組織の間のオープンな「インターフェース」と言います。

そこでは、双方の信頼関係がキーとなります。そのためには、①共同して物事を進める「重なり」を増やすこと、②進捗が思わしくない原因を相手側に押しつけないこと、そして③立場を超え、相手の立場で考える（比率を上げる）基本的な姿勢が大切です。まさに共同（一緒になって）し、協働（役割を越えて考え・動く）することです。

インターフェースのマネジメントの具体例

O．I．プロジェクトにおけるマネジメントとして大切なことは、インターフェースで行なうことを明確にし、そこでの社内・外のコミュニケーションを円滑にすることです。O．I．にとって重要な開発と事業化のステージでの具体的な内容例を示します。

①開発ステージ：アライアンス相手と社内各部門の技術的リソースをお互いに理解・共有して、いかにうまく活用していくかがポイントとなります（協創）。また、顧客ターゲットを決める時やそこで求められる技術内容レベルを明確化して確認することも重要です（共創）。

②事業化ステージ：顧客との共創のためのインターフェース内容、役割が拡がります。実際の顧客との価格を含めたやり取りも始まります。社内的にも事業化を睨んだ営業や工場とのやり取り、全社管理部署とのやり取りになります。必要な資金と人材も増加するので、実際のインターフェースとして処理する量は開発ステージから格段に増えます。

うまく展開が進んできて商品上市に近づくと、流通チャネルやその具体的な方法についての打ち合わせも必要となってきます。

図１０－４　O.I. におけるプロジェクトの課題とリーダーの役割

課題	基本的な考え方	オープン・イノベーションにおけるリーダーの役割
市場の不透明さ（共創）	市場が不透明で見えづらいほど、チャンスは大きくなるが、少数でも本気の顧客と共創すること	自分だけで解決しようとしないで、パートナーと一緒に考えて、さまざまな意見を尊重していくことが必要
技術の難しさ（協創）	技術課題が多く、難しいほど他でできない差別化になるが、あくまでも市場（顧客）価値を目的に協創して考えることが前提	
パートナーとの信頼関係が足りない	アイデアや発想がなかなか出てこないときは、相手を責めないこと（目的とプロセスを共有化しながら進める）	コミュニケーションをよくして相手を助ける姿勢、出し惜しみをしない姿勢が必要

図１０－５　O.I. におけるオープンなインターフェースのイメージ

A社と自社がパートナーである意識と企業の立場

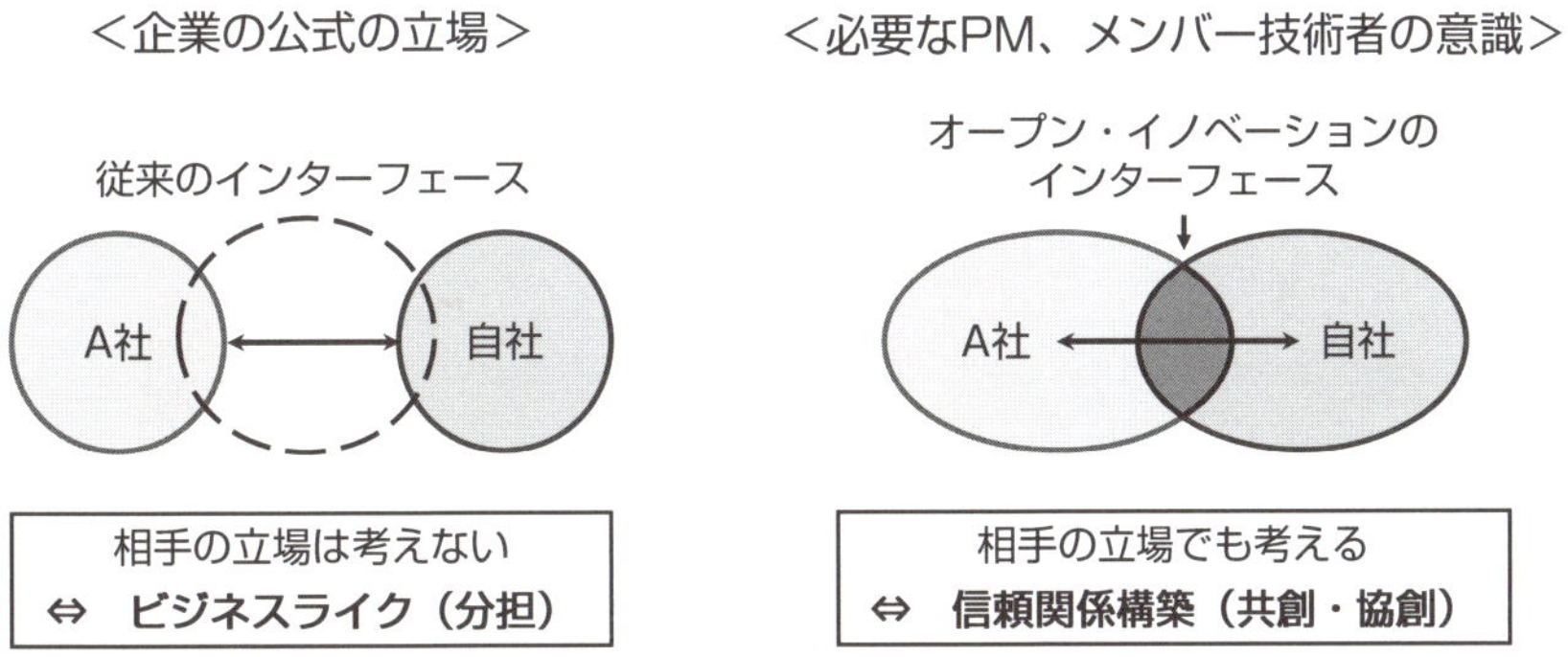

図１０－６　イノベーションのプロジェクトにおける社内外とのマネージャ（インターフェース）の役割

	社内対応（インナー・オープン・イノベーション）	社外対応（オープン・イノベーション）	マネージャの役割
開発ステージのプロジェクト（イノベーションへの間接対応）	プロジェクト内部・マーケティング 研究所、社内管理部署の意思疎通 （工場、営業）	・アライアンスとしての共同開発先がある場合にはその技術だけでなく、共有する目的が必要（共創） （マーケティング部隊を通じた社外対応）	基本的に技術を中心にしたアライアンス対応が主体（手段の共有化）
事業化ステージのプロジェクト（イノベーションへの直接対応）	事業本部／事業部 プロジェクト内部、営業、 マーケティング、研究所、 工場、アフターサービス、 関連会社でのビジョン（未来）共有化 社内管理部署（知財・法務）	・顧客（出来るだけ多く）の価値を明確化 ・社外発注先や業界、競合先との協創 ・共同開発、共同事業化先との協創の可能性 ・商社との協創や仲介	基本的に顧客を中心にした全方位対応が主体（価値と成果の共有化）

3　O．I．時代の人材育成への環境設定

O．I．のマネジメントの基本と人材対応

企業において、O．I．を考えるとき、PMは折りに触れて経営層と議論し、企業におけるO．I．の重要性と経営者やイノベーションの関係者にとってのリスク低減の有効性を共有しておくことが大切です。このとき併せて「ひと（O．I．人材＊）」の確保、発掘、育成も重要です。

＊O．I．人材：ここでは、オープン・イノベーションのプロジェクトを自立・自律的に実施することができるメンバーのことを示す。

大企業では、指示待ち型、すなわち指示されたことは高いレベルでこなす人材は豊富にいます。しかし自分で目標を設定し、不確実性の高いプロジェクトで自立的に動くことができる、イノベーションに向いたO．I．人材はなかなかいません。そのような中で逆にこのようなプロジェクトは、理想的な人材発掘・育成の場と言えます。

もちろん実際にはO．I．のプロジェクトの「ひと、かね、とき」がうまくマネジメントされて動いている事が必要です。

OJTで鍛えるための組織・体制イメージ

MOTの4つのステージにおいて組織・体制の変化を伴いながら「開発および事業化のステージ」が最もO．I．の手法が有効なステージです。そこで、このステージにあるプロジェクトにおいて、OJT（On the Job Training）にてO．I．人材を鍛えることになります。

特に、開発が完了して事業化ステージに入る段階は、予算の裁量権も拡大し、人材の最適配置（ピックアップも含めて）が可能となり、マイルストンも明確となります。

O．I．のプロジェクトをうまく使うことで企業にとっては将来の経営者人材の育成の場になります。また技術者にとっては独立・起業というリスクを冒さずに自立・自律できる生きたイノベーション・マネジメントが学べる絶好の場と考えられます。

O．I．人材のマネジメントに必要なこと

O．I．人材が、不確実なプロジェクトを推進していく中でやるべきことは、不確定な中で意志決定し、実行していくことです。

その第一は、顧客との共創、アライアンス相手との協創において、仮説を創り、それを検証、そして修正していく一連のサイクルを速く回すことです。

そのためには、実践MOTで体系化されている①基軸（ビジョンを含めたロードマップ）の作成、②顧客価値の先行把握、③知財などの各種のアライアンスマネジメント手法も活用します。

そして仮説構築、検証、修正の一連のサイクルを実現する際に重要なことと、それに必要なオープンな重要資質は以下の3つといえます。

・未来構築力（事業シナリオ作成能力）
・相手の立場の理解と共感（コミュニケーション能力）
・時間軸の誤差は許容（手を早く打つ能力）

図10－7 O.I.におけるプロジェクトの人材と費用、スケジュール対応

課題	基本的な考え方	オープン・イノベーションにおける人材のポイント
人材マネジメント	それぞれのメンバーの把握、補充、除外：メンバーのベクトルの一致、調整、課題の発見、解決までのPMの責任（適材適所）	メンバーのベクトルが揃っていないと大きな課題となるので、双方の組織の目標の違いをなくしていく
予算の管理・調達	予算の調達・管理：双方の立場でいくら必要か、その調達は誰にどのように依頼するか明確にする	組織における資金、予算のキーパーソンの把握と責任と権限の一致
スケジュールの共有化と改訂	スケジュールの管理・対応：一ヶ月単位、半年、1～2年（プロジェクト全体）のスケジュールの作成、改訂	事前準備としてのマイルストンの共有化を十分に行ない、スケジュールを共有化する

図10－8 事業化ステージごとの組織・体制とO.I.人材活躍の範囲

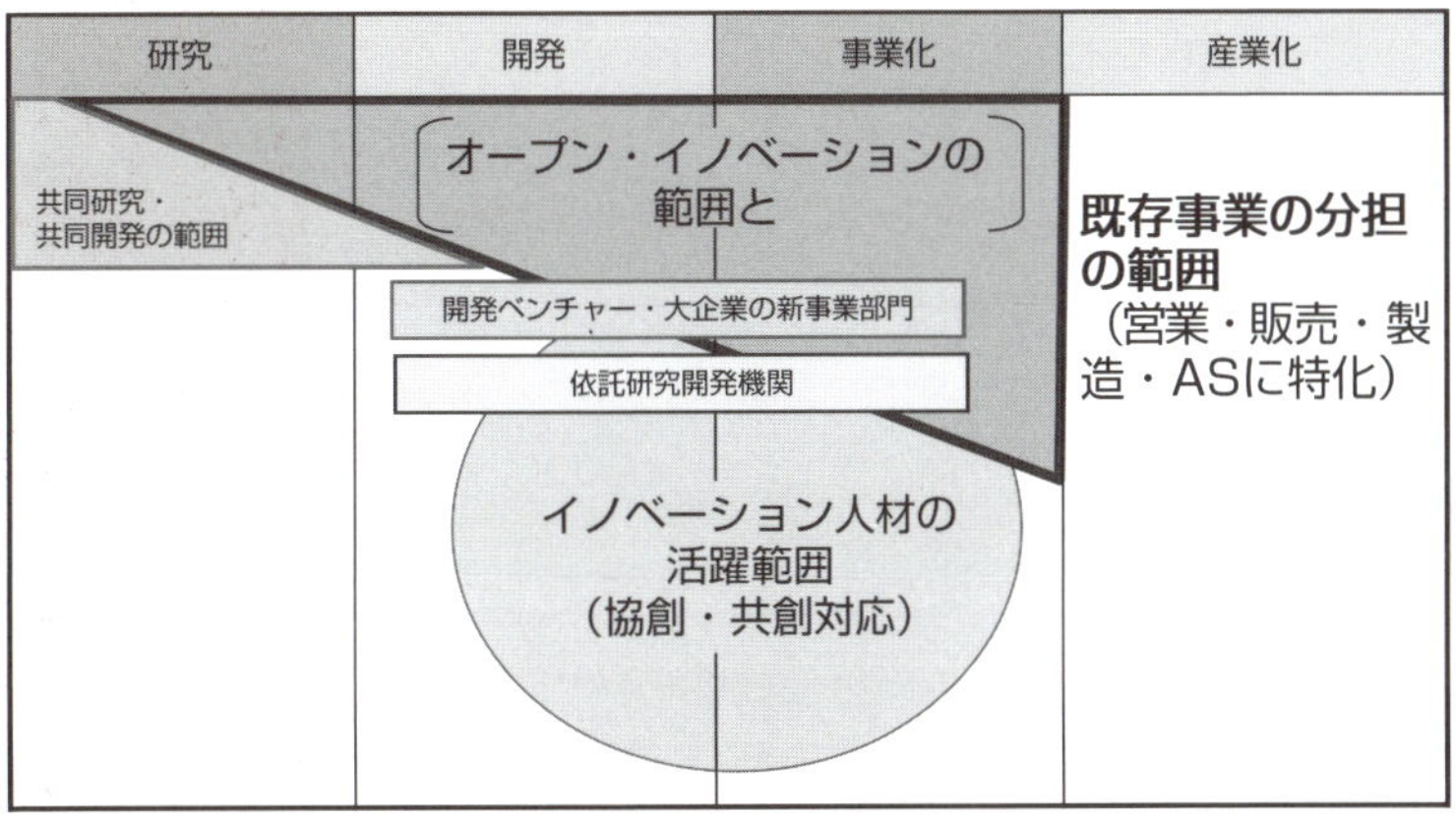

図10－9 O.I.人材のマネジメントのキモ（仮説構築と検証のサイクルができる人材）

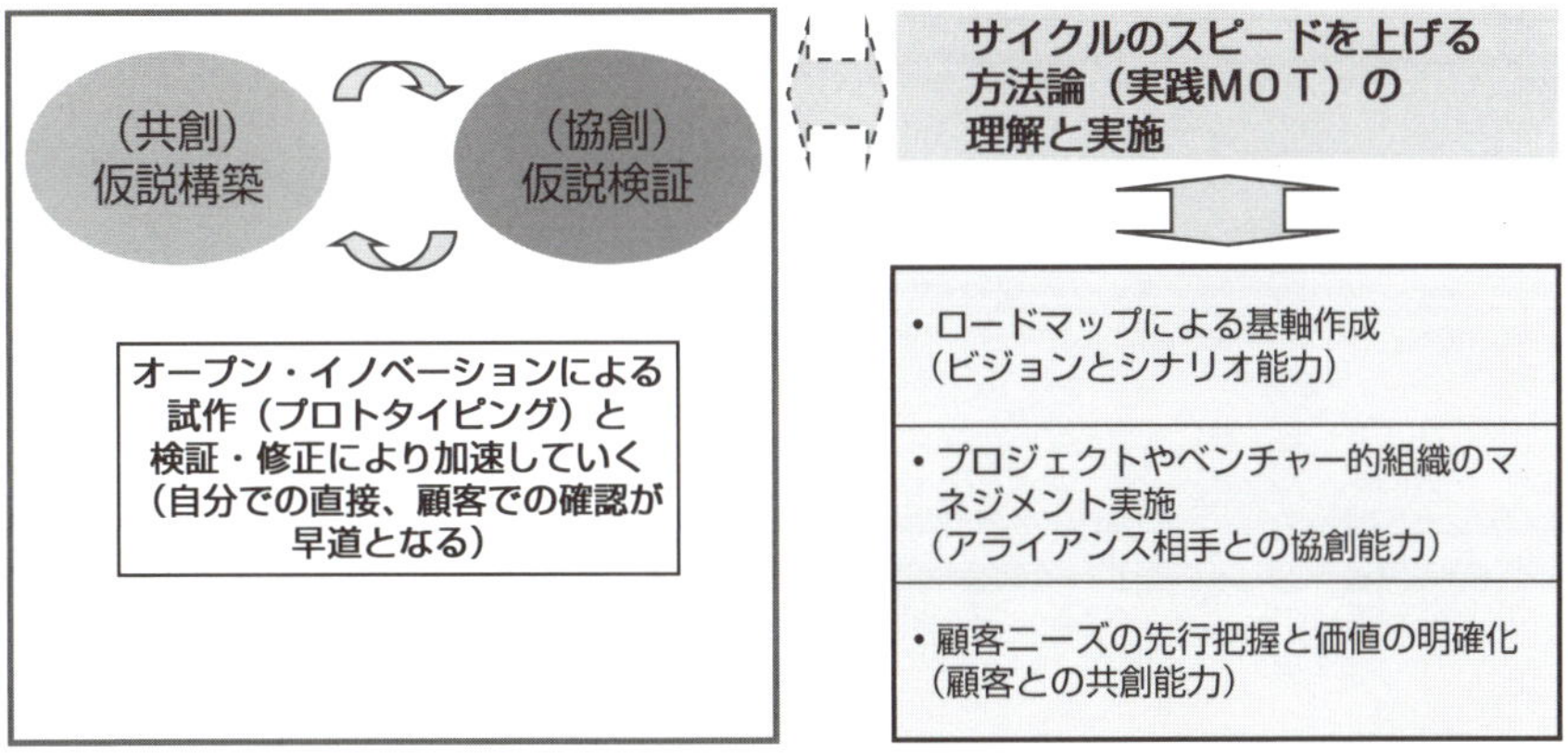

4　O．I．の人材に求められる思考と意識

求められる企業家精神とは

オープン・イノベーション（O．I．）において求められるイノベーションを推進できる人材（リーダー、メンバー含む）には組織人を超えた企（起）業家精神精神の思考と意識が必要です。

自分が単に失うものがないからと挑戦するのを「ハングリー精神」といいますが、同じようなチャレンジでも、業を企て、起こし、仲間を巻き込み皆と一緒に自己実現を図ることが「企業家精神」となるのだと思います。

そこで重要なのが「何をしたいのか」です。何かのチャレンジすることは大切ですし、チャレンジすることを考えることは大切ですが、何をしたいのかが明確でないと混乱を起こすだけとなります。Ｈｏｗではなく、Ｗｈａｔです。

まずは、できたら「すごい」と自分が納得できることを見つけ、それに向かって自分の強みを活かしてできるチャレンジを行なうことが第一歩です。

O．I．に必要な人材は自立・自律人材

O．I．人材は、まずは広い視点をもつことが肝要で、全世界から共創や協創の相手を探してコミュニケーションする必要があります。そのためには普段、少しずつでも自分の空間や時間軸を広げておく必要があります。特に大きな企業の既存事業では役割分担、効率を追い求めており、その中にいるとどんどん視野が狭くなる傾向があります。

新規事業推進部署などはまさに既存の枠組みから市場、技術ともにはみ出すチャンスとなります。このような新しい部署には基本的に優秀な人材が多いのも事実ですが、新しいスピードや専門性を求められる新規分野では従来の組織や考え方を逆転する発想が必要な場合も多く、求められる資質が異なります。

このなかで個人でもチャレンジするモチベーションを上げていくかが大切です。マクロなスパンで自分の人生を俯瞰したときには、自立・自律が必須です。

企業の中でのO．I．においてはほとんどリスクなしで、大きなチャレンジ（技術の事業化）に挑戦できるということもポイントとなります。

スペシャリストからプロフェッショナルへ

O．I．を実行するプロジェクトでは、仲間が一緒に行ないながらも、それぞれがある程度のリスクをとった開発を伴う仕事や挑戦を行なうことが仕事になります。このためには、自分で自信を持ち自立・自律することがポイントです。そのために一番の近道は世の中に通じる専門家（＝プロフェッショナル）になることです。

組織を手段として考えると、実は組織内のスペシャリストは比較的簡単になれますが、その組織を離れても通用するプロフェッショナルにはそう簡単になれません。逆に言うと組織外との交流、すなわちO．I．を実際に経験し実行することがプロフェッショナルへの早道となります。

図10－10　起業家精神とハングリー精神

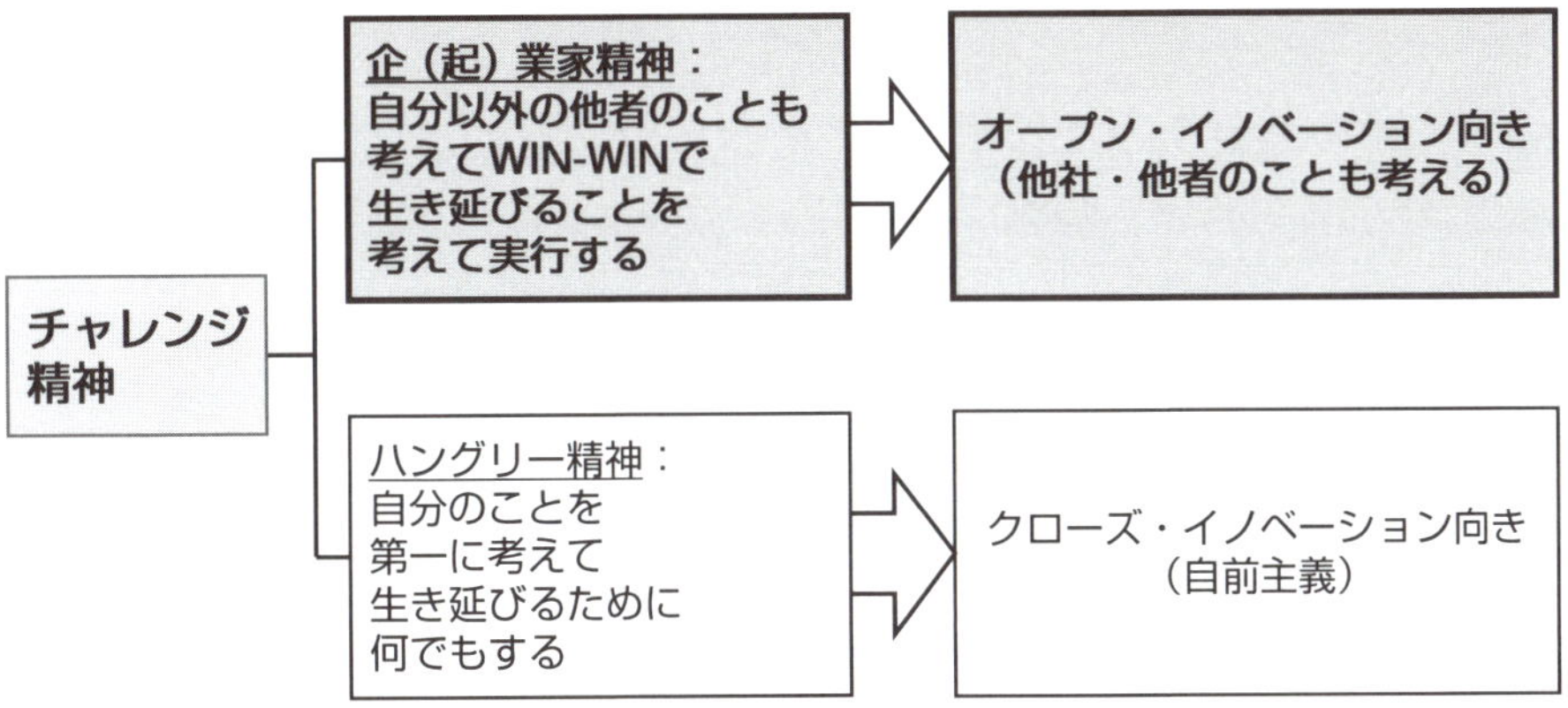

図10－11　オープン・イノベーションと自前主義の各種比較

	費用 （コスト）	人材 （専門家）	スピード （納期）	コア技術の 保有権
オープン・イノベーションでの共創と協創 （社外の活用）	・全費用を考えると社内の1/2レベルで済む ・マイルストン未達のとき任意に中止できる	・専門家集団であることが原則 ・人材の移動は頻繁に起こる ・オープンな起業家精神そのもの	・社内の外囲の1/2の納期で完成させるのが目標 ・言い訳を許さないマイルストン管理 ・無駄な時間がないマネジメント	・明確な権利の移転契約 ・コア技術と周辺技術の明確化とドキュメント化 ・きちんとFILEされる
自前主義 社内開発部署 （自社での実施）	・余裕のある予算と高価な社内レート ・部署の人達を含めて、余分の人もコストになる場合が多い ・社内の負担なので甘えがあることが多い	・社内で調達を原則とする ・経験のある分野ならば人材はいるが異分野ならば人がいない（教育から始まる） ・クローズな起業家精神	・管理や会議など間接時間が多くスピードは遅い（比較して） ・確実な開発	・品物が出来るがきちんとした移転用のドキュメント化はおくれる ・成果の個人保有になることも多い ・権利範囲は不明瞭

図10－12　オープン・イノベーションで必要な人材

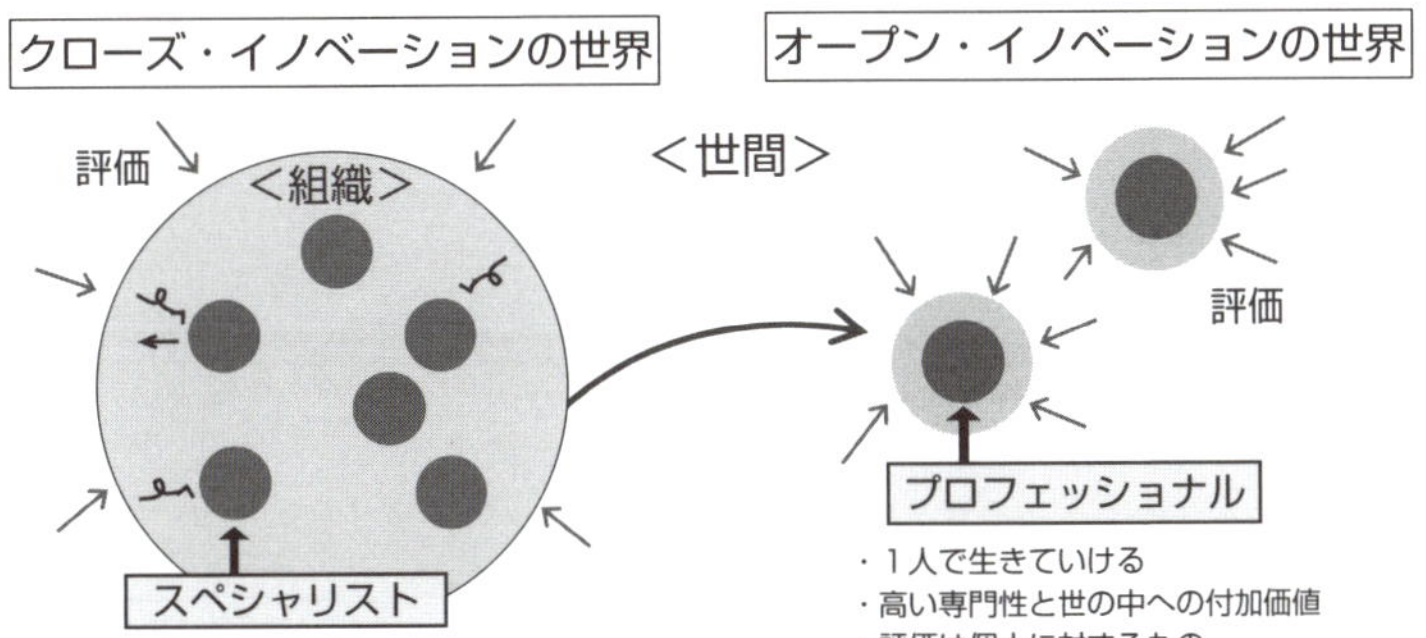

・組織の中で生きていける
・高い専門性を持ち組織への付加価値
・評価は組織に対するもの
・クローズ（社内）での評価
（組織依存型の人材）

・１人で生きていける
・高い専門性と世の中への付加価値
・評価は個人に対するもの
・オープンな世界での評価
（自立・自律型の人材）

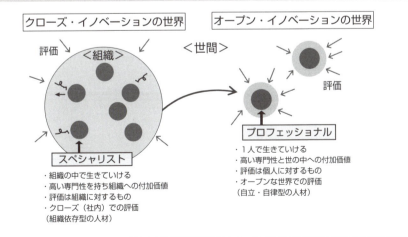

事例－１０その１：
大手Ｘ社、大手Ｙ社の「イノベーション・マインド醸成」活動事例

情報系大手Ｘ社はイノベーション推進のため、経営からさまざまなメッセージを発信している。社員のイノベーション･マインド醸成には、経営者が意志を示し、社員の挑戦を許容することが必要。そこでコーポレートスローガンは、経営者の「危機感」を基に「社会課題の解決、お客様価値の実現を、社内外の知恵や技術を広く集め実現していく」という O.I. の共創、協創の宣言である。そしてその実現のため、①社会価値創造の７つのテーマを設定し、②社内技術をコアコンピタンスとして定義、③社会ソリューション事業を創出している。またコーポレート研究所ではビジョンを「価値共創研究所：ナンバー１、オンリー１技術をてこに、お客様と価値をつくり出していく」とし、テクノロジーアウトから社会ソリューションへとその活動の中心をシフトしている。

一方製造系大手Ｙ社は、イノベーションを推進するため、社員の自主的な活動を経営が支援するプログラムを行なっている。このプログラムでは、新しい商品開発への想いが強い社員自らが提案し、新規商品の上市を目指している。様々な社内のプロが提案者の提案のブラッシュアップや、試作品作成を支援する仕組みが用意されている。その中には、開発や製造部門の技術者だけでなく、品質や調達、法務、知財といった専門家の支援体制も準備されており、商品開発のみならず事業開発のサポートが用意されている。そして社内にて事業提案のオーディションを行ない、採用されたものは既存事業とは切り離した形で製品開発、試験的な上市となる。

さらにこの上市に際しては、クラウドファンディングとＥコマースの機能を兼ね備えた仕組みが用意されており、既存販売網のしがらみや要求規模感から外した形をとることで上市を容易にしている。入社数年目の社員でも提案により抜擢されるケースもあり、社員のモチベーション向上に貢献している。そして、すでにこのプログラムでいくつかの商品が上市され好評を博している。

O.I. のポイント：

①イノベーションには、今までの考え方の見直しが必要で、痛みを伴うので、その不断の実行には、社員のイノベーション・マインドが不可欠である。

②そのためには、経営者の本気度を示し、安心してイノベーションに挑戦することを支える必要がある。

事例図１０－１：
経営者の意志が、社員のイノベーション・マインドを造る

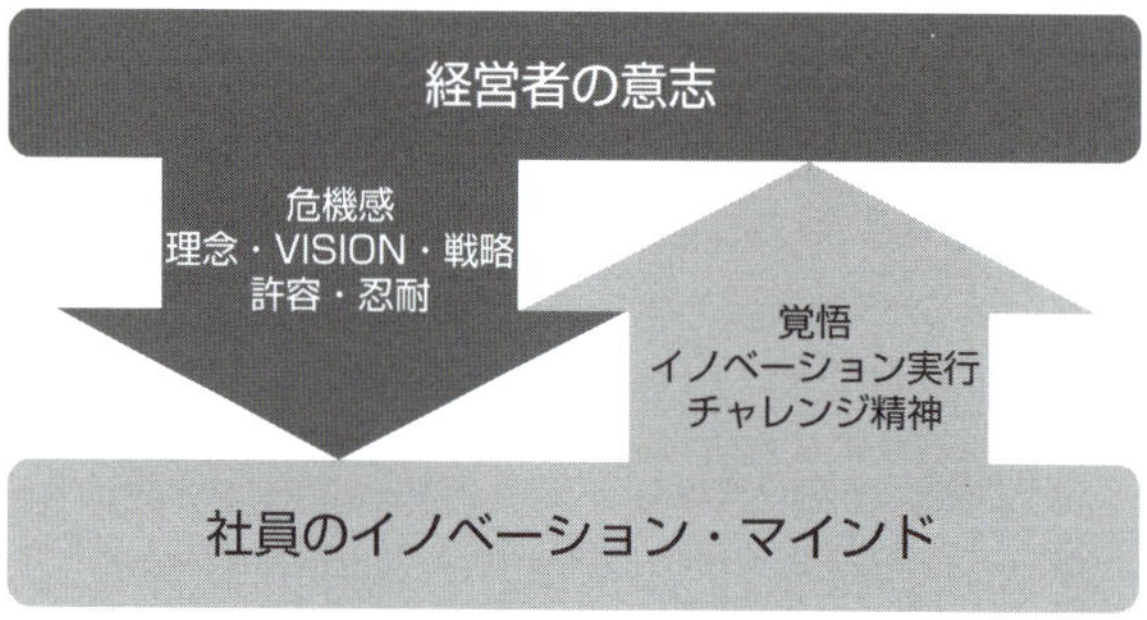

事例－１０その２：
大手Ｚ社の研究所での若手技術者への O.I. 実践スキル人材育成事例

新事業・新商品の展開内容：

素材系大手Ｚ社においては入社 3-5 年の若手研究員、技術者向けに自分のテーマで顧客価値を自ら考えてもらう研修を行ない O.I. の実践スキルを獲得する人材育成を行なっている。

その方法としては、「各自の研究開発テーマ」全部について想いを共有化した上で、まず経営上や市場での位置づけを明確にする。つぎに想定する顧客候補を選び、顧客価値を想定し、顧客価値を最大化するための社内外のアライアンス相手との協創も必ず考えるのがポイントである。さらに見えない市場規模を定量化（フェルミ推定）し規模感をつかむことも必須となる。

期間は５か月（月１回、午後半日ずつ５回）で、各回 15-20 名程度の各部門の研究者が相互に議論します。特に実際の顧客へのマーケティングを行なった経験のない技術者でも他者を共創、協創して巻き込むスキルが向上する。また実際に研究テーマの根本的な見直しにつながったり、当事者意識が大幅に上がったりしている。まさに事業化、イノベーション、特に O.I. 実行に直結したバーチャル研修となっている。

O.I. のポイント：

①研修を通じて、掛け声（イノベーションの大切さ）だけでなく、手法という武器（実践的な MOT 体系）も与え、全体像を自ら理解すること。

②受講生自身の手持ちの案件での個人演習とグループでの議論を行ないながら、研修知識だけではない実践力を実感し、直接業務の価値向上につながることが実感できること。

**事例図１０−２：
大企業の研究所中堅メンバーへの新商品・オープン・イノベーション人材育成」（研修事例）**

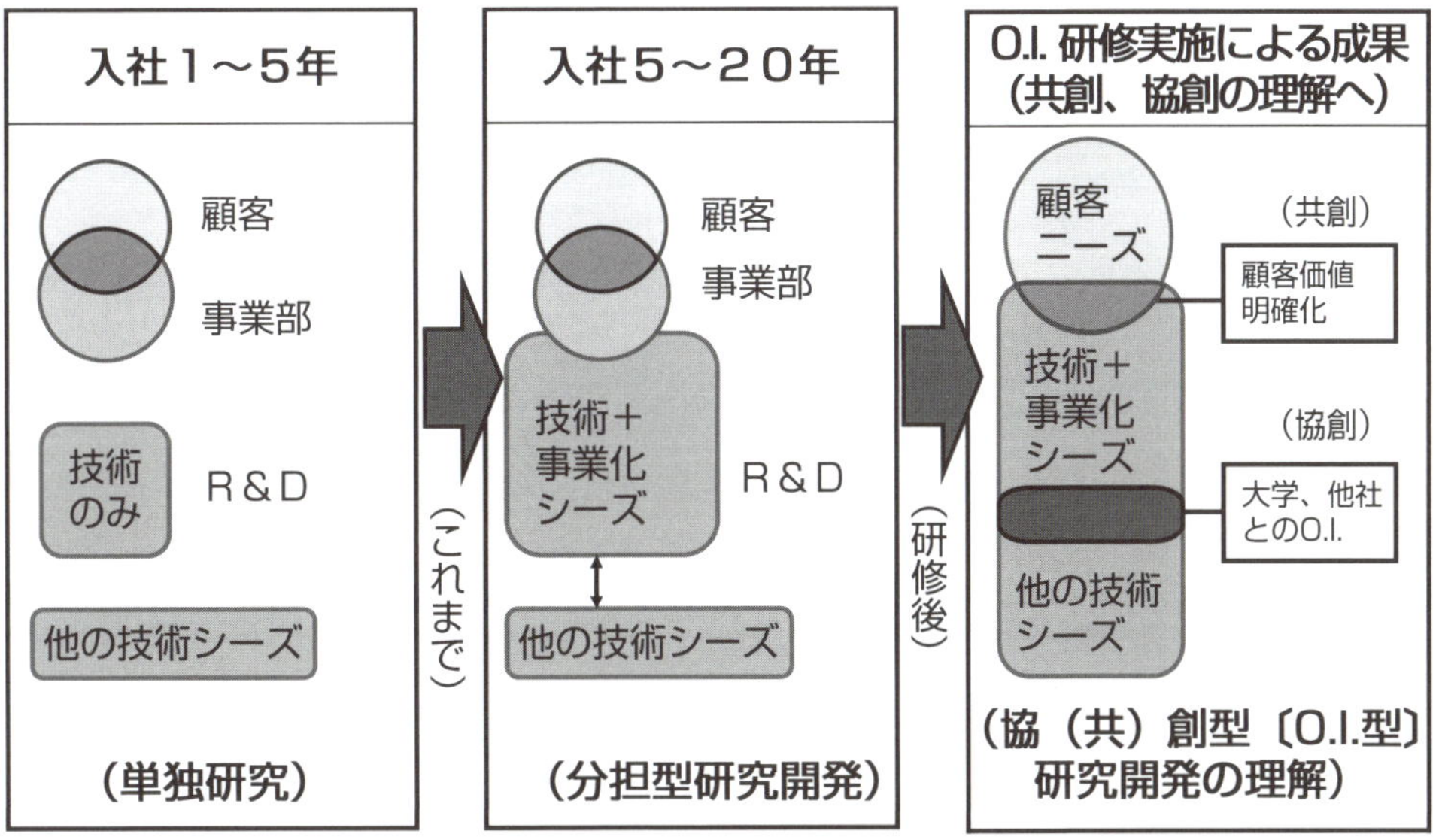

事例－１０その３：
「実践ゼミ活動」により新規事業創出を図った大手Ｄ社の事例

新事業・新商品の展開内容：

新規の「商品仮説」創出は、既存業務との兼務ではなかなか進まない。逆に専任組織での活動では、新規発想に必要な多様性のあるメンバーを集めることが困難であったり、既存の組織の力を上手く活用することができない弊害があった。そこで、製造大手Ｄ社では「新規商品・事業創出　実践ゼミ活動」を行なっている。

このゼミでは、①顧客を想定し、②顧客価値（ニーズ）を仮説として見つけ（共創の準備）、③自社の持つ技術シーズベースで「できること」「できないこと」を挙げ（協創の準備）、④顧客価値のある他社にできない④ユニークな技術を抽出し、⑤それらの組み合わせで「商品仮説・モデル」を作成し、実際の想定顧客に仮説をぶつけて仮説を検証・進化させていく。

この活動で他部門（自社内、他社）との協力による新規事業創出のマインドとスキルとを身につけ、O.I. を共通言語として語れる社員のネットワークを構築している。

実際にゼミという名目で既存の組織を超え新規商品・事業のデザインを実践することで、教育の形を取りながら、実践的に組織や社外の壁を越えて新規商品・事業検討を可能にしている。多様な社内外の組織から、さまざまな背景を持つメンバーを集め、半年間にわたるチーム活動・提案と、その後の検討継続により、事業化に繋がるものを複数生み出している。

O.I. のポイント：

①本ゼミは、既存ビジネスの組織･ルール･考え方をバーチャルで乗り越え、多様なメンバーにより、既存の力を活用しつつ「新規事業仮説」を創ることができた。

②ゼミの中で、イノベーションの方法論としての O.I. を共有化することが可能となっており、動きが早い結果をだせた。その新事業が企業理念や市場からの期待に応えるものになるよう、社内協創が重要であった。

事例図１０－３：ゼミでは顧客ベネフィット仮説を立て、実践的な検証を繰り返す

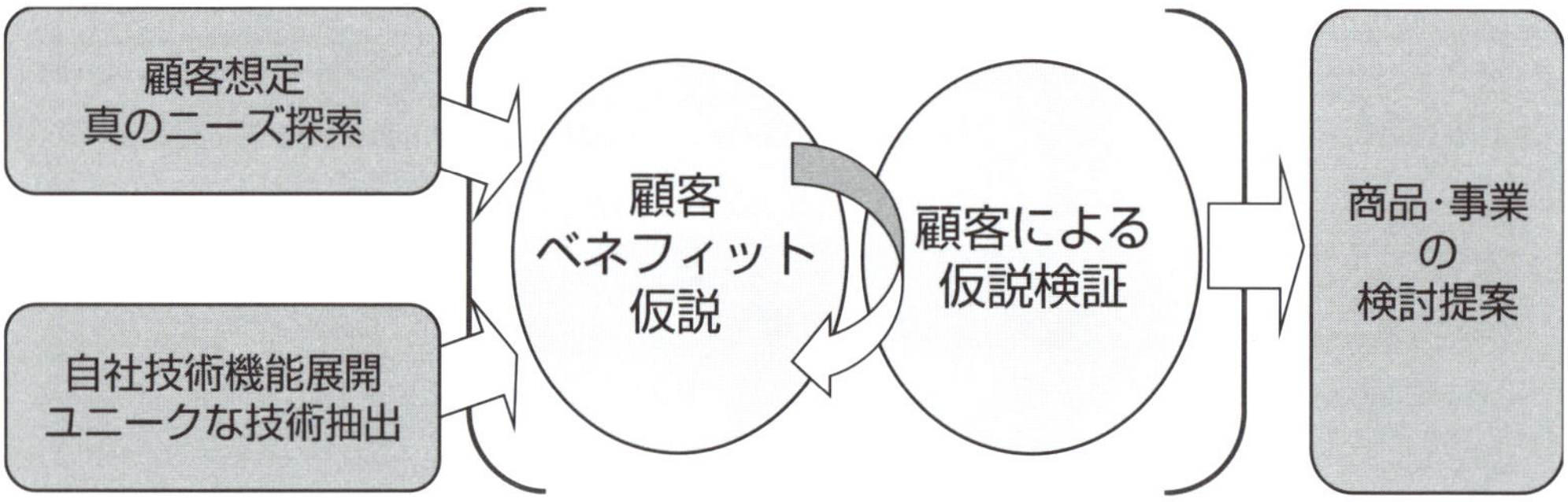

参考資料その1：
オープン・イノベーション 1.0から 2.0、3.0へ

本参考資料1では、今回本書で示したオープン·イノベーション(O.I.)の先にある未来のオープン·イノベーションの姿、「多組織・顧客間の共協創となるオープン・イノベーション2．0」さらには、その先にある「個人間の共協創となるオープン・イノベーション3．0」について述べたいと思います。

1. オープン・イノベーション 1.0

本書で述べたオープン・イノベーションの姿（O.I. 1.0）は、主体となる企業が存在し、その企業が顧客との「共創」により顧客価値を見いだし、アライアンス相手との「協創」によりその価値を実現する商品を創る、「顧客との共創とアライアンス相手との協創」の段階です。

そこでは共創を通じ、顧客が気づいていなかった真の課題への解決が図られ、そして協創を通じて一つの企業の枠の中ではできない解決策（商品）を創ることができました。

2. オープン・イノベーション2.0

社会・環境の変化に伴い、解決すべき課題、実現したい目的が、一個人や一企業の中に留まった課題・目的ではなくなり、単なる個人や企業と主企業との間だけでは解決できなくなってきています。そこで必要なのが、多数の組織（利害関係者としてのステークホルダー）が、渾然一体となって課題の解決を図るオープン・イノベーション 2.0（O.I. 2.0）の姿です。

そこではもはや、主となる企業が存在せず、特定の顧客（群）だけではなく、関連する（しそうな）複数の組織の利害関係者をすべて巻き込んだ真の課題とその解決策とを見いだす共創 2.0 と、複数の組織間の壁を超え協力し合いながらその課題の解決策を実現する協創 2.0 が同時に実現しています。

それは解（商品）が一つのモノだけでは実現せず、システム、サービスと「コト」化してきたように、価値も一人の顧客だけの価値ではなく、関係する多くの組織（利害関係者）の絡み合った課題を解きほぐし、それらをすべて満足する解決策を見いだすことで初めて得られるものとなってきています。そのためには、多くの利害関係者すべてが自律し、その組織の壁を乗り越え、Win-Win の関係を築くことが必要です。そして、それを仲介促進するインターフェースとファシリテーターの役割が大きくなります。

3. オープン・イノベーション3.0

今まで企業や組織が保有していたさまざまな機能（例えば、さまざまな供給先から適切な品質と価格のモノを見いだし入手してくる購買機能、必要な原材料を加工し、必要な部材とともに組み立て商品にする製造機能、つくった商品を必要な人に届け、対価を得る流通・販売機能、それらを支える会計や法律業務機能など）が、サービスとして個人にも提供されてきています。

そして個人間の情報交換密度が高まると、あらゆる課題は、ニーズ、スキルや想いを持つ個人のバーチャルでフレキシブルな集合体により解決されていくようになります。これがオープン・イノベーション3.0（O.I. 3.0）の姿です。そこでは、すべてのプレーヤーがその立場や、属する組織を超え、個人として自律し、活動することが求められます。

今、企業においては本書で述べた O.I. 1.0 を行なうことが必要ですが、さまざまな社会課題が解決困難になる中、すでに O.I. 2.0 が、次の課題として求められています。さらに個人の人的ネートワークが SNS などにより広がり、瞬時に想いが共有化され、また企業が持つ機能が一つの企業だけでは抱えきれなくなってきている中、O.I. 3.0 が始まりつつあるように思われます。

皆さまはいかが考えられるでしょうか？

※なお、O.I. 2.0 は、多摩大学紺野登教授が提唱されたものを基本にしています。

参考図1－1
オープン・イノベーション1.0から2.0、3.0への道

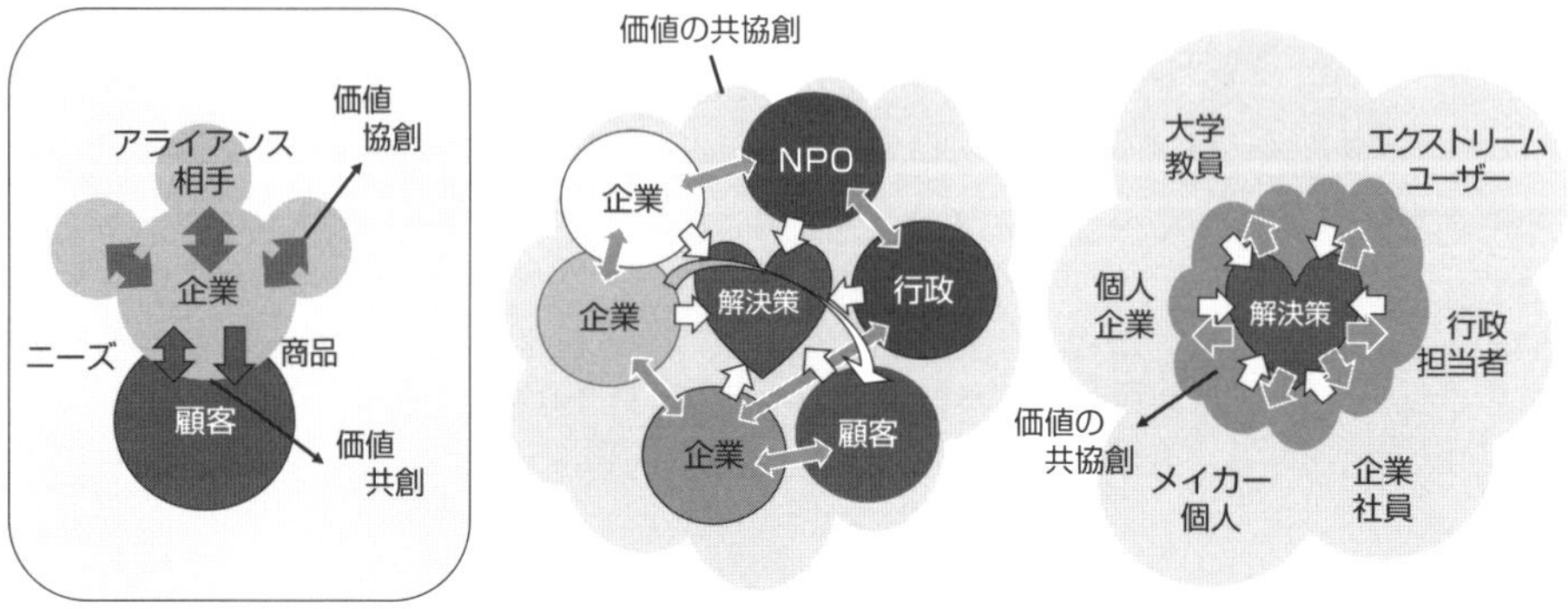

オープン・イノベーション1.0
顧客との共創+アライアンス相手との協創

オープン・イノベーション 2.0
多組織･顧客間の共協創

オープン・イノベーション 3.0
個人間の共協創

参考図1－2
オープン・イノベーション1.0、2.0、3.0の比較

	O.I.　1.0	O.I.　2.0	O.I.　3.0
価値の想定	主企業と顧客との共創	全ステークホルダーによる共創	有志の個人による共創
価値の実現	主企業とアライアンス相手との協創	ステークホルダー(一部)による協創	有志の個人による協創
メインプレーヤー	主企業	不在	不在
プレーヤー ステークホルダー	企業、顧客(群)	企業、団体(行政、NPO)、顧客(群)	個人
顧客価値	顧客(個人or1企業)の課題を解するor目的を実現する	顧客・企業を含む社会的課題を解決する	あらゆる課題を解決する
成立要件・課題	組織がオープンになる Win-Win	組織が自律し、組織相互の壁が薄くなる 全組織がWin-Win	個人が自律し、個人間の壁が薄くなる 全員がWin-Win

参考資料その2：
クローズからオープンへ、イノベーションのための環境と体制変化

本参考資料2では日本の製造系企業の環境変化と体制変化について補足的にイメージとして述べていきます。組織の体制変化のドライビングフォースは、1章ですでに述べたビジネス環境変化です。その経済原理の変化に従って各企業がイノベーション対応を組織・体制としてどのようにするかの様子を企業の規模を俯瞰しながらみていきましょう。

（STAGE 1）企業体制の変化：イノベーション対応の前段階

既存事業の体制は、ほとんどの場合は関連企業を含めて顧客も製品も明確ですからプロセス・イノベーションの範疇です。これは長い年月を経て自己完結（クローズド）するように最適化してきていると考えるのが妥当です。これをステージ1としましょう。

既存企業の考え方がクローズで自社内の技術や既存組織からの改善やリスク極小化の動きですむわけですが、逆に新しいことはできにくいことになります（参考図2－1）。大きな組織ほど新たなイノベーションの難しさとブレークの必要性（自社にないものが新しいという認識）が生じます。

参考図2－1
クローズ・イノベーションからの変化の段階（STAGE 1）

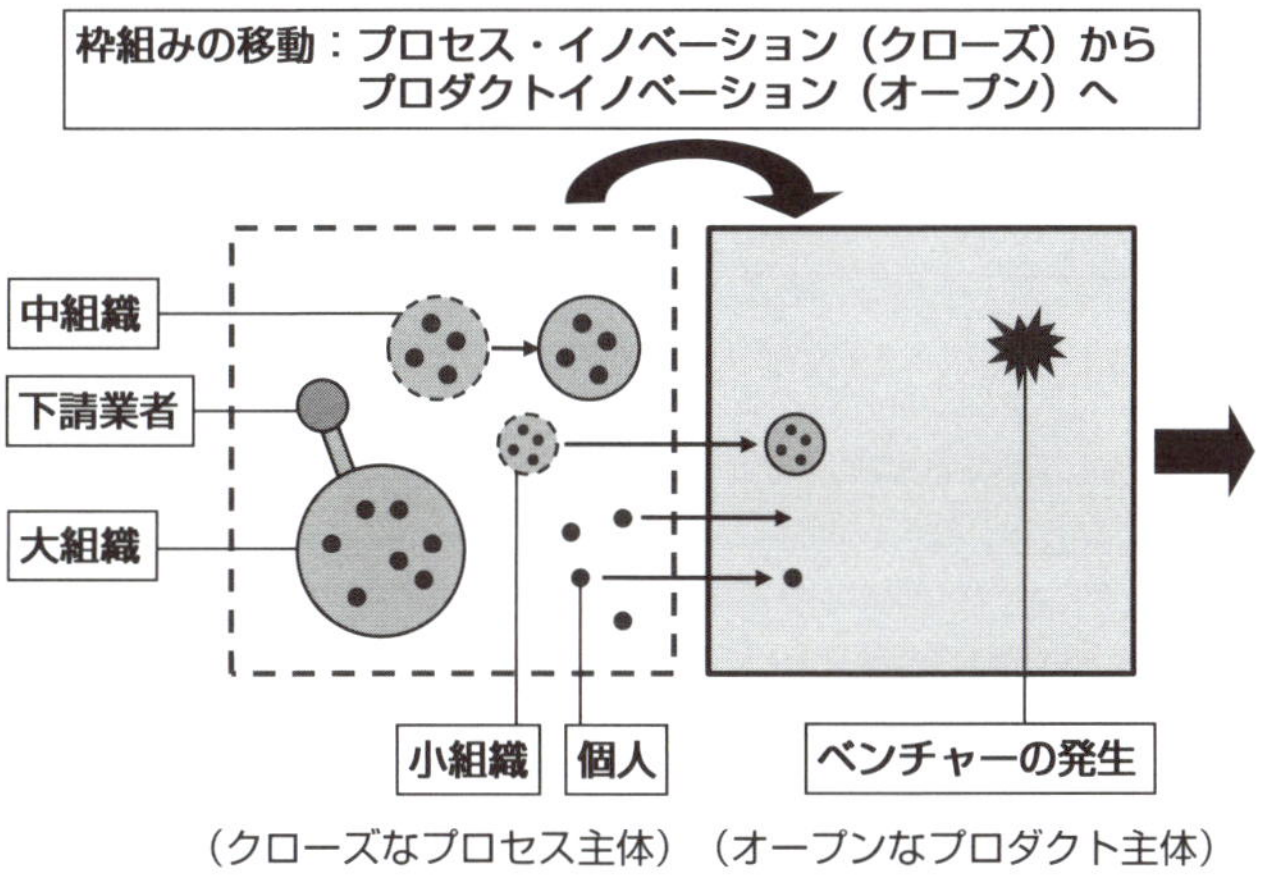

Stage1　パラダイムシフト初期
（大きな組織は動きが鈍い）

（STAGE 2）プロダクト・イノベーションへの変化の過渡期

変化期といっても特に大企業に代表される既存の組織体制はなかなか変化に対応できません。参考図2－2の左側は過渡期の状況です。安定な組織体制である既存パラダイムの中での最適化した組織群、個人の集合が優先となりますが、ここからがプロダクト・イノベーションへの対応への転換です。別の言葉でいうとクローズからオープン・イノベーション（O.I.）への展開期です。

一見、動かない大企業も経営陣は危機を感じていろいろな手を打つ準備をしていますが、目に見える危機がこないと先延ばしになる傾向は否めません。組織は内部の慣性などがあり、移動できないジレンマ状況にあります。大手企業の場合の解決策の1つは分社化やコーポレートベンチャーなどによる、一部組織の切り離し（隔離）によるパラダイムシフトへの適応となります。

参考図２－２
オープン化へ向けたパラダイムシフトにおける組織的対応（STAGE 2）

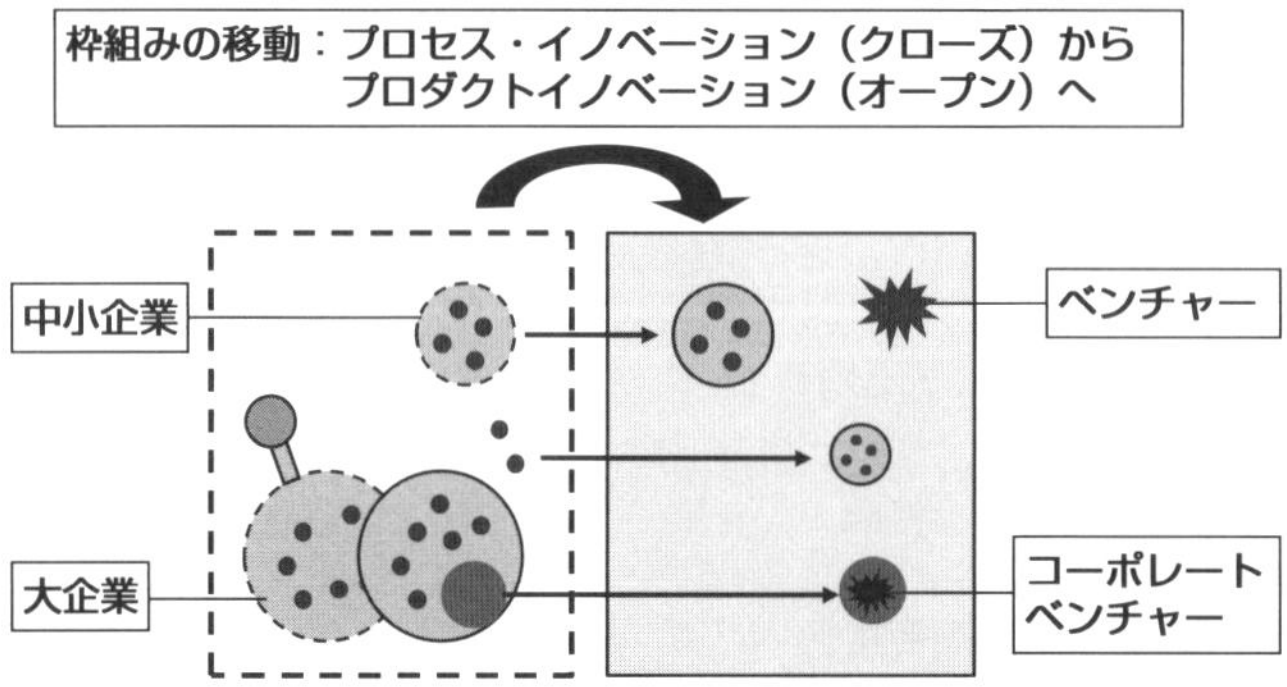

（大多数の企業は移動を進める）

Stage2　パラダイムシフト中期
（中企業やコーポレートベンチャーの移動）

（STAGE 3）日本における将来企業とイノベーションの将来像

過渡期のあと、日本の企業が今後どのような形で新しい形に進むかどうかについては議論があります。プロセス・イノベーションをまったくなくすのではなくて、プロダクトを含めた両者のパラダイムを克服して両立するという形を、期待をこめて示しましょう。

イノベーションが米国よりも先行したといわれる欧州の状況をみてみると技術力が強い北欧、ドイツ、スイスなどは、まさにオンリーワンの製造系中小企業群が多数生まれて、グローバルニッチトップを享受しています。

ここではプロセス・イノベーション（クローズド・イノベーション）側に生産工場（モノつくり会社）をもち、プロダクト・イノベーション（オープン・イノベーション、O.I.）側に開発会社を持ち、その両方をマネジメントしているのがホールデング会社の形態がよく見られます（参考図２－３）。

日本における将来は、現在はまだ過渡期ですが、米国型の巨大なインフラ系のインテグレーショを成し遂げる一部の会社は別として、多くの会社は開発系会社と工場会社をもつグループ的会社などに分離するイメージです。いずれにせよ、そのためにはO.I.を含む両者のマネジメントが理解できる経営マネジメント、戦略企画の実施が必要となるでしょう。

参考図２－３
パラダイムシフト終了期（STAGE 3）における企業と個人の役割

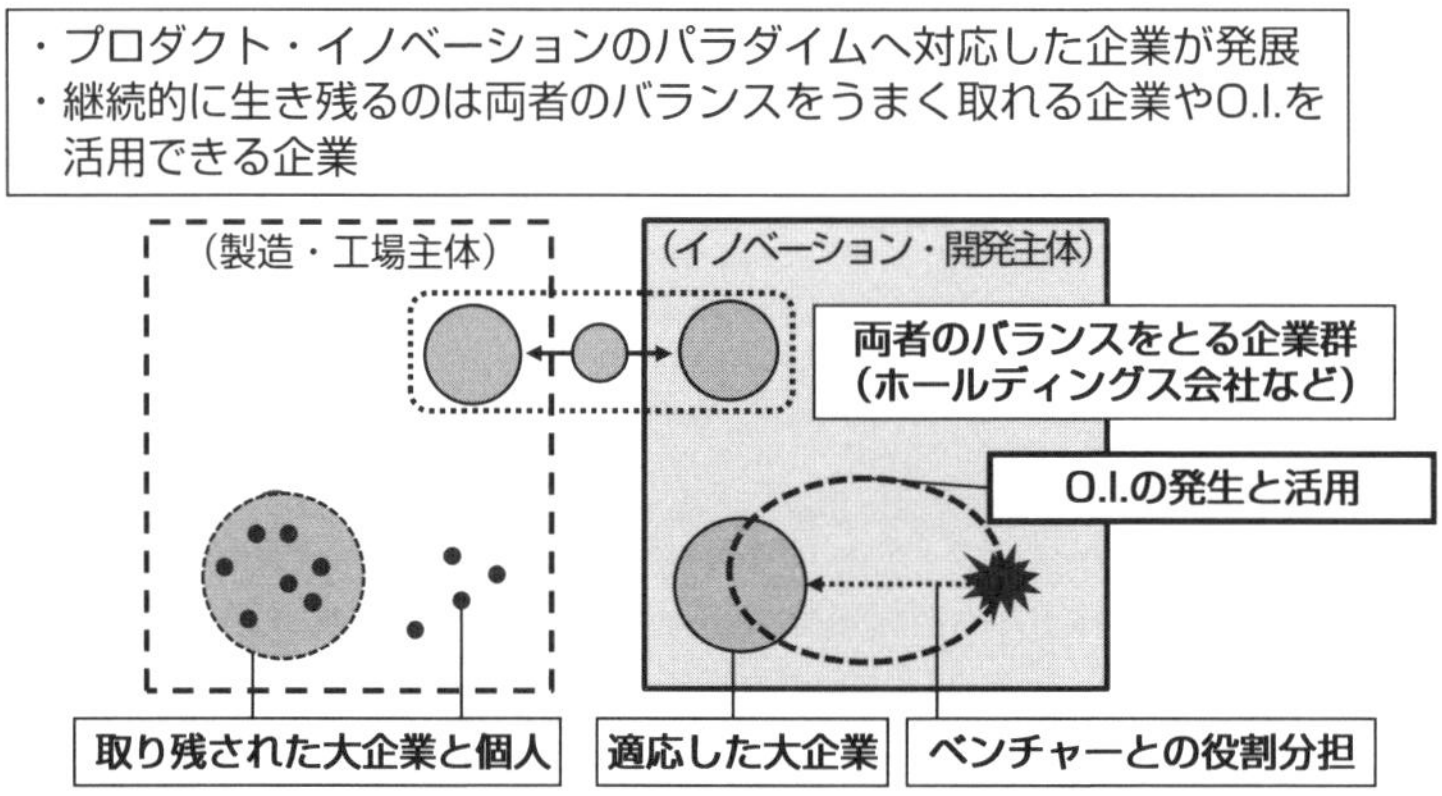

Stage3　日本のパラダイムシフト終了期の予想

あとがき

本書は、現在の日本企業に求められている「オープン・イノベーションの実践」その定石を知って頂いたうえで、各社の状況に合わせたオープン・イノベーションの実現を期待するものとして作成しました。

ここでは著者と本書の作成について若干補足させていただきます。本書は実際に日本の製造系企業において新事業創出の実務、すなわち実際のイノベーションのマネジメントやコンサルテングを行なって共通認識を持つ二人の著者による共同作業によるものです。

執筆の当初の役割分担は、はじめに、１，２，６，７，８，１０章と全体骨子のたたき台を出川が、３，４，５，９章を中村が、企業の事例のたたき台を二人が担当し作成しました。しかし内容を議論し深化させていくうち、それぞれのお互いの部分のすべてにわたり分担ではなしえない突っ込んだ議論を行なうこととなりました。これはまさに共創、協創によるものとなっており、オープン・イノベーションそのものを改めて実感することができました。このため、より現実的・実務的な共創・協創の実践本になったと思います。

多様な企業のなかで、これが正解という方法はありませんが、著者二人のさまざまな経験と実践のなかから、最大公約数的な整理は成し遂げたと感じています。本書を参考にして、O.I. により少しでも新規事業を創出し、企業自身の革新をも実践して頂くことが最大の喜びとなります。また O.I. の実践が経営者にも、技術者にも大きなチャンスをもたらすと感じていただければ幸いです。

なお本書の姉妹書には「実践 MOT 入門」「実践ロードマップ入門」「実践ＭＯＴマーケティング入門」や各種の MOT、イノベーションにかかわるシリーズ本がありイノベーション、新規事業を追及されるときに参考になれば幸いです。本書を含めて、本シリーズを常にサポートしていただいている出版元の言視舎の杉山尚次社長にこころよりお礼申し上げます。

2016 年初秋　著者記す

著者紹介

氏　　名　　出川　通（でがわ　とおる）
株式会社テクノ・インテグレーション　代表取締役社長
連絡先　degawa@techno-ig.com
ＨＰ：http://www.techno-ig.com

1974年東北大学大学院材料加工学専攻終了。大手メーカーにて、２０年以上にわたり、いくつかの新規事業を産学連携や日米のベンチャー企業と共同で企画段階から立ち上げた。工学博士。2004年に株式会社テクノ・インテグレーションを設立、代表取締役社長として、実践MOT（技術経営）やイノベーションのマネジメント手法を用いて企業むけに開発・事業化のコンサルティングや研修、実践マネジメントなどを行なっている。
早稲田大学・東北大学・島根大学・大分大学・香川大学などの客員教授や多数の大学・高専で講義すると共に複数のベンチャー企業の役員、経産省、文科省、農水省、ＮＥＤＯ、ＪＳＴ、産総研など各種評価委員や技術者教育関係団体の理事などの役職に就任。
著書は「図解　実践ロードマップ入門」（2015 言視舎刊）、「図解　実践ＭＯＴ入門」（2014 言視舎刊）、「実践図解 MOT マーケティング入門」（2013 秀和システム刊）、「新事業とイノベーションにおける知財の活かし方」（2011 発明協会刊）、「技術経営の考え方：ＭＯＴと開発ベンチャーの現場から」（2004 光文社刊）など多数。

氏　　名　　中村　善貞（なかむら よしさだ）

1958年生まれ、京都大学工学部および同大学院工学研究科にて有機化学を専攻。1984年に富士写真フイルム株式会社に入社し、足柄研究所にて写真感光材料用の素材ならびに商品開発を担当する。1990年代後半から写真感光材料以外の新規商品開発も手掛け、2002年から新規事業開発本部にて光学材料の商品開発ならびに事業開発を担当する。
2006年よりライフサイエンス研究所にて機能性化粧品の開発を担当し、2011年より同商品企画（商品部長）と商品開発（研究開発担当部長）を兼務し、富士フイルムの化粧品事業立ち上げに貢献した。
2014年から新規事業立ち上げの経験を活かし、Ｒ＆Ｄ統括本部 技術戦略部にてイノベーションの創出を担当、2015年よりＲ＆Ｄ統括本部 先端コア技術研究所 副所長 兼 経営企画本部 イノベーション戦略企画部技術マネージャー（現職）となり、オープン・イノベーションによる新規事業開発を実践中。

（関連図書）
オープン・イノベーションとイノベーションのマネジメント

（本書の内容に関する参考図書）：本書のオープン・イノベーションとＭＯＴに関係する図書紹介ですが、読者の関心にしたがって自分で内容を十分確認してから参考にしていただくようにお願いいたします。

・オープン・イノベーションの紹介本・・・・基本的な考え方を支援した古典

Ｈ．チェスブロー著：「ＯＰＥＮ　ＩＮＮＯＶＡＴＩＯＮ」産能大学出版部刊（２００４刊）

Ｈ．チェスブロー著：「オープンビジネスモデル」翔泳社刊（２００７刊）

Ｈ．チェスブロー他著：「オープンイノベーション」英治出版刊（２００７刊）

・日本におけるオープン・イノベーション関係本・・・各視点でＯ．Ｉ．に言及している本

星野達也著「オープン・イノベーションの教科書」ダイヤモンド社（２０１５）

米倉 誠一郎編著「オープン・イノベーションのマネジメント」有斐閣（2015）

小川紘一著「オープン＆クローズ戦略」翔泳社；（２０１４）

紺野 登著「ビジネスのためのデザイン思考」東洋経済新報社（2010）

前野隆司ら著「システム×デザイン思考で世界を変える 慶應 SDM「イノベーションのつくり方」日経ＢＰ社（2014）

・イノベーションのマネジメント全般の参考書（海外）

バーゲルマン、クリステンセン等著：「技術とイノベーションの戦略的マネジメント（第４版日本語）」翔泳社、２００７

Ｐ・Ｆ・ドラッカーの各種著作，たとえば：「イノベーターの条件」「プロフェッショナルの条件」「チェンジング・リーダーの条件」など、ダイヤモンド社（２０００ほか）

クレイトン・クリステンセン著：「イノベーションのジレンマ」翔泳社、（２０００）

Ａ．グリフィン他「シリアル・イノベーター」プレジデント社（２０１４）

チルキー著：「科学的経営のための実践的ＭＯＴ」、亀岡秋男監訳、日経 BP 社刊（２００５）

ジェフリー・ムーア著：「キャズム２」翔泳社、２０１４

・イノベーションのマネジメント全般や発想法に関する参考書（国内）

柴田友厚著「イノベーションの法則性」中央経済社（２０１５）

玉田俊平太著「日本のイノベーションのジレンマ」翔泳社（２０１５）

横田幸信著「イノベーションパス、成果を出すイノベーション・プロジェクトの進め方」日経ＢＰ（２０１６）

東 信和著「なるほど、その手があったか！」が量産できる“ひらめき"の作法」ファーストプレス（２０１６）

装丁………佐々木正見
DTP 制作・編集………ＲＥＮ
編集協力………田中はるか

［図解］実践オープン・イノベーション入門
新事業・新商品を生み出すための
経営と技術の革新マネジメント

発行日❖2016 年 10 月 31 日　初版第 1 刷

著者
出川通　中村善貞
発行者
杉山尚次
発行所
株式会社言視舎
東京都千代田区富士見 2-2-2 〒 102-0071
電話 03-3234-5997　FAX 03-3234-5957
http://www.s-pn.jp/
印刷・製本
モリモト印刷㈱

ISBN978-4-86565-065-5 C0034

関連書

増補改訂版　図解

実践ＭＯＴ入門

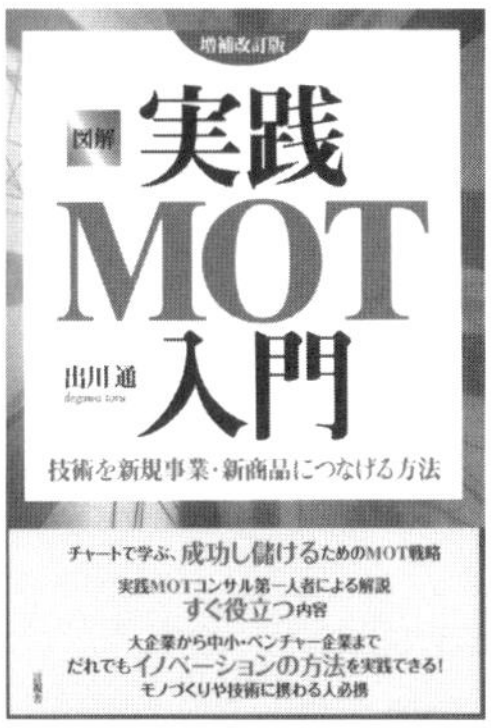

出川通 著

978-4-905369-96-7

技術を新規事業・新商品につなげる方法。チャートで学ぶ、成功し儲けるためのＭＯＴ戦略。実践ＭＯＴコンサル第一人者による解説。大企業から中小ベンチャーまで、だれでもイノベーションの方法を実践できる。すぐ役立つ内容。モノづくりや技術に携わる人必携。

Ｂ５判並製　定価 1100 円＋税

図解

実践ロードマップ入門

未来の技術と市場を統合するロードマップの作成と活用法

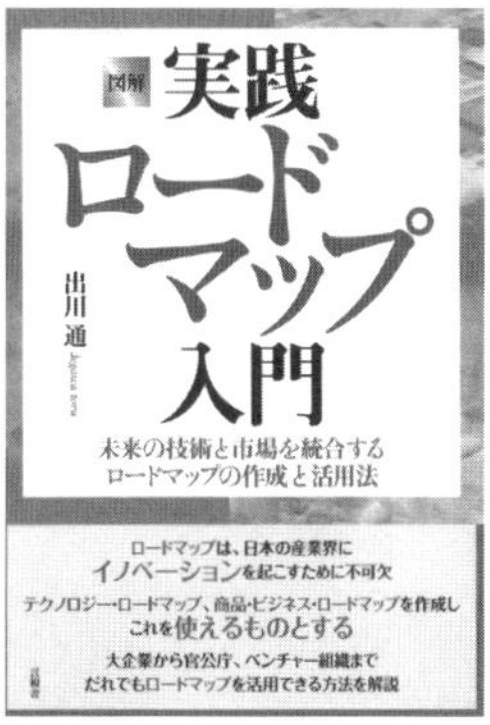

出川通 著

978-4-905369-43-1

モノづくりや技術に携わる人必携！テクノロジー・ロードマップ、ビジネス・ロードマップを作成し統合する、ロードマップ作成の基本と活用法を解説。ロードマップは、日本の産業界にイノベーションを起こすために不可欠です。

Ｂ５並製　定価 1200 円＋税

増補改訂版　図解

実践 MOT マーケティング入門

出川通 著

新製品・新事業をつくるための MOT マーケティングを解説。市場がまだ存在していない領域で、顧客価値を実現する商品をどのように開発するか。未来の顧客候補の選び方、技術をベネフィットに置き換える方法、見えないマーケットの定量化など。

Ｂ５並製　予価 1200 円＋税

関連書

イノベーションのための理科少年シリーズ①

理系人生
自己実現ロードマップ読本

改訂版「理科少年」が仕事を変える、会社を救う

978-4-905369-43-1

「専門家」「技術者」というだけでは食べていけない時代…仕事と組織をイノベートするには「理科少年」の発想が最も有効。生きた発想とはどういったものなのか？　エンジニアに限らず、どの分野でも使える知恵とノウハウ満載！

出川通 著

四六判並製　定価 1600 円+税

イノベーションのための理科少年シリーズ②

これが"零細ベンチャー"の
生きる道

起業の愉しみ

978-4-7791-1039-9

グローバル「零細企業」の経営者にして、約 30 社のベンチャー企業を創業させてきた筆者が、その経験を踏まえながら明かす「起業ノウハウ」のすべて！　小さい会社の楽しさ満載。零細企業経営者の皆様、読むとラクになります。

本間孝治 著

彩流社刊　四六判並製　定価 1600 円+税

イノベーションのための理科少年シリーズ③

【検証】東北大学・江刺研究室
最強の秘密

978-4-7791-1049-8

江刺研はなぜ世界中の起業から支持されるのか？　最先端技術 MEMS の世界的権威が語った「強さ」の秘密、「不況に打ち克つ」技術の本質、技術者の育成など日本の科学技術の現在を徹底討議・検証。キーワードは「理科少年」！

江刺正喜／本間孝治／出川通 著

彩流社刊　四六判並製　定価 1600 円+税

イノベーションのための理科少年シリーズ④

東工大・田辺研究室
「他人実現」の発想から

最強の MOT とイノベーションを目指して

978-4-7791-1066-5

技術経営（MOT）大学院で抜群の人気、東工大田辺研の強さの秘密を解明！　グローバル化時代における日本の技術戦略を徹底討議。「日本型イノベーションのジレンマ」とは何か。産官学連携の現場の知恵を満載。キーワードは「他人実現」！

田辺孝二／平岩重治／出川通 著

彩流社刊　四六判並製　定価 1600 円+税

イノベーションのための理科少年シリーズ⑤

「ザインエレクトロニクス」
最強ベンチャー論

強い人材・組織をどのようにつくるか

978-4-905369-07-3

2010-11 年就職優良度ランキング、創業社長率いるベンチャー企業 No.1 の「ザインエレクトロニクス」。その CEO が語る強い組織の " 秘密 "。仕事に対する心構え、人材育成法から、日本のビジネス環境論、日本の技術を再生させる方策まで、イノベーションを実現する叡智の数々。

飯塚哲哉／田辺孝二／出川通 著

四六判並製　定価 1400 円+税

イノベーションのための理科少年シリーズ⑥

平賀源内に学ぶ
イノベーターになる方法

978-4-905369-42-4

平賀源内の発想法・生き方が、現在の日本と日本人を活性化する。学者、発見家、発明家、エンジニア、起業家、ネットワーカー……改革者として源内がなしたことを検証し、現在に生かすヒント・方法を導き出す。

出川通 著

四六判並製　定価 1500 円+税

イノベーションのための理科少年・少女シリーズ⑦

あなたは理系女子？

ＹＵＫＯ教授がつぶやく超「理系女子」論

978-4-905369-92-9

イノベーションのための超「理系女子」論。なぜ理系女子が注目されるのか？　その存在は日本社会に何をもたらすのか？　理系・文系の壁を突き破り、ジェンダーを超え、国境も超えてワールドワイドに活動するための思考法と行動原理。

原山優子 著

四六判並製　定価 1500 円+税